Toolbox **精 益 管 理 工 具 箱 系 列**

公司管理

实用制度与表格范例

— 图解版 —

企业管理工具项目组　组织编写

U0367172

化学工业出版社

·北 京·

内容简介

《公司管理实用制度与表格范例（图解版）》一书从公司管理实用制度与表格入手，第1部分详细讲解了企业管理体系建立，具体包括企业管理概述、公司各项业务管理要点、企业组织架构的设计和企业各部门岗位说明；第2部分首先对如何制定公司管理制度进行了讲解，并提供了10项公司管理制度的模板和示例供读者参考使用；第3部分首先对如何设置管理表格进行了讲解，并提供了10项公司管理实用表格的模板和示例供读者参考使用。

本书进行模块化设置，内容实用性强，着重突出可操作性。本书另一大特色是在书中设置了二维码，读者可以通过手机扫描二维码获取表格范例模板，量身定做修改为自己公司的实用表格，提升工作效率。

本书可以作为企业管理者的参照范本和工具书，也可供高校教师和专家学者作为实务类参考指南。

图书在版编目（CIP）数据

公司管理实用制度与表格范例：图解版/企业管理工具
项目组组织编写．—北京：化学工业出版社，2021.5
（精益管理工具箱系列）
ISBN 978-7-122-38577-2

Ⅰ.①公…　Ⅱ.①企…　Ⅲ.①公司-企业管理
Ⅳ.①F276.6

中国版本图书馆CIP数据核字（2021）第032936号

责任编辑：陈　蕾　夏明慧　　　　　　　　装帧设计：尹琳琳
责任校对：田睿涵

出版发行：化学工业出版社（北京市东城区青年湖南街13号　邮政编码100011）
印　　装：大厂聚鑫印刷有限责任公司
787mm×1092mm　1/16　印张21　字数428千字　2021年5月北京第1版第1次印刷

购书咨询：010-64518888　　　　　　　　售后服务：010-64518899
网　　址：http://www.cip.com.cn
凡购买本书，如有缺损质量问题，本社销售中心负责调换。

定　　价：98.00元

企业规范化操作是提高管理运营效率和使业务化繁为简的有效工具，它针对经营管理中的每一个环节、每一个部门、每一个岗位，以业务为核心，制定细致化、科学化、数量化的标准，并严格按照标准实施管理。这极大地提高了工作效率，使企业的经营管理模式在扩张中不变样、不走味，让企业以很少的投入获得很大的产出。

企业除了以全新的意识创造竞争条件来适应全新的竞争环境外，还必须从企业内部进行梳理，从内部挖潜力，实施精益化管理，且辅以过程控制，才能在竞争中立于不败之地，并获得持续发展。一个长期发展的企业，就要实施规范化管理，制度是所有管理模式的基础，没有制度的约束，任何管理都难以向前推进，进行制度化建设和管理可以促进企业向规范化方向发展。

依据制度办事，便于企业员工掌握本岗位的工作技能，利于部门与部门之间、员工与员工之间及上下级之间的沟通，使员工最大限度地减少工作失误。同时，实施规范化管理更加便于企业对员工的工作进行监控和考核，从而促进员工不断改善和提高工作效率。

依据表格管理，可以提高企业管理水平，尤其是提高企业管理效率，做到"事有所知，物有所管。人尽其职，物尽其用"。以表格为载体，用表格化工作语言固化职能、优化流程、提高工作效率，实现管理创新。

企业一旦形成规范化的管理运作，对于规范企业和员工的行为，树立企业的形象，实现企业的正常运营，促进企业的长远发展具有重大的意义。这样使得企业的决策更加程序化和规范化，一些没有科学论证依据的决策被排除在外，从而大大减少了决策风险。

《公司管理实用制度与表格范例（图解版）》一书从公司管理实用制度与表格入手，第1部分详细讲解了企业管理体系建立，具体包括企业管理概述、公司各项业务管理要点、企业组织架构的设计和企业各部门岗位说明，共4章；第2部分首先对如何制定公司管理制度进行了讲解，并提供了10项公司管理制度的模板和示例供读者参考使用，具体共11章；第3部分首先对如何设置管理表格进行了讲解，并提供了10项公司管理实用表格的模板和示例供读者参考使用，共11章。

　　本书进行模块化设置，内容实用性强，着重突出可操作性。本书另一大特色就是，在书中设置了二维码，读者可以扫码获取表格范例模板，量身定做修改为自己公司的实用表格，提升工作效率。

　　本书可以作为企业管理者的参照范本和工具书，也可供高校教师和专家学者做实务类参考指南。

　　由于编者水平有限，书中难免出现疏漏，敬请读者批评指正。

编写组

第3部分
148张表格
请扫码下载使用

第1部分　企业管理体系建立

第2部分　公司管理制度

第3部分　公司管理表格

企业管理体系建立

一个企业要管理的头绪很多，具体包括研发、生产、营销、采购、质量、安全、人力资源、行政等业务。这些业务都是要靠人、财、物三大资源的运作。管理采用的措施是计划、组织、控制、激励和领导这五项基本活动。为使这五项基本活动和各项业务有效运作，企业必须建立规范的企业管理体系。

本部分共分为四章。

· 企业管理概述
· 公司各项业务管理要点
· 企业组织架构的设计
· 企业各部门岗位说明

第 **1** 章 企业管理概述

本章导读

- ·企业管理的职能
- ·企业管理的内容
- ·企业管理的构成

1-01 企业管理的职能

企业管理的职能如表1-1所示。

表1-1 企业管理的职能

序号	职能	说明
1	计划职能	这是把企业的各项经营管理活动按照实现企业目标的要求，纳入完整方案的全部管理活动
2	组织职能	这是按照已制订的计划，把企业各种资源从分工协作、部门环节、时间空间等方面系统地结合起来，使之组成协调一致的有机整体，达到企业资源的最佳配置和有效利用
3	指挥职能	它是指管理者根据自己的责任和权限，借助指示、命令等权力手段和权威，有效地指导下属机构和人员履行其职责，以实现计划任务
4	监督职能	它是指根据企业经营目标、计划、规范和经济原则，对企业的实际经营活动及成果进行监督、检查和分析，纠正计划执行中的偏差，确保计划目标的实现
5	调节职能	这是为使企业各个方面的关系和各种活动不发生矛盾，建立良好的关系，成为和谐的有机整体而进行的协调活动
6	用人职能	选拔企业需要的人才，为企业创造更大的价值

1-02 企业管理的内容

企业管理的内容如图1-1所示。

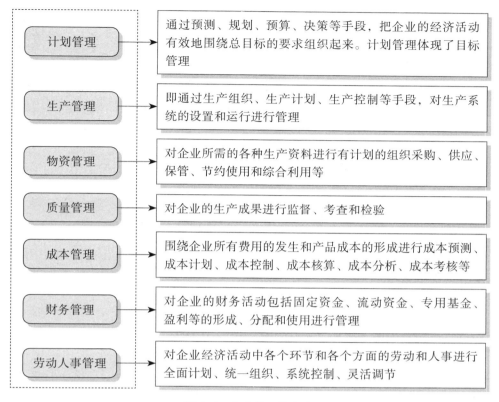

图 1-1 企业管理的内容

1-03 企业管理的构成

企业管理可以划为几个业务职能分支：人力资源管理、财务管理、生产管理、采购管理、营销管理等。通常，公司会按照这些专门的业务职能设置职能部门。

在企业系统的管理上，又可分为企业战略、业务模式、业务流程、企业结构、企业制度、企业文化等系统的管理。美国管理界在借鉴日本企业经营经验的基础上，由麦肯锡咨询公司发展出了企业组织七要素，又称麦肯锡7S模型。在七要素中，战略、结构、制度被看作"硬件"，风格、人员、技能、共同价值观被看作"软件"，其中以共同价值观为中心。何道谊将企业系统分为战略、模式、流程、标准、价值观、文化、结构、制度十大软系统和人、财、物、技术、信息五大硬系统。企业管理除了对业务职能进行管理外，还需要对企业系统要素进行管理。

第2章　公司各项业务管理要点

本章导读

- 设计开发管理
- 生产管理
- 营销管理
- 采购管理
- 质量管理

- 人力资源管理
- 行政后勤管理
- 财务管理
- 安全管理
- 法务管理

2-01　设计开发管理

高质量的产品源于设计开发的质量，如果设计存在缺陷，即使后续工作非常努力，也制造不出高质量的产品，甚至还会给后续工作（备料、加工、检验、装配、调试）带来不利影响，危害更大。因此，从事产品设计和开发企业的最高管理层都十分重视设计和开发的质量。

（一）设计开发中的控制环节

为了实现产品的高质量，加强设计和开发的控制无疑是头等重要的工作。设计开发的控制环节如图2-1所示。

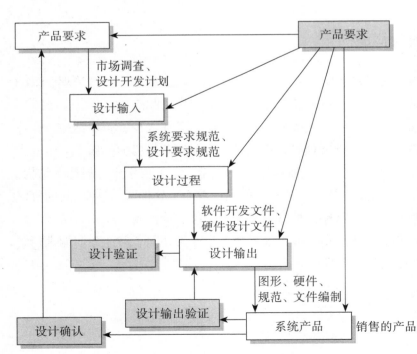

图 2-1　设计开发的控制环节

（二）设计开发质量控制点

设计开发的质量控制点表现在多个方面：对设计开发进行策划，控制设计开发的输入和输出，开展设计评审、设计验证、设计确认工作，对设计开发的更改加以控制，对新产品试制进行控制等。这些主要的质量控制点还可以扩展到更多的质量控制小点。设计开发的主要质量控制点及其控制方法如图2-2所示。

图 2-2　设计开发质量控制点

1.确定设计开发阶段、控制阶段的转移

设计开发工作应按照产品研制工作程序来进行，该程序大致将开发过程分为论证阶段、方案阶段、工程研制阶段、设计定型和生产定型五大阶段。如再进一步细分的话，可分为初期论证、确定任务、实施方案论证、专题研究、技术设计、生产制造、分系统联调试验、整机联调试验、交付等阶段。各产品应根据自身的特点来确定设计开发阶段。原则上前一阶段不结束，不能进入下一阶段。如分系统联调试验阶段不结束，不能进入整机联调试验阶段。为此，企业应规定各阶段结束的标志，并检查、考核该标准的实现情况。例如，技术设计阶段结束的标志是完成全套设计图纸，但考核时通常无法一张张图纸去核对，因此可将检查整件汇总表和外购件汇总表是否归档作为考核标准。

2.设计开发输入要清楚、明确

设计开发输入是开展设计开发工作的依据。对于产品来说，可以是合同、技术协议等；对于产品下属分系统来说，可以是产品总体方案、总体向分系统提出的任务书等。没有正式书面设计的输入，就不能正式开展设计工作，只能做一些设想，收集一些资料等。

设计开发输入要求应与设计开发人员沟通制定，以使这些要求真正有意义。有的设计输入不尽合理，设计开发人员会提出不同意见，这些意见可以通过沟通得到统一；统一不了的，要通过上级来裁决；上级一时决定不了的，可提出相应的措施，如通过一段时间的工作或通过调研、试验再确定。以上每一步工作都应在任务书中留下记录，设计开发人员不得以含糊不清的输入来盲目开展设计开发工作。

3.设计开发输出应满足输入的要求

设计开发输出应满足输入的要求，这个要求看似容易，但在实践中经常做不到。有些设计开发人员在设计开发过程中不把输入要求当回事，自作主张修改输入要求，结果导致成品不符合原有的输入要求，影响产品的最后验收。

4.审核是签署的重要环节

设计开发输出文件要经过拟制、审核、工艺会签、质量会签、标准化检查、批准六道关口。每位签署人员都有规定的职责和权限，只有每人都认真履行了职责，才能确保文件质量。但在这些签署环节中，最重要的环节当属"审核"，审核人员应履行以下职责。

（1）审查设计方案的先进性、合理性。

（2）审查设计文件的完整性、编制方法的正确性以及表格、文字表述的准确性。

（3）检查设计图样的全部尺寸、公差和接口关系的正确性，审查机械结构和电路设计的先进性、合理性、安全性和继承性。

（4）校核分析理论、作用原理、计算方法及计算结果。

（5）审查设计文件贯彻各级技术标准及有关规范的情况。

（6）审查设计文件的工艺性。

（7）审查设计文件选用的元器件标准的现行有效性及配套情况。

（8）协助拟制者（设计师）认真总结经验，共同提高设计水平。

（9）按规定履行签署。

5.设计评审是设计开发质量控制的重要手段

设计评审就是运用早期报警原理，发挥集体智慧，在产品设计过程的关键阶段或关键节点，由各方面具有权威水平的专家代表对产品的设计做出正式、全面的检查，并将检查结果形成文件。通过评审，有利于及早发现设计中存在的问题和不足，提出纠正措施和完善设计的建议，避免在执行中出现大的反复，以确保设计任务按时完成。

6.试验控制

试验控制的目的是保证试验结果的真实性、有效性。对复杂产品的整机确认性试验和验收试验均应进行控制，因此，在试验前应进行准备状态检查，检查的主要内容如下。

（1）试验大纲是否经过签署，是否有效。

（2）受试项目状态如何。

（3）试验组织的建立情况。

（4）试验人员的责任是否明确。

（5）试验使用测试设备的有效性。

（6）试验环境是否满足试验要求条件（温度、湿度、场地）。

（7）为试验配置必要的工具。

（8）试验场地的用水、用电、用气情况。

（9）故障应急处理人员的落实情况等。

只有当上述条件均得到满足时才能开展试验，试验结果应如实记录，并由试验人员手写签名。

7.技术状态管理和更改控制

技术状态管理就是在技术状态项目寿命周期内，运用技术和管理手段，识别确定技术状态项目的功能特性和物理特性并形成文件；控制技术状态项目及相关文件的更改；准确如实地记录、报告技术状态管理信息，包括更改建议及已批准的更改的执行情况；审核技术状态项目，检查其是否符合规范、标准、文件（图样）及合同要求。

科学技术的高速发展，使产品的复杂程度越来越高，质量要求也越来越严，这就对产品技术状态管理提出了更高要求。对于研发部门来说，实施技术状态管理是必需的，标识的唯一性、状态的记录、状态的审核和控制都应做好，特别是对设计更改的控制。

由于产品种类的增加，更改的频繁，加上对更改的控制不力，会导致一些批量生产产品的技术状态模糊不清，本来就复杂的产品变得更加复杂。因而，设计文件完成后应及时归档，需投产加工的图纸要单独备份；生产中有改动时，必须先办理更改（审批）手续并交予档案室，由档案室更改后换发新图纸。样机生产图纸应妥善保存，以便样机交付时配发给用户，不能随意将样机图纸更改为生产图纸。若必须更改，应考虑到互换性，同时保存原图，绘制新图，办理审批手续后再更改。

2-02 生产管理

（一）生产管理的范围

生产管理是计划、组织、协调、控制生产活动的综合管理活动。内容包括生产计划、生产组织以及生产控制。通过合理组织生产过程，有效利用生产资源，经济合理地进行生产活动，以达到预期的生产目标。

生产管理的内容如下。

（1）生产组织工作。即选择厂址，布置工厂，组织生产线，实行劳动定额和劳动组织，设置生产管理系统等。

（2）生产计划工作。即编制生产计划、生产技术准备计划和生产作业计划等。

（3）生产控制工作。即控制生产进度、生产库存、生产质量和生产成本等。

（4）保证按期交付正常。根据生产计划安排，保证客户产品交付正常。

（二）生产管理系统

企业的生产管理系统如图2-3所示。

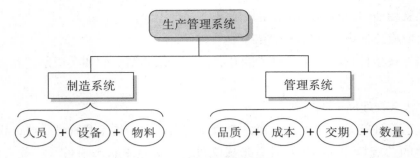

图 2-3　生产管理系统的构成

在规范的企业中，生产管理有专门的组织设置，分工明确、责任落实，管理的步调清清楚楚，信息、情报流畅，反应及时、有效，生产活动有条不紊地顺畅进行。

企业的生产管理是由组织整体面构成的，工厂以总经理及生产主管为中心，销售、资材、设计、总务等广泛范围的人员都直接或间接关系到生产管理。具体的生产管理部门在企业组织中扮演着火车头的角色，其主要工作是生产计划制订、生产进度安排及产销异常问题的协调等。

2-03　营销管理

（一）营销管理责任组织

一般来说，公司的营销管理是由营销部负责。但不同公司的营销部所管辖的权限却不尽相同，有的营销部专管销售单跟踪，而有的营销部却要负责整个营销系统的运作管理。一般来说，营销部责任组织如下。

1.执行长官

一般为营销经理、营销主管等。

2.所属人员

市场调查员、营销策划师、广告策划师、销售员、销售计划员、销售跟单员、销售店员、销售维修人员等。

（二）明确营销管理的任务

营销管理的任务如下。

（1）进行市场一线信息收集、市场调查工作。

（2）提报年度销售预测。

（3）制订年度销售计划，进行目标分解，并执行实施。

（4）管理、督导营销中心正常工作和业务的运作。

（5）设立、管理、监督区域分支机构正常运作。

（6）营销网络的开拓与合理布局。

（7）建立各级客户资料档案，保持与客户之间的双向沟通。

（8）合理进行营销部预算控制。

（9）研究把握销售员的需求，充分调动其积极性。

（10）制订业务人员行动计划，并予以检查控制。

（11）预测渠道危机，呈报并处理。

（12）检查渠道阻碍，呈报并处理。

（13）按推广计划的要求进行货物陈列、宣传品的张贴及发放等。

（14）按公司回款制度，催收或结算货款。

2-04 采购管理

（一）采购管理业务内容

为了实现采购管理的基本职能，采购管理需要有一系列的业务内容，具体如图2-4所示。

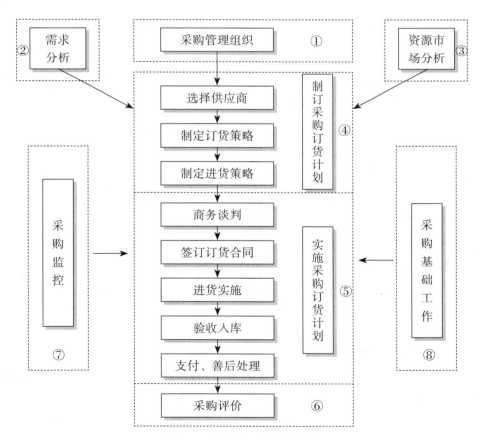

图2-4 采购管理的业务内容

采购管理的业务内容详细说明如表2-1所示。

表2-1 采购管理的业务内容详细说明

业务内容	详细说明
①采购管理组织	采购管理组织是采购管理最基本的组成部分，为了做好公司复杂繁多的采购管理工作，需要有一个合理的管理机制和一个精干的管理组织机构，要有一些能干的管理人员和操作人员
②需求分析	需求分析就是要弄清楚公司需要采购什么品种、需要采购多少，什么时候需要什么品种、需要多少等问题。作为整个公司的物资采购供应部门，应当掌握全公司的物资需求情况，制订物资需求计划，从而为制订出科学合理的采购订货计划做准备
③资源市场分析	资源市场分析是指根据公司所需求的物资品种，分析资源市场的情况，包括资源分布情况、供应商情况、品种质量情况、价格情况、交通运输情况等。资源市场分析的重点是供应商分析和品种分析，分析的目的是为制订采购订货计划做准备
④制订采购订货计划	制订采购订货计划是指根据需求品种情况和供应商情况，制订出切实可行的采购订货计划，包括选定供应商、供应品种以及制定具体的订货策略、运输进货策略以及具体的实施进度计划等。具体解决什么时候订货、订购什么、订多少、向谁订、怎样订、怎样进货、怎样支付等一系列计划问题，为整个采购订货规划一个蓝图
⑤实施采购订货计划	实施采购订货计划是指把上面制订的采购订货计划分配落实到人，根据既定的进度实施，具体包括联系指定的供应商、进行贸易谈判、签订订货合同、运输进货、到货验收入库、支付货款以及善后处理等。通过这样的具体活动，最后完成了一次完整的采购活动
⑥采购评价	采购评价是指在一次采购完成以后对这次采购的评估，或月末、季末、年末对一定时期内的采购活动的总结评估。主要在于评估采购活动的效果、总结经验教训、找出问题、提出改进方法等。通过总结评估，可以肯定成绩、发现问题、制定措施、改进工作，不断提高采购管理水平
⑦采购监控	采购监控是指对采购活动进行监控，包括对采购有关人员、采购资金、采购事务活动的监控
⑧采购基础工作	采购基础工作是指为建立科学、有效的采购系统，需要进行的一些基础性建设工作，包括管理基础工作、软件基础工作和硬件基础工作

（二）采购管理控制要点

从采购管理的业务内容就可以看出采购管理的控制要点，如供应商、采购监控、需求分析等，公司应当针对每一个要点做好管理工作，保障采购管理顺利进行，并取得良好效果。

采购管理控制要点如图2-5所示。

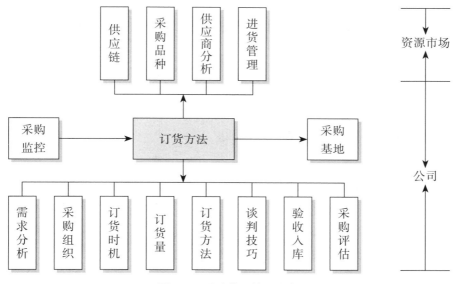

图 2-5 采购管理控制要点

2-05 质量管理

（一）全过程的质量管理

工业生产的全过程是指从市场调查开始，经过产品开发设计，产品工艺准备，原材料采购，生产组织、控制、检验、包装入库到销售、服务等的一系列过程。也即构思、生产理想的产品，将产品推向社会，向用户提供使用价值。全面质量管理的基本方法就是全过程的质量管理，通过提高各个环节的工作质量来保证产品的质量。衡量好的生产过程的标准是：高产、优质、低耗。也可以说是多快好省，其量化的指标体现在投入产出率上。在生产过程中，企业管理者力求以最少的劳动耗费（包括物化劳动和活劳动），生产出尽可能多的满足用户需要的产品。

企业要实现生产过程的这个目标，一是各个生产要素，人、财、物、信息等在质和量上满足生产产品的需要，这是组织好生产过程的基础条件。因此，生产管理必须从基础条件入手。二是要使各生产要素在生产过程中处于最佳的结合状态，按照产品生产工艺要求组成一个彼此联系的、密切协作的、有序的、效率高的完整体系。保证最佳的结合状态，其中具有丰富的管理内涵，它必须通过一系列的技术方法和管理措施，运用计划、组织、控制的职能才能得以实施和实现。

（二）生产过程质量管理措施

1.坚持按标准组织生产

标准化工作是质量管理的重要前提，也是实现管理规范化的需要。企业的标准分为技术标准和管理标准。技术标准实际上是从管理标准中分离出来的，是管理标准的一部分。技术标准主要分为原材料辅助材料标准、工艺工装标准、半成品标准、产成品标准、包装标准、检验标准等。它是沿着产品形成这根线环环控制投入各工序物料的质量，层层把关设卡，使生产过程处于受控状态。在技术标准体系中，各个标准都是以产品标准为核心而展开的，都是为了达到产成品标准服务的。管理标准是规范人的行为、规范人与人的关系、规范人与物的关系，是为提高工作质量、保证产品质量服务的。它包括产品工艺规程、操作规程和经济责任制等。

2.强化质量检验机制

质量检验在生产过程中发挥以下职能。

（1）保证的职能，也就是把关的职能。通过对原材料、半成品的检验，鉴别、分选、剔除不合格品，并决定该产品或该批产品是否接收。保证不合格的原材料不投产，不合格的半成品不转入下道工序，不合格的产品不出厂。

（2）预防的职能。通过质量检验获得的信息和数据，为控制提供了依据，有利于发现质量问题，找出原因及时排除，预防或减少不合格产品的产生。

（3）报告的职能。质量检验部门将质量信息、质量问题及时向厂长或上级有关部门报告，为提高质量、加强管理提供必要的质量信息。

企业要提高质量检验工作，一是需要建立健全质量检验机构，配备能满足生产需要的质量检验人员和设备、设施。二是要建立健全质量检验制度，从原材料进厂到产成品出厂都要实行层层把关，做原始记录，生产工人和检验人员责任分明，实行质量追踪。同时要把生产工人和检验人员职能紧密结合起来，检验人员不但要负责质检，还有指导生产工人的职能。生产工人不能只管生产，自己生产出来的产品自己要先进行检验，要实行自检、互检、专检三者相结合。三是要树立质量检验机构的权威。质量检验机构必须在厂长的直接领导下，任何部门和人员都不能干预，经过质量检验部门确认的不合格的原材料不准进厂，不合格的半成品不能流到下一道工序，不合格的产品不许出厂。

3.实行质量否决权

产品质量靠工作质量来保证，工作质量的好坏主要是人的问题。因此，如何挖掘人的积极因素，健全质量管理机制和约束机制，是质量工作中的一个重要环节。质量责任制或以质量为核心的经济责任制是提高人的工作质量的重要手段。

质量责任制的核心就是企业管理人员、技术人员、生产人员在质量问题上实行责、权、利相结合。做好生产过程质量管理，首先要分析各个岗位及人员的质量职能，即明确在质量问题上各自负什么责任，工作的标准是什么。其次，要把岗位人员的产品质量与经济利益紧密挂钩，兑现奖罚。对长期优胜者给予重奖，对玩忽职守造成质量损失的除扣除工资外，还处以赔偿或其他处分。此外，为突出质量管理工作的重要性，还要实行质量否决，就是把质量指标作为考核干部职工的一项硬指标，其他工作不管做得如何好，只要在质量上出了问题，在评选先进、晋升、晋级等荣誉项目时实行一票否决制。

4.抓住影响产品质量的关键因素，设置质量管理点或质量控制点

质量管理点（控制点）设置的意义是在生产制造现场的一定时期、一定条件下对需要重点控制的质量特性、关键部位、薄弱环节以及主要因素等采取特殊管理措施和办法，实行强化管理，使工厂处于很好的控制状态，保证规定的质量要求。加强这方面的管理，需要专业管理人员对企业整体作出系统分析，找出重点部位和薄弱环节 并加以控制。

2-06　人力资源管理

（一）招聘管理

1.招聘计划管理

计划是指对招聘工作的提前规划。要开展招聘工作，先要做好计划，计划内容如下。

（1）招聘工作的安排。

（2）招聘人员的条件。

（3）招聘结束的后续工作。

2.面试管理

公司应当按照自身的标准做好面试工作，从面试中挑选合适的员工进入下一步的招聘工作。面试时要注意如下三点。

（1）保持公正、不偏不倚。

（2）与应聘者做好交流。

（3）始终按照公司相关规定进行面试。

3.人员录用管理

招到合适的员工后，公司要做好人员录用管理工作，尽快安排试用期的培训与工作。录用管理内容如下。

（1）及时发放录用通知书。

（2）对一些需要特别交代的事项交代清楚。

（二）试用期管理

1.试用期管理要求

（1）明确试用期管理职责：企业要明确试用期管理职责，即用人部门与人力资源部的职责，使双方在试用期管理中各司其职，共同做好试用期的管理工作。

（2）明确试用期限：企业应当明确员工的试用期限，一般为三到六个月，并严格在期限内进行试用期管理。

（3）确定试用期待遇：企业应根据国家相关法律法规要求和企业实际情况来确定试用期的待遇。

2.试用期变更处理

（1）试用期辞退：员工在试用期中，如果严重违背企业相关规定或发现不符合录用条件的，企业应对其进行辞退处理。

（2）试用期转正：在试用期结束时，企业应对员工进行转正考核，对考核合格者安排好转正工作。

（三）培训管理

公司的正常运转离不开出色的员工，而要使员工圆满地完成工作任务，就必须加强培训，使其掌握工作技能。因此，公司必须加强培训管理，通过培训提升员工素质，进而提升公司的整体经营效益。

1.新员工培训

新员工培训是使其融入公司的第一步，其培训管理的内容如下。

（1）明确培训内容，如公司文化、公司价值观等。

（2）做好培训考核工作，以确认培训效果。

（3）做好培训考勤管理，监督参与培训的员工遵守相关规定。

2.在职员工培训

在职员工是指在公司拥有正式职位的员工。

（1）内部培训。内部培训是指在公司内部开展的培训工作，包括对总经理级别员工的培训、部门经理的培训、普通员工的培训等。

（2）委托外部培训。加强委托外部培训工作，进一步提高员工工作水平，提升公司经营效益。

（3）职业资格培训。对有职业资格要求的员工进行培训，使其获得相关证书，进一步提高工作技能。

（四）绩效考核管理

良好的绩效管理能够提高员工的工作积极性，大大提高绩效管理水平，使绩效管理工作取得重大进展。绩效管理制度包括绩效考核管理制度、员工工作计划考核制度等。

1.考核内容管理

公司要明确考核的内容，各类员工的考核内容应当有所区别，如部门经理的考核、普通员工的考核等要有所区别。

2.考核面谈

公司要做好考核面谈工作，帮助员工分析考核中出现的问题，协助其改进。面谈应注意以下要点。

（1）保持良好心态，不得向员工施加压力或表示歧视。

（2）协助员工分析绩效问题。

（3）做好面谈记录。

3.考核结果处理

（1）考核奖罚。公司要明确考核的奖罚措施，并根据考核结果实施奖罚。

（2）考核结果运用。考核结束后，公司应对考核结果进行运用，例如可以将考核结果作为年度调薪的依据、绩效制度改进的依据等。

（五）薪酬福利管理

1.薪酬管理

薪酬管理内容如下。

（1）明确薪酬构成，如基本工资、奖金、加班费等。

（2）明确薪酬支付方式，如现金支付、银行转账等。

（3）严格实施薪酬保密制度，不得泄露薪酬信息。

2.福利管理

福利管理内容如下。

（1）明确福利范围，如各类补助、礼品等。

（2）根据情况进行福利调整，使其符合公司实际情况。

（3）福利管理应符合国家相关法律法规的规定，不得违反。

3.奖金管理

奖金管理内容如下。

（1）明确奖金的构成及其管理职责。

（2）明确奖金发放标准。

（3）对奖金的发放进行监督。

2-07　行政后勤管理

（一）印信管理

印信是指公司的印章、介绍信等，是公司对外联系的凭据和公司权力的标志，一般由行政部保存与管理。由于印章、介绍信在日常工作中常要用到，所以是行政部的日常事务之一。

1.印章管理

印章是印信的一种，是刻在固定质料上的代表机关、组织或个人权力、职责的凭据。盖印，标志着文案生效和对文案负责。

（1）印章的刻制。印章刻制是印章管理工作的一个重要环节。不论刻制哪一级单位的印章都要有上级单位批准的正式公文。

（2）印章的启用。在选择好印章的启用时间时，应该提前向有关单位发出正式启用印章的通知，注明正式启用日期，并附印模，同时报上级单位备案。颁发机关和使用机关、单位都要把启用日期的材料和印模立卷归案，永久保存。

（3）印章的停用。公司印章因公司名称变更、公司撤销、式样改变或其他原因停止使用时，要发文给与公司有业务往来的单位，通知已停止印章的使用，并说明停用的原因，标明停用的印模和停用的时间。

2.介绍信管理

（1）介绍信的开具。公司内部员工需要公司介绍信时，应填写公司介绍信签批单，经所属主管批准后，行政部人员根据此单填写介绍信，盖章后发给该员工。履行签批手续，一可防止个人乱用介绍信；二可使公司领导掌握相关情况。

（2）介绍信的管理要点。

①负责管理介绍信的行政部人员，应严格执行介绍信签批手续。

②严禁发出空白介绍信。

③介绍信存根应妥善保管，按保密要求归档。

④一项工作需要多次联系的，未结束前，其介绍信可继续使用。结束后，行政部一定要将介绍信收下备查。

（二）文件资料管理

公司在日常经营过程中会产生大量文件，这些文件都是公司各方面经营状况的真实反映，对公司正常运营有着非常重要的价值。

1.文件的整理

文件的整理，主要是把零散的和需要进一步条理化的文件，进行基本的分类、组合和编目，使之系统化。

2.文件的立卷

从公司办理完毕的文件材料中挑选出有查阅和保存价值的部分，按照它们形成过程中的联系和规律，组成案卷，称为文件立卷。

3.文件资料的管理

（1）在印制文件时选用质量较好的纸张，如含纤维素较多、颜色较白、表面平细、拉力强的纸。

（2）必须要有专门放置文件资料的处所和箱柜。

（3）应根据需要和实际条件，配置温度计、湿度计、防虫剂、吸水剂以及防尘和除湿器械。

（三）会议管理

会议管理也是行政管理的重要工作。会议管理内容如下。

（1）会议类别划分，不同类别的会议实施不同的管理方式。

（2）会议纪律控制，保障会议正常进行。

（3）会议违规处罚，即对违反会议相关规定者进行处罚。

（四）办公设备、用品管理

1.办公设备管理

办公设备往往占据着公司行政经费的很大一部分，因为其价格往往较高。因此，行政部在采购办公设备时必须非常小心，避免买到价格过高的办公设备而给公司造成额外的负担。同时还需为其编制管理卡，做好维修与报废等工作。

2.办公用品管理

各类办公用品是公司开展日常工作必不可少的帮手，也是行政部日常管理工作的常规内容。行政部要加强对办公用品的申请、计划和采购等工作的管理，尽量节约成本，避免浪费。

（五）接待管理

接待管理是行政管理的重要内容，主要是对各级人员开展接待工作。接待管理内容如下。

（1）分清接待等级，对不同等级的人员实施不同的接待方式。

（2）做好接待经费控制，不得超额接待。

（3）接待程序控制，即接待工作要按程序进行审批。

（4）接待处罚管理，即对违规接待进行处罚。

（六）办公事务管理

办公事务管理也是行政管理的重要组成部分，其管理内容如下。

（1）做好办公用品管理，按程序采购并做好日常管理工作。

（2）做好办公设备管理，维护办公设备的正常运行。

（七）行政费用控制

良好的行政管理离不开出色的费用控制，其内容如下。

（1）做好对行政费用的分类，如交通费、住宿费等，不同类别的费用采用不同的管理方式。

（2）行政费用报销控制，即对行政费用的报销必须严格按程序进行，控制费用开支。

（3）违规处罚，即对违反行政费用相关规定的员工进行处罚。

（八）住宿管理

住宿管理是指为员工提供良好的住宿服务，其内容如下。

（1）做好宿舍管理工作，如宿舍的申请、分配等，维持宿舍秩序。

（2）做好住宿补贴管理，即为需要补贴的员工提供住宿补贴，减少员工的生活压力。

（九）饮食管理

做好饮食管理的目的是为员工提供良好的饮食服务，其管理内容如下。

（1）做好员工食堂管理，保证饭菜质量。

（2）维护就餐秩序，推行文明用餐。

（3）做好餐卡管理，防止餐卡遗失。

（十）清洁卫生管理

日常清洁卫生是指在日常工作中进行的清洁工作。公司的整体环境需要通过日常清洁卫生来保持。日常清洁卫生内容如下。

（1）安排好清洁卫生计划。

（2）准备好清洁卫生工作。

（3）划分不同的清洁区域，如食堂、宿舍、办公室等。

（4）做好清洁卫生检查。

（十一）保密管理

公司需要保密的事项往往很多，因此应根据秘密的性质、重要程度等情况划分密级，如绝密、机密、秘密等，对不同密级的秘密分别进行管理。

日常保密工作内容如下。

（1）部门保密，尤其是对一些要害部门要增加保密强度，确保秘密不外泄。

（2）档案保密，对公司的重要档案严格实施保密措施。

（3）文件保密，尤其要做好文件送阅、传阅过程中的保密工作。

（4）会议保密，即严格控制会议信息外泄。

（十二）信息网络管理

信息网络的正常运行依赖于各类信息化设备，如路由器、交换机、服务器等。因此，公司必须加强对设备的管理，其内容如下。

（1）加强使用控制，禁止破坏设备。

（2）做好密码管理，防止密码被无关人员获取。

（3）定期对设备进行检查与维护。

（4）做好信息网络安全管理。做好信息数据载体的储存工作；做好软件备份工作，防止信息数据意外丢失；加强对网络病毒的查杀，消除安全漏洞。

2-08 财务管理

财务管理是指对公司的营运资金投入及收益过程和结果进行衡量与校正，目的是确保公司目标以及为达到此目标所制订的财务计划得以实现。财务管理是公司管理的一个组成部分，它是根据财经法规制度，按照财务管理的原则，组织公司财务活动，处理财务关系的一项经济管理工作。简单地说，财务管理是组织公司财务活动，处理财务关系的一项经济管理工作。

（一）财务管理工作层次

如果公司的财务管理工作水平还是停留在记账、核算层次，那么只能说明公司各级财务人员需要进一步提升工作能力。因为财务管理最终目的是给公司创造更多效益，而不是去做会计或出纳人员的工作。一般将财务管理工作分为如图2-6所示三个层次。

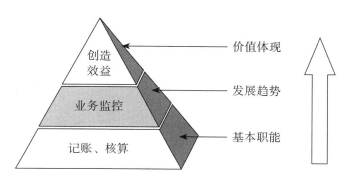

图2-6 财务管理工作层次

（二）财务管理目标

财务管理的目标具体如图2-7所示。

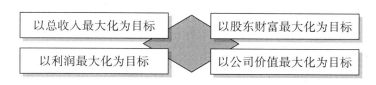

图2-7 财务管理的目标

（三）财务管理主要内容

1.组织规划控制

企业应根据财务过程控制的要求，在确定和完善组织结构的过程中，遵循不相容职务相分离的原则，即一个人不能兼任同一部门财务活动中的不同职务。

公司的经济活动通常划分为五个步骤：授权、签发、核准、执行和记录。如果上述每一步骤由相对独立的人员或部门实施，就能够保证不相容职务的分离，便于财务过程控制作用的发挥。

2.授权批准控制

授权批准控制是指对公司内部各部门或员工处理经济业务的权限控制。公司内部各部门或员工在处理经济业务时，必须经过授权批准才能进行，否则就无权审批。授权批准控制可以保证公司既定方针的执行和限制滥用职权。授权批准的基本要求如图2-8所示。

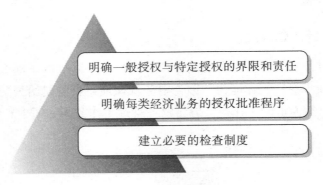

明确一般授权与特定授权的界限和责任

明确每类经济业务的授权批准程序

建立必要的检查制度

图 2-8　授权批准的基本要求

3.预算控制

预算控制是财务管理的一个重要内容，其控制范围包括融资、采购、销售、投资、管理等经营活动的全过程。预算控制有以下两点要求。

（1）所编制预算必须体现公司的经营管理目标，并明确责任。

（2）执行中允许经过授权批准后对预算进行调整。

4.成本控制

成本控制是指对从物资采购到产品的最终售出过程中的成本进行控制的方法。具体包括物资采购成本控制、产品销售成本控制等方面。

5.风险控制

风险控制是指防止和避免出现不利于公司经营目标实现的各种风险。在这些风险中，经营风险和财务风险显得极为重要。

经营风险是指因生产经营方面的原因给公司盈利带来的不确定性；财务风险往往来自融资风险，是指由于举债而给公司财务带来的不确定性。由于经营风险和财务风险对公司的发展具有很大的影响，所以公司在进行各种决策时，必须尽力规避这两种风险。

6.稽核控制

稽核控制主要是指公司内部稽核，是对会计的控制和再监督。内部稽核一般包括内部财务稽核和内部经营管理稽核。内部稽核对会计资料的监督、审查，不仅是财务管理的有效手段，也是保证会计资料真实、完整的重要措施。

2-09　安全管理

（一）生产活动场所安全布置

厂房、作业场所是进行生产活动的具体场所，其安全生产条件应当有一定的要求，特别是对危险性较大的企业来说更是如此。所以企业对生产活动场所进行配置的时候一定要考虑其安全要求。

（二）配备安全设施

安全设施是指企业（单位）在生产经营活动中，为将危险、有害因素控制在安全范围内，以及减少、预防和消除危害所配备的装置（设备）和采取的措施。

（三）建立企业安全生产责任制

安全生产责任制是企业最基本的安全管理制度，是所有安全生产规章制度的核心。责任制实行得好，能最大限度地调动员工的主观能动性、积极性和创造性，按法律法规、规章制度的要求做好各项工作，确保职业健康和生产安全。

安全生产责任制的主要内容如下。

（1）厂长、经理是法人代表，是生产经营单位和企业安全生产的第一责任人，对生产经营单位和企业的安全生产负全面责任。

（2）生产经营单位和企业的各级领导和生产管理人员，在管理生产的同时，必须负责管理安全工作，在计划、布置、检查、总结、评比生产的时候，必须同时计划、布置、检查、总结、评比安全生产工作。

（3）有关的职能机构和人员，必须在自己的工作职责范围内，对实现安全生产负责。

（4）职工必须严格遵守安全生产法规、制度，不违章作业，并有权拒绝违章指挥，险情严重时有权停止作业，采取紧急防范措施。

（四）制定配套的安全生产规章制度

制度既是实践的科学总结，又是统一行动的准绳。建立健全与安全生产密切相关的各项管理制度，按照符合安全生产的科学规律进行生产活动，是搞好企业安全建设的重要前提和保证。

2-10　法务管理

法务管理包括诉讼、仲裁、出具法律意见书、审核合同及公司制定的规章制度的合法性、提供法律咨询、出具催告函、预防与控制法律风险、宣传培训法律知识等诉讼和非诉讼法律事务。

（一）法律纠纷案件的处理

法律纠纷案件是指各类诉讼、非诉讼、仲裁或者可能引起的诉讼、非诉讼、仲裁争议的案件。法律纠纷案件的处理内容如下。

（1）按程序进行处理。法律纠纷案件的处理程序是指纠纷产生后，公司采取的与经济纠纷有关的工作程序，包括诉讼程序发生之前的沟通、协调，诉讼或仲裁的开庭前庭审准备，审理中的证据补充，案件审理的全过程，直到判（裁）决或调解后生效法律文书的履行、案件总结。

（2）公司经理办公室和其他职能部门接到法院送达的案件诉讼材料后，立即转交公司行政部，由公司行政部进行统一安排，采取相应措施。

（二）普法教育培训

普法教育培训内容如下。

（1）行政部负责公司范围的法律知识教育培训的策划、组织、实施、总结工作。

（2）相关部门全面参与、配合法律知识的普及实施工作。

（3）公司每年定期开展普法教育培训。

（4）每期培训的主题与内容由公司行政部与公司领导、各部门及基层单位沟通后，根据公司工作的需求进行具体确定。

（三）法律风险控制

法律风险控制内容如下。

（1）定期为公司员工举办相关法律宣传、教育、培训。

（2）建立、完善各项规章制度。

（3）对公司管理存在缺陷的部门进行法律分析调研，提出加强管理的方案和建议，逐步建立完善的内部监督约束机制。

（4）对公司员工的严重违法违纪行为（包括但不限于涉嫌贪污、受贿、渎职、失职等严重违法违纪行为）提出内部处罚、民事赔偿、刑事责任追究的具体意见并报公司管理层审核。

（5）执行公司管理层做出的对公司员工追究责任的具体措施。

（四）法务档案管理

法务人员要收集、整理、保管与公司经营管理有关的法律、法规、政策文件资料，负责公司的法律事务档案管理，避免档案遗失。

（五）诉讼代理规定

诉讼代理是指公司委托相关法律机构作为诉讼代理人向有关单位提起诉讼。诉讼代理应符合以下规定。

（1）公司诉讼代理人办理诉讼案件时，应当按照法定代表人授权的范围和权限，诚实守信，勤勉尽责，忠实地维护公司的利益。

（2）公司诉讼代理人应当保守国家机密、商业秘密及个人隐私。

（3）公司诉讼代理人应充分履行自己的职责，维护公司利益。

第 3 章　企业组织架构的设计

本章导读

- 直线−职能制组织结构
- 事业部制组织结构
- 矩阵制组织结构
- 立体多维型组织结构
- 流程型组织结构
- 企业组织结构形式的选择

组织设计是管理者将组织内各要素进行合理组合规划，建立和实施一种特定组织结构的过程。通常有以下三种情况需要进行组织设计。

（1）新建的企业。

（2）企业原有的组织结构出现较大问题或企业的发展目标发生变化，其组织结构需要进行重新评价和设计。

（3）组织结构需要进行局部的调整和完善。

3-01　直线−职能制组织结构

（1）直线制结构是最早出现也是最简单的集权式组织结构，又称军队式结构，如图3-1所示。其基本特点是组织中的各种职位垂直排列，不设专门的职能机构。

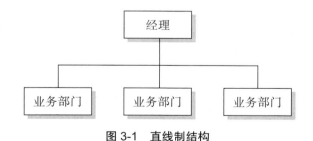

图 3-1　直线制结构

这种结构的优点是设置简单、信息传递快、决策迅速、费用省、效率高，但要求管理者通晓各种业务。因此，这种组织形式只适用于规模较小、生产技术比较单一的企业。

（2）职能制结构也称"U"形组织，如图3-2所示。该模式是在直线制结构的基础上为各职能管理者设置相应的职能机构和人员。在职能制模式下，下级行政负责人除了执行上级行政主管的指令之外，还需接受上级职能部门的领导和监督。因此，该模式具有分权制管理的特点。

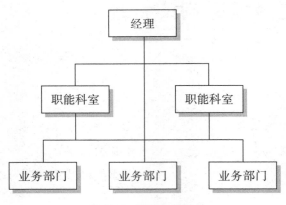

图 3-2　职能制结构

职能制结构的优点是将企业管理工作按职能分工，适应了现代企业生产技术复杂、管理工作分工细致的特点，提高了管理的专业化程度。但是，其不足在于容易形成多头领导的问题，妨碍生产、行政的统一指挥，不利于建立健全责任制。因此，这种组织形式在现代企业中很少采用。

（3）直线–职能制结构又称直线参谋制或生产区域制结构，如图3–3所示。该模式综合上述两种模式的优点，一方面保持了直线制领导、统一指挥的优点，另一方面又结合了职能制管理专业化的长处，实行经理统一指挥与职能部门参谋、指导相结合的组织结构形式。

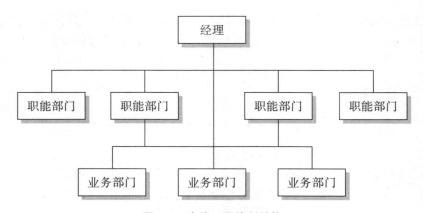

图 3-3　直线–职能制结构

但这种组织形式也存在明显的不足：权力集中在最高管理层，职能部门缺乏必要的自主权；各职能部门之间的横向协调性差；企业信息传递路线过长，容易造成信息丢失或失真；企业适应环境的能力差。

3-02　事业部制组织结构

事业部制结构也称M型结构，是按照"集中决策、分散经营"的原则，将企业划分为若干事业群，每一个事业群建立自己的经营管理机构，独立核算，自负盈亏。从权力结构上讲，事业部制组织结构是分权制，基本单位是半自主的利润中心，每个利润中心内部通常又按职能式组织结构设计。在利润中心之上的总部负责整个企业的重大投资决定，负责对利润中心的监督。因此，总部的职能相对萎缩，一般情况下总部仅设人事、财务等几个事关全局的职能部门，如图3-4所示。

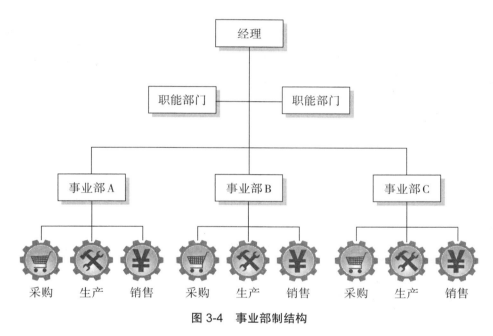

图 3-4　事业部制结构

事业部制组织结构具有以下特点。

第一，专业化分工。该结构按照企业的产出将业务活动组合起来，成立专门的生产经营部门。

第二，生产规模较大，生产经营业务具有多样性。钱德勒指出，它"将许多单位置于其控制之下，经营于不同地点，通常进行不同类型的经济活动，处理不同类型的产品和服务"。

第三，管理权和经营权分离。该结构在产权安排上实行所有权、经营权相互分离，在内部分工与协作中实行事业部制是大型企业普遍采取的组织结构模式。

第四，层级制管理。事业部制尽管增加了分权色彩，但在事业部内仍采用直线—职能制结构。从总体上看，它仍属于等级制组织，管理层级制仍然是现代企业组织的典型特征之一。

3-03 矩阵制组织结构

矩阵制结构又称规划—目标结构，如图3-5所示。在矩阵制结构中有两条权力线：一条是来自各职能经理的垂直权力线，另一条是来自工程权力部门的水平权力线。

矩阵制结构既包括纵向的职能系统，又包括为完成某项任务而组成的横向项目系统。这种结构改变了传统的单一直线垂直领导系统，使一位员工同时受两位主管人员的管理，呈现交叉的领导和协作关系，从而实现企业内营销职能与设计、生产职能的更好结合。

矩阵制结构兼有职能制和事业部制两种结构的优点，既能充分利用职能部门内的专业技术知识，又能促进职能部门之间的横向协作。然而，矩阵制结构与职能制结构在组织原则上又大不相同，职能制严格遵循统一指挥原则，矩阵制则从结构上形成了双头指挥的格局。矩阵制结构能使企业迅速地对外界环境的变化作出反应，满足市场的多样化需求，适用于因技术发展迅速而产品品种较多、管理复杂的企业，如军事工业企业、航天企业、科研机构等。

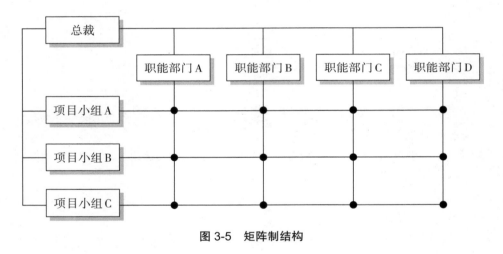

图 3-5 矩阵制结构

3-04 立体多维型组织结构

立体多维型组织结构是职能制组织结构、矩阵制组织结构和事业部制结构的综合，具体如下。

（1）按产品或服务项目划分的事业部是产品利润中心。

（2）按职能划分的参谋机构是专业成本中心。

（3）按地区划分的管理机构是地区利润中心。

这样，企业内部的一位员工可能同时受三个不同部门的领导，如图3-6所示。

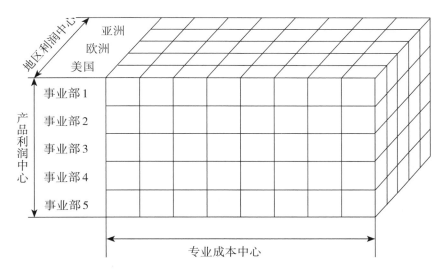

图 3-6　立体多维型结构

3-05　流程型组织结构

流程型组织结构是为了提高满足顾客需求的效率，降低产品或服务的供应成本而建立的以业务流程为中心的组织结构，如图3-7所示。流程型组织结构是以系统理论、整合理论为指导，按照业务流程为主、职能服务为辅的原则设计的。

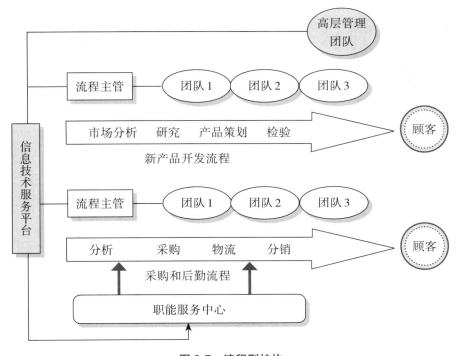

图 3-7　流程型结构

流程型组织结构的形式由于企业内外环境的变化而千差万别，但结构的内涵是一致的。

佩帕德和罗兰认为，几乎所有的企业组织都架构在流程、人员和技术这三个主要基座上。因此，基于流程的组织结构也必须具备三方面内容。

第一，组织以流程维度为主干，每个流程由若干个子流程和团队组成。

第二，组织设立职能服务中心，保障流程团队和业务流程的有效运行。

第三，团队之间、业务流程之间及其与职能服务中心之间的整合和协同工作需要信息技术的支持。

3-06　企业组织结构形式的选择

企业在选择哪一种组织结构形式或具体按哪一种方式来组织生产经营时，一定要结合自身的实际情况，包括企业规模大小、人员素质高低、生产工艺复杂程度、所处环境等。总之，要以完成企业目标为依据来选择具体的生产组织形式，并设置相应的生产管理机构。图3-8、图3-9是两家生产企业的组织结构范本。

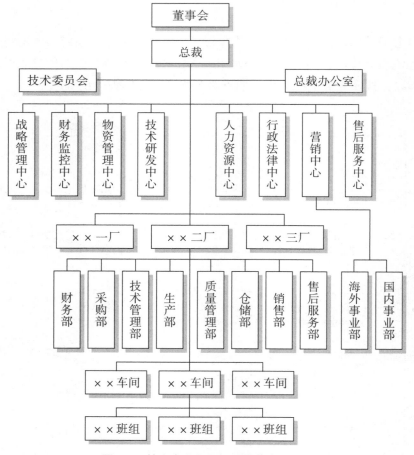

图3-8　某生产企业组织结构范本（一）

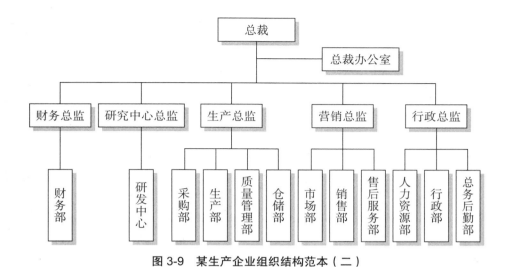

图 3-9 某生产企业组织结构范本（二）

第4章 企业各部门岗位说明

本章导读

- 总经办❶各岗位说明
- 市场部各岗位说明
- 销售部各岗位说明
- 生产部各岗位说明

- 品质部各岗位说明
- 采购部各岗位说明
- 财务部各岗位说明
- 行政部各岗位说明

　　对企业来说，每个岗位都代表着一份工作。只有对岗位进行最准确的说明才能为招聘人员提供最佳的参考意见，也才能使在该岗位任职的员工充分了解并圆满完成该岗位的工作内容。不同行业的行政部岗位设置可能有所不同，但一些核心岗位是必须配备的，本章将对他们的岗位进行详细说明。

4-01 总经办各岗位说明

总经办各岗位说明

1.总经理助理职位说明书

一、基本信息					
职位名称	总经理助理	所在部门	总经理办公室	所在科室	无
直接上级	总经理	职位级别		职位编号	
二、主要职责描述					
1.协助总经理制定和实施公司经营战略、年度经营计划、经营目标及各阶段分解工作目标。 2.负责组织子公司部门管理人员签订目标与绩效管理书，并组织考核与管理工作。 3.起草和编制公司重要管理制度及其他重要文件。 4.参与建立健全公司的管理体系与组织架构。 5.协助总经理监督并指导相关人员编制月度经营偏差分析报告，召集、主持公司经营管理例会及各项专题会议，同时督导落实会议决议。 6.测算产品成本，编制产品报价，协助总经理做好公司产品的定价工作。					
三、岗位KPI❷					
无					

---

❶ 总经办：即总经理办公室。

❷ KPI:Key Performance Indicator，关键绩效指标。

续表

四、任职资格要求

1.学历及专业要求：经济、管理类专业，本科及以上学历。

2.工作经验要求：十年及以上工作经验；在中型企业工作五年以上，以及从事总经理助理工作三年以上。

3.能力要求。

（1）战略思考力：具备将战略目标落实为具体行动规划的能力，能够总结战略实施的成败经验并向上做出反馈，以促进公司战略的不断调整与优化，同时对企业发展所面临的机遇与挑战有着清晰透彻的了解。

（2）沟通协调能力：能够很好地处理公司内外部关系，以促成相互理解、获得支持与配合。

（3）统筹规划能力：拥有卓越的计划推行能力，全面掌握公司经营状况，对行业现状及发展趋势具有独到的见解，能有效地就行业环境对公司未来运营的影响进行分析、规划，让参与者明确自己的角色、目标、职责与价值，从而加大推行力度，减少阻力。

（4）分析判断能力：能够根据外界提供的信息，结合自己以往的经验与认知，对事物进行分析、判断，得出结论；对零散结论性信息进行整合加工，分析利弊，并做可行性比较，以选出最合适的方案。

（5）领导力：及时了解下属的顾虑、期望和需求，并使之与当前的工作要求和目标匹配，明确分派各项任务与职责，同时用人所长、避人所短；能够对工作进行常规性的核查与控制，发现改进工作方法的途径，并有效传授给下属，以促进其技能发展及个人职业发展。

2.稽核员职位说明书

一、基本信息					
职位名称	稽核员	所在部门	总经办	所在科室	无
直接上级	总经理	职位级别		职位编号	
二、主要职责描述					

1.部门月度工作计划稽核：依照各部门提交的月度工作计划开展稽核，跟踪计划完成情况，并对稽核结果做出判断。

2.部门周工作计划稽核：依照各部门提交的周工作计划开展稽核，跟踪计划完成情况，并对稽核结果做出判断。

3.专项稽核：针对公司重大专案项目开展稽核，跟踪计划完成情况，并对稽核结果做出判断。

4.会议决策稽核：对公司级会议达成的决议或计划进行稽核，跟踪计划完成情况，并对稽核结果做出判断。

5.内部运营稽核：依照公司ISO文件及行政文件，对整个企业的运营状况进行稽核并做出判断。

三、岗位KPI

稽核完成率。

四、任职资格要求

1.学历及专业要求：中专及以上学历，具有ISO 9000内审资格证。

2.工作经验要求：有一年以上企业内部审核工作经验。

续表

3.能力要求。

（1）专业技能：熟悉企业生产管理流程，了解企业ISO 9000运作流程，掌握公司稽核流程与稽核相关制度。

（2）原则性：以事实与结果为依据，坚持原则，实事求是。

（3）沟通能力：能够很好地处理公司内部关系，促成相互理解，获得支持与配合。

3.法务专员职位说明书

一、基本信息					
职位名称	法务专员	所在部门	总经办	所在科室	无
直接上级	总经理	职位级别		职位编号	
二、主要职责描述					
1.商标专利管理：负责申请、办理公司各项产品的商标专利及商标专利的维护管理工作。 2.合同审核：负责公司经营管理活动中合同、协议、抵押、担保等重大经济活动的审查把关工作。 3.法律诉讼：负责公司对外法律诉讼、仲裁、调解等法律事务处理工作。 4.制度审核：负责公司各项管理制度的起草、制定、审查、修改等工作，对涉及法律方面的问题提出建议。 5.法律咨询：为公司各职能部门提供法律咨询服务。					
三、岗位KPI					
无					
四、任职资格要求					
1.学历及专业要求：法律专业，本科及以上学历，并通过国家司法考试。 2.工作经验要求：有三年以上法务工作经验，有两年以上商标专利法务工作经验。 3.能力要求。 （1）专业技能：熟练掌握国家的各类政策法规，尤其对商标专利、知识产权类法律、法规有深刻的理解，并能将其灵活运用于实际工作中；熟悉商标专利申请流程和法律诉讼各项流程。 （2）沟通能力：能够很好地处理公司内部关系，以促成相互理解、获得支持与配合。 （3）写作能力：能独立起草各种法律信函和商业合同信函。					

4-02 市场部各岗位说明

市场部各岗位说明

1.市场部经理职位说明书

一、基本信息					
职位名称	市场部经理	所在部门	市场部	所在科室	无
直接上级	总经理	职位级别		职位编号	

续表

二、主要职责描述
1.市场分析：负责国内外市场竞争对手的信息收集与分析，包括规模、产量、销售区域、核心竞争力、新产品、新技术等。 　2.品牌推广：根据公司发展战略，拟定并实施公司品牌推广计划，如搜索引擎、行业网站推广、专业杂志媒体推广、手机群发等。 　3.企业VIS与产品资料管理：负责公司VIS标准的制定及公司各种产品资料、宣传资料、影像资料等的平面设计与制作。 　4.公司展厅规划：负责公司展厅的规划、设计、布置与管理。 　5.展会产品推广：负责组织筹备国内外展览会、新产品发布会、论坛会议等市场活动外贸推广工作，并促成产品交易。 　6.电子商务推广：负责国内外贸易电子商务平台的构建与维护工作。 　7.网站建设：负责公司中英文网站的建设和中英文说明书的策划工作。 　8.团队建设：对下属进行选拔、任用、培训、激励与工作指导，帮助下属解决工作中的难题，同时对下属的工作进行监督与考核。
三、岗位KPI
新产品经销率、策划方案成功率、市场推广活动费用控制率、推广活动销售增长率、传播促销费用率。
四、任职资格要求
1.学历及专业要求：具有本科及以上学历，市场营销或外贸专业。 　2.工作经验要求：具有五年以上专业/行业工作经验。 　3.能力要求。 　（1）专业技能：熟悉本企业产品行业市场状况，能独立筹划产品展销会和市场营销活动；熟练掌握B2B平台操作，能独立开拓电子商务销售渠道；具备系统的市场推广专业理论知识和相关的营销理论知识；能熟练运用网页设计软件及办公软件等。 　（2）开拓创新能力：积极开拓新市场和新客户，不受陈规和以往经验的束缚，为自己设定具有挑战性的目标，并采取具体行动去实现该目标。 　（3）沟通能力：具有很强的沟通能力，能够很好地处理公司内外部关系。 　（4）分析与解决问题的能力：能处理非常规性、开放性和应用性的问题。 　（5）领导力：能明确制定部门目标，知人善用，合理分工，培育并激励下属，促成下属个人价值与部门目标共同实现。 　（6）写作能力：具备一般办公文书的书写能力，以及专业的公司产品信息撰写能力。

2.平面设计师职位说明书

一、基本信息					
职位名称	平面设计师	所在部门	市场部	所在科室	无
直接上级	市场部经理	职位级别	5职等	职位编号	
二、主要职责描述					
1.负责新产品上市前的美工设计，包括DM❶、网页、PPT等。 　2.负责公司所有文宣的美化编辑，如对DM、杂志、新产品目录、报价单、折页、EDM（周刊）等所有对外资料进行设计和完善。					

---

❶ DM：Direct Mail advertising，直接邮寄广告。

3.根据公司的企业文化和产品特性，协助市场专员完成网站美工和改版工作。 4.公司内部设施、标牌等的编辑和设计。 5.负责展会资料及形式的设计。
三、岗位KPI
设计评审满意率、设计完成及时率、新方案设计周期、项目计划完成率、设计方案采用率、设计服务满意度。
四、任职资格要求
1.学历及专业要求：平面设计类专业，中专及以上学历。 2.工作经验要求：具有两年以上专业/行业经验。 3.能力要求。 （1）专业技能：独立设计制作公司广告、报纸、杂志、DM版面；熟练操作Dreamweaver、Flash、CorelDRAW、Photoshop、AI等相关设计软件；能根据客户需求设计作品并准确表达产品特性。 （2）领悟能力：领悟能力和理解能力强，能准确把握公司企业文化和产品特性。

3.市场专员职位说明书

一、基本信息					
职位名称	市场专员	所在部门	市场部	所在科室	无
直接上级	市场部经理	职位级别	4职等	职位编号	
二、主要职责描述					
1.品牌建设：根据公司发展战略，拟定并实施公司品牌推广计划，如进行搜索引擎推广、行业网站推广、专业杂志媒体推广、手机群发等。 2.市场调研：对相关行业、产业链、国家政策进行不定期调研与分析，为市场决策提供参考依据。 3.企业VIS与产品资料管理：负责公司VIS标准的制定及公司各种产品资料、宣传资料、影像资料等的平面设计与制作。 4.电子商务：通过互联网进行市场推广，从而达到开拓市场的目的。 5.公司网站维护：负责公司网站的更新与维护。 6.公司展厅规划：负责公司展厅的设计与布置。 7.组织筹办产品展销：根据公司年度营销计划，组织筹备国内外产品展销会。 8.制订新产品上市推广计划：如展览会、媒体期刊、论坛会议等产品推广宣传工作的规划和管理。 9.产品上市策划：负责新产品上市前广告宣传资料的设计及选择对应的渠道进行推广。					
三、岗位KPI					
营销费用控制率、营销所带来的业绩。					
四、任职资格要求					
1.学历及专业要求：市场营销或电商类专业，大专及以上学历。 2.工作经验要求：具有三年以上专业/行业经验。 3.能力要求。 （1）专业技能：具备系统的市场推广专业理论知识和相关的营销理论基础；能熟练运用网页设计软件及办公软件；能独立筹划市场营销活动，文字功底强。					

续表

> （2）沟通能力：能够很好地处理公司内外部关系，并搭建沟通平台。
> （3）分析与解决问题的能力：能根据公司的相关规定，通过统计分析等方式，及时发现本部门存在的问题，并进行及时处理。

4-03 销售部各岗位说明

销售部各岗位说明

1. 销售部经理职位说明书

一、基本信息					
职位名称	销售部经理	所在部门	销售部	所在科室	无
直接上级	总经理	职位级别		职位编号	
二、主要职责描述					

二、主要职责描述

1. 展会产品推广：负责组织筹备国内外展览会、新产品发布会、论坛会议等市场活动外贸推广工作，以促成产品交易。
2. 电子商务推广：负责国内外贸易电子商务平台的维护与推广，如阿里巴巴、亚马逊等。
3. 客户管理：组织建立客户档案，不定期与客户进行沟通，维护客户关系，实现产品交易。
4. 销售洽谈：负责客户接待、商务洽谈及样品跟进等工作。
5. 订单跟进：负责协助订单管理员进行订单跟踪、客户产品交货期跟踪。
6. 网站建设：负责公司中英文网站的建设和中英文说明书的策划工作。
7. 团队建设：对下属进行选拔、任用、培训、激励与工作指导，帮助下属解决工作中的难题，同时对下属的工作进行监督与考核。

三、岗位KPI

销售目标达成率、销售定价比、贷款回收率、培训达成率、客户满意度。

四、任职资格要求

1. 学历及专业要求：本科及以上学历，市场营销或外贸专业，同时英语水平要达到四级/六级。
2. 工作经验要求：具有五年以上专业/行业经验。
3. 能力要求。
（1）专业技能：熟悉本行业海外市场状况，能独立筹划海外产品展销会；掌握B2B平台操作，能独立开展外贸经营活动；熟悉对外贸易相关法律法规和外贸销售工作流程；具有优秀的英语口头表达与写作能力，以及优秀的商务谈判技巧，能够很好地处理客户关系。
（2）开拓创新能力：积极开拓新市场、新客户，不受陈规和以往经验的束缚，为自己设定具有挑战性的目标，并采取具体行动去实现该目标。
（3）沟通能力：具有很强的沟通能力，能及时处理各种冲突。
（4）分析与解决问题的能力：能处理非常规性、开放性和应用性的问题。
（5）领导力：能准确制定部门目标，知人善用，合理分工，培育并激励下属，促成下属个人价值与部门目标共同实现。
（6）写作能力：具有较强的写作能力。

2.商务主管职位说明书

一、基本信息					
职位名称	商务主管	所在部门	销售部	所在科室	商务组
直接上级	销售部经理	职位级别		职位编号	

二、主要职责描述

1.国内客户关系管理：组织建立国内客户档案，不定期与客户进行沟通，维护客户关系，实现产品交易。

2.订单管理：将销售合同转变为内部销售订单，下达PMC❶计划。

3.销售对账：每月5日前和财务部核对上个月的所有出货金额（对账单）。

4.内销订单催款：按照合同流程催款，并和财务部确认回款情况。

5.样品管理：根据客户需求安排制作样品。

6.团队建设：对下属进行选拔、任用、培训、激励与工作指导，帮助下属解决工作中的困难问题，同时对下属的工作进行监督与考核。

三、岗位KPI

销售目标达成率、货款回收率、下单准确率、数据统计准确率。

四、任职资格要求

1.学历要求：大专及以上学历。

2.工作经验要求：具有五年以上专业/行业经验。

3.能力要求。

（1）专业技能：掌握产品特性；能熟练操作企业内部ERP系统；熟悉订单下达、订单管理流程。

（2）沟通能力：能够很好地处理公司内外部关系。

（3）解决问题的能力：对异常订单、客户异常需求能快速做出反应，并给予妥善解决。

3.订单管理员职位说明书

一、基本信息					
职位名称	订单管理员	所在部门	销售部	所在科室	无
直接上级	商务主管	职位级别		职位编号	

二、主要职责描述

1.打印生产任务单：根据客户订单及时打印生产任务单。

2.跟进生产进度：每天根据客户订单交货期要求，及时跟进生产订单。

3.出货计划的信息通知：每天根据客户订单交货期要求，对即将交货的订单制作出货计划，并打印出货单交相关部门。

4.出货数据的收集与整理：统计、整理每天的出货信息。

5.制作各类所需表格：相关表单的制作、提交、整理汇总。

三、岗位KPI

生产任务单打印与发放及时率、出货任务及时率、出货数据准确率。

---

❶ PMC：Production Material Control，生产及物料控制。

续表

四、任职资格要求

1.学历要求：高中及以上学历。

2.工作经验要求：具有两年以上专业/行业经验。

3.能力要求。

（1）专业技能：熟练操作各种Office办公软件；熟练制作各种报表；熟悉跟单流程和公司产品。

（2）沟通能力：能够很好地处理公司内外部关系，促成相互理解，获得支持与配合。

（3）解决问题的能力：对于异常订单、客户异常需求能快速做出反应，促成理解，达成共识。

4.外贸业务员职位说明书

一、基本信息					
职位名称	外贸业务员	所在部门	销售部	所在科室	无
直接上级	销售部经理	职位级别		职位编号	

二、主要职责描述

1.实施外贸推广计划：参加展览会、负责新产品发布会等外贸推广工作，并促成产品交易。

2.客户关系管理：组织建立国外客户档案，不定期与客户进行沟通，维护客户关系。

3.外贸网络平台管理：负责外贸市场邮件的收发，通过网络收集国外市场行业信息，并对阿里巴巴英文网站及其他网络平台（B2B/B2C）进行信息更新。

4.了解客户需求：通过电话、E-mail、商务洽谈、送样、QQ、微信等全面、准确地了解客户需求，以促成交易。

5.订单管理：将客户需求信息以订单的形式准确、及时地下达到商务组，并跟进订单直至出货。

三、岗位KPI

销售目标达成率、货款回收率、下单准确率、客户满意度。

四、任职资格要求

1.学历及专业要求：大专及以上学历，国际贸易专业。

2.工作经验要求：具有两年以上专业/行业经验。

3.能力要求。

（1）专业技能：熟练掌握B2B平台操作，能独立开展外贸经营活动；熟悉对外贸易相关法律法规和外贸销售工作流程；具有优秀的英语口头表达与写作能力；掌握出口相关各类单证的填制要求；具备基本的商务谈判技巧，能够处理客户关系，促成他人理解并获得支持。

（2）沟通能力：清晰、有效地表达相关的信息和情况，确保他人能理解自己的想法，从而获得支持与配合。

（3）积极主动：在客户提出要求前，能主动出击，了解客户信息与需求，并向客户反馈相关信息，以促成客户理解。

4-04　生产部各岗位说明

生产部各岗位说明

1.生产部经理职位说明书

一、基本信息					
职位名称	生产部经理	所在部门	生产部	所在科室	无
直接上级	总经理	职位级别		职位编号	

二、主要职责描述
1.组织安排生产：根据PMC部下达的生产指令，组织本部门人员，合理利用人、机、料安排生产，控制生产进度，保证按时交货。 2.现场5S管理：负责开展现场5S管理，确保现场干净、整洁。 3.生产协调：负责本部门生产流程的管制、工作调度、人员安排。 4.物料领用与管控：负责生产物料的领用、管理及物料异常的追踪、改善与盘点管理。 5.品质控制：负责质量管理及异常的预防、纠正和改善工作。 6.生产设备管理：负责生产设备、工具、仪器的请购、使用及日常保养。 7.成本控制：对物料、设备等的使用状况进行统计分析，以控制生产成本。 8.生产效率：通过不断开展员工培训、改良生产工艺、使用先进设备与工具等方法，实现提高生产效率的目的。 9.安全生产：在完成生产任务的同时，确保责任单位的安全生产。 10.内部建设：负责本部门内部人员的选拔、培训及绩效管理。

三、岗位KPI
计划达成率、品质合格率（制程、成品）、生产效率、安全生产事故率、制损率、生产及5S管理。

四、任职资格要求
1.学历及专业要求：大专及以上学历，理工科类专业。 2.工作经验要求：具有八年以上专业/行业经验。 3.能力要求。 （1）专业技能：熟悉制造业流程、ISO质量管理体系、5S活动运作、QC七大手法，并对模切材料、PET生产工艺有基本的了解。 （2）沟通能力：能够很好地处理公司内部关系，促成相互理解，获得支持与配合。 （3）分析与解决问题的能力：能根据公司相关规定及工艺标准，通过统计分析等手段，及时发现本部门存在的问题，如品质、效率、安全等方面的问题，并组织本部门人员结合实际经验、按照相关规定进行解决。 （4）领导力：能准确制定部门目标，知人善用，合理分工，培育并激励下属，促成下属个人价值与部门目标共同实现。 （5）写作能力：具有较强的文字表达能力，能够独立起草各类5S作业规范、生产作业流程等制度文件，并对他人进行指导。

2.生产部文员职位说明书

一、基本信息				
职位名称	生产部文员	所在部门	生产部	所在科室	无
直接上级	生产部经理	职位级别		职位编号	

二、主要职责描述
1.统计制作生产日报表：统计各班组生产量并形成日工作总结上报相关部门。 2.生产异常统计：对生产现场中的异常信息进行收集与统计分析。 3.会议记录：负责部门内部会议的记录工作。 4.培训资料准备：协助部门制作培训教材。 5.各类单据的传递审核：负责日常单据（临时工时单、联络单）的传递审核等。 6.部门文件管理：负责本部门来往文件的打印、收发和保管。 7.部门人力资源工作：负责本部门人员出勤状况的监管及协助处理员工入职、离职、培训、考核等工作。 8.办公用品管理：负责办公用品的申购与发放等。

三、岗位KPI
生产各类报表准确性、报表统计及时性。

四、任职资格要求
1.学历要求：高中或中专及以上学历。 2.工作经验要求：具有两年以上专业/行业经验。 3.能力要求。 （1）专业技能：电脑打字每分钟在50字以上，能熟练使用Office软件编制文档及制作统计报表。 （2）沟通能力：具有良好的口头表达能力，能将日常简单的工作信息很好地传递给相关同事，促成相互理解与合作。

3.生产主管职位说明书

一、基本信息				
职位名称	生产主管	所在部门	生产部	所在科室	无
直接上级	生产部经理	职位级别		职位编号	

二、主要职责描述
1.组织安排生产：根据PMC部的计划安排本车间的生产，包括人员调配、物料领发等。 2.品质监控：负责抽查本车间所生产的产品，控制并提高产品质量。 3.现场管理：组织生产现场5S管理，保证工作场地的整洁。 4.安全生产：督促本车间的员工严格按操作规程进行生产，严防安全事故的发生。 5.工作指导：对本车间的员工进行技术指导、培训及安全教育。 6.工具设备管理：对本车间内工具设备的使用状况进行监控，确保数量准确并符合保养规程。 7.成本控制：严格控制产品数量及材料数量。 8.团队建设：对下属进行选拔、任用、培训、激励与工作指导，帮助下属解决工作中的困难问题，同时对下属的工作进行监督与考核。

续表

三、岗位KPI
计划达成率、品质合格率、生产效率、安全生产事故率、制损率、生产现场5S管理。

四、任职资格要求
1.学历要求：高中或中专及以上学历。 2.工作经验要求：具有五年以上工作经验，并从事生产管理工作三年以上。 3.能力要求。 （1）专业技能：熟悉本公司的产品制造流程和5S活动运作流程。 （2）沟通能力：具有良好的口头表达能力，能将日常简单的工作信息很好地传递给相关同事，以促成相互理解与合作。 （3）督导能力：能将上级的信息准确地传达给下属，并监督下属实施。

4.生产组长职位说明书

一、基本信息					
职位名称	生产组长	所在部门	生产部	所在科室	无
直接上级	生产主管	职位级别		职位编号	

二、主要职责描述
1.组织安排生产：配合车间生产，根据PMC部的计划安排本班生产，包括人员调配、物料领发等。 2.品质监控：抽查本班员工所生产的产品。 3.现场管理：组织生产现场5S管理，保证工作场地的整洁。 4.安全生产：督促本班员工严格按操作规程进行生产。 5.工作指导：对本班员工进行技术指导。 6.工具设备管理：负责对本班管辖内工具设备的使用状况进行监控。 7.成本控制：严格控制产品数量及材料数量。

三、岗位KPI
计划达成率、品质合格率、生产效率、安全生产事故率、制损率、生产现场5S管理。

四、任职资格要求
1.学历要求：高中或中专及以上学历。 2.工作经验要求：具有三年以上工作经验，并从事制造业工作两年以上。 3.能力要求。 （1）专业技能：熟悉本公司产品制造流程和5S活动运作流程。 （2）沟通能力：具有良好的口头表达能力，能将日常简单的工作信息很好地传达给相关同事，促成相互理解与合作。 （3）督导能力：能将上级的信息准确地传递给下属，并监督下属实施。

5.生产技工职位说明书（略）

6.作业员职位说明书（略）

4-05 品质部各岗位说明

品质部各岗位说明

1.品质部经理职位说明书

一、基本信息					
职位名称	品质部经理	所在部门	品质部	所在科室	无
直接上级	总经理	职位级别		职位编号	
二、主要职责描述					

1. 负责建立和完善质量保证体系：制定并组织实施公司质量工作纲要，健全质量管理网络，制定和完善质量管理目标负责制，确保产品质量的稳定提高，维护并完善 ISO 9001 质量体系的运行。
2. 建立产品检验检测作业标准：依照工程提供的相关工艺与作业标准制定质量工作标准、产品质量检验检测作业标准。
3. 产品检验：依照各项品质检验标准，组织品质部人员对产品的来料、生产过程及成品进行检验或检测，并对检验或检测结果做出判断。
4. 问题改善与纠正预防：对本公司产品的质量问题进行收集、整理、分析，组织召集相关部门进行整改，直到问题关闭，并及时制定预防纠正和质量提升措施。
5. 供应商评审：负责供应商品质评审、辅导和支持。
6. 设备仪器管理：负责本公司量检具的管理，内校和保养。
7. 部门建设：负责部门内部人员选拔、任用、培训及绩效管理。

三、岗位KPI

培训达成率、检验计划达成率、纠正预防完成率、每月客户投诉次数。

四、任职资格要求

1.学历及专业要求：大专及以上学历，专业不限，但必须取得内审资格证。
2.工作经验要求：具有五年以上专业/行业经验，并具有一年主管经验。
3.能力要求。
（1）专业技能：精通 ISO 9000 运行维护，能熟练编写 ISO 9001 体系各类文件并指导实施；精通 QC 七大手法和 SPC 运作；能熟练操作卡尺、千分尺等基本的量检具；熟悉电子、塑胶产品质量管控。
（2）沟通协调能力：妥善协调、平衡公司内外部各方面的关系，促成相互理解、支持与配合。
（3）文字表达能力：具有较强的文字表达能力，能够独立起草各类品质作业规范、品质作业流程等制度文件，并对他人进行指导。
（4）领导力：能准确制定部门目标，知人善用，合理分工，培育并激励下属，促成下属个人价值与部门目标共同实现。

2.品质部组长职位说明书

一、基本信息					
职位名称	品质部组长	所在部门	品质部	所在科室	无
直接上级	品质部经理	职位级别		职位编号	

续表

二、主要职责描述
1.协助品质部经理对公司产品、制程、进料品质进行监督管理，以达成公司质量目标。 2.现场管理：负责主导现场品质提升方案的实施与监督。 3.内部管理：对下属进行培训、指导、工作安排与监督。 4.异常处理：对不合格产品进行处理和跟进。 5.沟通协调：同相关部门协调、沟通品质问题，以确保产品品质。 6.5S现场管理：负责责任区内的检查及所管辖物料的5S管理工作。 7.部门文件管理：负责本部门来往文件的打印、收发和保管。 8.品质资料统计：负责产品质量数据、质检记录的收集统计及分析。 9.部门行政事务：负责本部门办公用品的请购、保管和发放工作。 10.品质部经理交办的其他工作事项。
三、岗位KPI
检验计划达成率，表单、报表准确率，5S执行标准。
四、任职资格要求
1.学历要求：中专及以上学历，并取得内审资格证。 2.工作经验要求：具有三年以上专业/行业经验，并有一年管理经验。 3.能力要求。 （1）专业技能：熟悉品质部工作流程和管理模式。 （2）沟通能力：有良好的口头表达能力，能将日常简单的工作信息很好地传达给相关同事，促成相互理解与合作。 （3）督导能力：能将上级的信息准确地传达给下属，并监督下属实施。

3.文控文员职位说明书

一、基本信息					
职位名称	文控文员	所在部门	品质部	所在科室	无
直接上级	品质部经理	职位级别		职位编号	

二、主要职责描述
1.体系文件管理：负责公司质量体系文件的统一管理（编目、统计、借阅）。 2.各部门文件监管：对各部门文件、资料管理工作进行监督、指导和检查。 3.外来文件管理：负责外来文件的分发、核查与监控管理。 4.发放文件：负责质量体系文件的会签、编号、分发的实施。 5.回收文件：负责变更文件的更改记录、会签、分发、回收与作废、定期销毁。 6.公司内审：协助完成内部审核工作。 7.保密工作：严格执行保密制度，做好文件资料的保密工作。
三、岗位KPI
文件发放、回收准确性，文件发放、回收及时性，文件管理的完整性。
四、任职资格要求
1.学历要求：高中或中专及以上学历。 2.工作经验要求：具有两年以上专业/行业经验。 3.能力要求。 （1）专业技能：电脑打字每分钟在50字以上，能熟练使用Office软件编制文档及制作统计报表；熟悉文件管控流程。 （2）沟通能力：有良好的口头表达能力，能将日常简单的工作信息很好地传达给相关同事，促成相互理解与合作。

4.品质工程师职位说明书（略）

5.来料QC/制程QC/成品QC职位说明书（略）

4-06　采购部各岗位说明

采购部各岗位说明

1.采购部经理职位说明书

一、基本信息					
职位名称	采购部经理	所在部门	采购部	所在科室	无
直接上级	总经理	职位级别		职位编号	
二、主要职责描述					

1.供应商管理：负责公司供应商的开发、评估、考核及其管理。

2.采购过程管理：了解市场行情，依照PMC部提供的物料需求信息制订采购计划，经批准后，跟踪采购计划的落实，并确保品质与交货期。

3.采购成本控制：在采购实施的过程中监督各采购员的进程、提高采购员的订单技巧和谈判技巧，加强新供应商开发和管理，以有效降低采购成本。

4.建立部门制度与作业流程：负责本部门制度及作业流程的制定、完善并指导实施。

5.团队建设：对下属进行选拔、任用、培训、激励与工作指导，帮助下属解决工作中的困难问题，同时对下属的工作进行监督与考核。

三、岗位KPI

采购物料的准交率、采购物料的合格率、采购物料的成本下降率。

四、任职资格要求

1.学历要求：具有大专及以上学历。

2.工作经验要求：具有五年以上本职工作经验。

3.能力要求。

（1）专业技能：熟悉PET材料及包装材料供应链市场行情、企业内部采购作业流程、PET材料制作工艺与物料特性。

（2）沟通能力：有良好的口头表达能力，能将产品信息很好地传达给相关同事，促成相互理解与合作。

（3）谈判技巧：充分了解对手，运用心理战术及利用各种可以利用的资源来取得谈判的成功。

（4）领导力：能准确制定部门目标，知人善用，合理分工，培育并激励下属，促成下属个人价值与部门目标共同实现。

（5）职业操守：严格遵守公司的各项规章制度，忠于职守、坚持原则、保持清廉。

2.采购跟单员职位说明书

一、基本信息					
职位名称	采购跟单员	所在部门	采购部	所在科室	无
直接上级	采购部经理	职位级别		职位编号	
二、主要职责描述					

1.采购实施：根据物料需求计划，将之转化成采购订单传送给供应商，并跟进品质与交货期。

2.对账作业：每月与供应商对账并提交清款申请。

续表

3.采购异常处理：将采购过程中出现的品质异常及交货期异常情况通知供应商及相关部门进行处理。

4.资料收发：负责采购单、不合格单据等的收发及传真。

5.物料跟踪：负责物料跟进，并建立报表台账。

6.不良物料退货处理：有不良物料时，及时与供应商沟通，协助仓库在1周内退货给供应商。

7.采购文件管理：负责采购文件、相关报表的建立和更新维护，以及所有单据的整理和归档。

三、岗位KPI
无

四、任职资格要求

1.学历要求：高中及以上学历。

2.工作经验要求：具有两年以上工作经验。

3.能力要求。

（1）专业技能：熟悉采购作业流程；掌握谈价、比价技巧；能熟练使用Office软件编制文档及制作统计报表。

（2）沟通能力：有良好的口头表达能力，能将日常简单的工作信息很好地传达给相关同事，促成相互理解与合作。

4-07　财务部各岗位说明

财务部各岗位说明

1.财务经理职位说明书

一、基本信息					
职位名称	财务经理	所在部门	财务部	所在科室	无
直接上级	总经理	职位级别		职位编号	
二、主要职责描述					

1.预算管理：依照公司年度经营目标，组织编制公司年度财务预算，并依照预算对各部门费用进行审计、分析与监管。

2.财务报表及分析：每月定期提交财务报表，并对财务报表进行分析，从而为董事会提供经营决策依据。

3.成本核算：统筹并建立健全成本分析资料，分析各订单标准成本与实际成本。

4.税务筹划管理：负责整个公司的税务筹划，确保税务安全。

5.税务申报：负责按时完成税务申报以及年度审计工作。

6.审计：对公司各项合同及费用的科学性、真实性和合规性（合理性）进行审核。

7.资产管理：对公司的各项资产进行盘点、造册与监管。

8.资金管理：精确地监控和预测现金流量，确定和监控公司负债与资本的合理结构，统筹管理和运作公司资金，并对其进行有效的风险控制。

9.部门制度与作业流程：建立健全公司各项财务管理制度、财务作业流程与审核体系，并指导实施。

10.财务单据审核：正确进行会计核算，填制和审核会计凭证，登记明细账和总账，对款项的收付、财物的收发增减和使用及经费收支进行核算。

11.档案管理：组织部门成员及时做好会计凭证、账册、报表等财会资料的收集、汇编、归档等会计档案管理工作。

12.团队建设：对部门人员进行选拔、任用、培训、激励与工作指导，帮助下属解决工作中的困难问题，同时对下属的工作进行监督与考核。

三、岗位KPI

报表准确率、报表及时率、资金周转率、财务分析报告、预算控制率。

四、任职资格要求

1.学历及专业要求：大专及以上学历，财务专业，并取得会计从业资格证。

2.工作经验要求：具有八年以上财务管理经验。

3.能力要求。

（1）专业技能：具备系统的财务理论知识，熟悉国家的税收、财政、审计、统计及银行的政策法规；熟悉企业成本核算、税务申报、资金管理、资产管理等工作；能独立构建财务管理制度；能独立编制财务预算、财务报表，并独立进行财务分析。

（2）财务管理技能：能通过对财务数据和公司发展状况的分析，建立公司财务风险的管理机制，并设计规避风险的方法。

（3）统筹规划能力：能根据公司发展目标统筹规划公司财务制度、财税政策及财务预算规划。

（4）数据分析能力：通过财务基础数据统计，分析潜在的机会与风险，为公司财务规划提出预见性改进措施。

（5）沟通协调能力：妥善协调、平衡公司内外部各方面关系，促成相互理解、支持与配合。

（6）文字表达能力：具有较强的文字表达能力，能够独立起草各类财务报告与财务类制度文件，并对他人进行指导。

（7）领导力：能准确制定部门目标，知人善用，合理分工，培育并激励下属，促成下属个人价值与部门目标共同实现。

2.应付会计职位说明书

一、基本信息					
职位名称	应付会计	所在部门	财务部	所在科室	无
直接上级	财务经理	职位级别		职位编号	
二、主要职责描述					

1.单据管理：审核仓库出入库单据。

2.往来账管理：核对供应商往来账，确保往来账清晰、准确。

3.对账管理：及时与各往来单位进行款项结算与对账工作，做到账账相符，并定期进行往来账分析。

4.核对仓库账及总账：做到账账相符，并与仓库进行账实核对、盘点、清算。

5.制度建设与完善：对公司财务制度进行建设和完善。

6.会计资料管理：负责职责范围内的会计资料的整理和保管。

续表

三、岗位KPI

应付账款准确率、单据提交及时率。

四、任职资格要求

1.学历及专业要求：中专及以上学历，财务专业，并取得会计从业资格证。

2.工作经验要求：具有两年以上专业/行业经验。

3.能力要求。

（1）专业技能：熟悉往来会计工作流程，具有丰富的会计专业知识，能对每一笔业务进行准确的账务处理；能熟练使用Excel，有ERP系统操作经验。

（2）数字敏感力：能够正确把握数字之间的关系，具有对一般性数字关系进行迅速分析和判断的技能，对数字的分析与运算较敏感。

3.出纳职位说明书

一、基本信息					
职位名称	出纳	所在部门	财务部	所在科室	无
直接上级	财务经理	职位级别		职位编号	

二、主要职责描述

1.付款办理：负责办理各种付款及报销业务。

2.账本登账：负责登记现金和银行存款日记账、各类明细账，并及时编制资金余额日报表。

3.现金盘点：负责每月现金盘点，并编制现金盘点表。

4.支票保管：负责保管公司支票、合同章，并正确填开支票。

5.银行事务：负责办理支票进账、转账，以及银行单据打印等事务。

6.凭证整理：负责每月会计凭证的装订，保证会计资料的安全完整。

7.统计表编制：负责编制每月应付账款明细表。

8.凭证编制：负责每月各部门领用物料清单的录入及凭证的编制。

9.票据管理：负责保管有关印章、空白收据和空白支票。

三、岗位KPI

资金准确率。

四、任职资格要求

1.学历及专业要求：中专及以上学历，财务专业，并取得会计从业资格证。

2.工作经验要求：具有两年以上专业/行业经验。

3.能力要求。

（1）专业技能：了解会计专业知识，熟悉国家及地方银行政策与法律法规、银行业务办理流程。

（2）沟通能力：协调、平衡公司内部各方关系，促成相互理解、支持与配合。

（3）工作细心：考虑问题细心周到，妥善管理公司现金。

4.成本会计职位说明书

一、基本信息					
职位名称	成本会计	所在部门	财务部	所在科室	无
直接上级	财务经理	职位级别		职位编号	

续表

二、主要职责描述
1.成本核算：负责完工产品成本的核算，并保证成本核算的准确性。 2.监督审核工厂材料的领用情况、固定资产维护情况，以及工厂资产的安全与完整。 3.负责制造费用分摊及固定资产折旧等各类成本费用的核算。 4.复核工厂工时费用；同材料计划员规划好材料的使用情况。 5.对固定资产进行期末盘点。 6.编制成本报表，对工厂订单盈亏情况进行分析，会同工厂经理/总经理讨论相关数据，为解决方案提供建议。 7.职责范围内的会计资料的整理、保管。
三、岗位KPI
报表及时率、报表准确率。
四、任职资格要求
1.学历及专业要求：大专及以上学历，财务专业，并取得会计从业资格证。 2.工作经验要求：具有三年以上专业/行业经验。 3.能力要求。 （1）专业技能：熟悉国家及地方财税政策与法律法规；熟练掌握财务ERP软件、Office办公软件的运用；能独立编制制造型企业的成本核算报表。 （2）沟通能力：能协调、平衡公司内部各方面关系，促成相互理解、支持与配合。 （3）数字敏感力：能够正确把握数量之间的关系，具有对复杂性数量关系进行迅速分析和判断的技能；对数字的分析与运算较敏感。 （4）分析能力：熟悉财务理论知识，对国内各项财务政策比较了解；能根据公司提供的各项财务数据进行分析，为公司决策提供参考依据。

4-08　行政部各岗位说明

行政部各岗位说明

1.行政经理职位说明书

一、基本信息				
职位名称	行政经理	所在部门	行政部	所在科室	无
直接上级	总经理	职位级别		职位编号	
二、主要职责描述					
1.人力资源规划：参与制定人力资源发展规划，为重大人力资源决策提供建议和信息支持。 2.人力资源管理制度：组织制定、执行、完善公司人力资源管理制度，为实现公司战略目标提供有效的人力资源政策。 3.人才招聘：根据公司人力资源发展策略，制定人员引进与选拔体系，为各部门正常开展工作提供人力保障。 4.培训发展：负责建立各类人员的培训与发展体系，并有效实施，让公司员工的综合素质得以提升。

续表

5.绩效管理：根据公司绩效管理的要求，制定人员评价政策，并组织人员实施绩效评价，同时，对各部门的绩效评价过程进行监督、控制，及时解决其中出现的问题。

6.薪酬管理：根据公司人力资源发展策略，制定薪酬福利政策与人员晋升政策，并组织相关人员进行提薪评审和人员晋升评审。

7.人力资源管理：指导并监督各项人力资源管理工作，如签订劳动合同、管理员工档案、编写劳动安全规章制度、为员工办理社会保险等工作。

8.行政管理制度：组织制定、执行、完善公司行政管理制度，保障公司后勤工作高效运作。

9.信息管理：组织、制定、执行公司电脑信息管理制度。

10.内部管理：开展部门内部人员的招聘选拔、培训、绩效管理等工作。

11.企业文化建设：根据公司提倡的核心价值观，组织开展各项文化宣传活动。

12.外部关系管理：协调公司对外的行政沟通，协助总经理处理突发事件。

三、岗位KPI

行政费用控制率、员工满意度、招聘达成率、培训计划达成率、员工流失率。

四、任职资格要求

1.学历及专业要求：大专及以上学历，人力资源、行政管理专业，人力资源管理师优先。

2.工作经验要求：具有八年以上专业/行业经验，并担任一年以上经理职务。

3.能力要求。

（1）人力资源专业技能：对现代企业人力资源管理与开发有系统的了解，对人力资源规划、人才的引进与选拔、员工培训、绩效管理、薪酬管理、组织与人员调整、员工职业生涯设计等具有较强的操作能力。

（2）行政人力资源技能：能娴熟处理有关人力资源的事务性工作；熟悉人力资源工作流程。

（3）国家政策：熟悉企业劳动合同、薪资管理、保险福利等人力资源政策。

（4）亲和力：具有较强的亲和力。

（5）沟通协调能力：能妥善协调、处理公司内外部各方面关系，促成相互理解、支持与配合。

（6）文字表达能力：具有较强的文字表达能力，能独立起草各类人力资源作业与行政制度等文件。

2.行政专员职位说明书

一、基本信息					
职位名称	行政专员	所在部门	行政部	所在科室	无
直接上级	行政经理	职位级别		职位编号	
二、主要职责描述					

1.固定资产管理：负责公司固定资产的管理与登记造册。

2.车辆使用管理：负责公司行政车辆的调度，协调各部门的车辆使用情况。

3.信息硬件管理：负责公司电脑的维护、维修，确保电脑的正常运行。

4.网络管理：负责公司网络设备、打印设备的正常使用。

5.食堂管理：建立、完善食堂管理制度并组织实施。

6.宿舍管理：根据公司现状，制定、完善宿舍管理制度并组织实施。

7.环境卫生管理：制定并完善环境卫生管理制度并监督执行。

8.公共设施、设备管理：对公司公共设施、设备及时安排维护和保养。

9.行政采购：负责办公与后勤物品的采购，编制采购计划，对行政费用进行预算管理与控制。

10.安全管理：对厂区消防安全、财产安全、人身安全的管理。

11.供应商对账：每月月底对后勤采购物品单据进行对账核实。

12.基础设施的管理：对行政管理的基础设施进行定期保养。

13.水电管理：对水电进行维护与管理，负责水电、房租的审核与申报工作。

三、岗位KPI

行政费用控制率、员工满意度、后勤设施保养率。

四、任职资格要求

1.学历要求：中专及以上学历。

2.工作经验要求：在中型制造行业工作两年以上，从事总务工作三年以上。

3.能力要求。

（1）专业技能：对现代企业行政管理有系统的了解；熟悉100人以上的食堂、宿舍、清洁卫生、后勤服务等的管理方法；熟悉电脑硬件的基本维护。

（2）沟通能力：能够将日常行政事务性工作清晰、准确地传达给对方，并促成相互理解、支持与配合。

3.人力资源助理职位说明书

一、基本信息					
职位名称	人力资源助理	所在部门	行政部	所在科室	无
直接上级	行政经理	职位级别		职位编号	

二、主要职责描述

1.招聘管理：制订员工招聘计划，编制"招聘计划表"；实施招聘计划，进行简历筛选，建立人才储备库；负责安排应聘人员面试，跟进初试与复试。

2.每天考勤异常处理：主要查核有无旷工、迟到、早退及未刷卡人员。

3.薪资计算：统计每月考勤情况，制作"考勤表"，计算员工工资。

4.人力资源日报表统计：统计每天的离职人员、新进人员、请假人员数量。

5.员工劳动合同管理：确保新进人员在一个月内签订劳动合同。

6.入职/离职作业：为新进人员办理厂证、安排宿舍，统计离职人员名单。

7.员工保险办理：负责公司员工各种保险的办理及劳动保险的处理。

8.员工关系：受理员工投诉、咨询，并及时向上级汇报。

9.企业文化：开展有助于融洽员工关系的活动，推动企业文化建设。

10.行政制度管理：负责保管公司行政管理制度文件。

11.办公用品管理：保管各种后勤和办公物品，做好每月的盘存与统计工作。

12.人力资源事务工作：协助行政经理做好员工的晋升、考核、调岗等工作。

13.电话转接：负责将外部来电转接给相关人员。

14.来访接待：热情、礼貌接待公司来访客人，并及时通知被访人。

15.报纸刊物管理：分类整理各类报纸刊物。

三、岗位KPI

招聘达成率、人力资源信息和报表填制的准确率与及时率、人力资源档案归档及时率、办公物品账务准确率、服务态度的投诉率。

续表

四、任职资格要求
1.学历及专业要求：中专或大专及以上学历，人力资源专业。 2.工作经验要求：具有两年以上人力资源文员工作经验。 3.能力要求。 （1）专业技能：电脑打字每分钟在50字以上，熟练编制文档及制作统计报表；能依照公司制定的各项人力资源政策，独立开展工作。 （2）沟通能力：横向协调、平衡本部门与其他部门间的关系，促成相互理解、支持与配合。 （3）亲和力：具有较强的亲和力。

第 2 部分

公司管理制度

　　如果没有完善的管理制度，任何先进的方法和手段都不能充分发挥作用。为了保障企业管理系统的有效运转，企业必须建立一整套管理制度，作为各项业务管理的章程和准则，使企业管理规范化。

　　本部分共分为如下11章。

・管理制度的设计与管理
・研发管理制度
・生产管理制度
・营销管理制度
・采购管理制度
・质量管理制度
・人力资源管理制度
・行政后勤管理制度
・财务管理制度
・生产安全管理制度
・法务管理制度

第5章 管理制度的设计与管理

本章导读

- 管理制度的作用
- 管理制度的范围
- 管理制度的内容
- 管理制度的文件样式

- 管理制度设计考虑的因素
- 管理制度的有效执行
- 管理模块及制度概览

5-01　管理制度的作用

良好的企业管理制度，能够解决企业内部的混乱问题。制定健全、适用的企业各项管理制度，即将企业内各项作业予以规范化、标准化，将给企业带来下列积极意义。

（1）管理者和被管理者的行为有法可依、有章可遵、有规可循，保证了各项工作符合法律法规的要求。

（2）各个部门、岗位和人员在每一项具体工作中的职责、权限以及相互关系都非常明确，分工与协作也会因此更加顺畅。

（3）管理者和被管理者有了共同的行为准则，各项工作有了必要的依据和尺度，从而督促管理者和被管理者在规定的范围内，按照规定的方法处理各自的工作，确保各项工作顺利进行。

（4）为各种类型的具体工作确定一套考核与评价的标准，作为比较、衡量的尺度，从而形成一个工作质量管理的有机整体，为质量管理提供制度保障。

5-02　管理制度的范围

一个具体的专业性的企业管理制度一般是由此专业或职能领域内的规范性标准、流程或程序，规则性的控制、检查、奖惩等因素组合而成的，在很多场合或环境里，规则＝规范＋程序。

5-03　管理制度的内容

从一个具体的企业管理制度的内涵及其表现形式来讲，企业管理制度主要由以下内容组成。

（1）编制目的。

（2）适用范围。

（3）权责。

（4）定义。

（5）作业内容。包括作业流程图，以及用5W1H ❶对作业流程图的要项逐一说明。

（6）相关文件。

（7）使用表单。

上述内容的制作说明如表5-1所示。

表5-1 管理制度内容编写要领

序号	项目	编写要求	备注
1	编制目的	简要叙述编制本管理制度的目的	必备项目
2	适用范围	主要描述本管理制度所包含的作业深度和广度	必备项目
3	权责	列举本制度涉及的主要部门或人员的职责和权限	可有可无
4	定义	列举本制度内容中提到的一些专业名称、英文缩写或非公认的特殊事项	可有可无
5	管理规定	这是整篇文件的核心部分。用5W1H的方式依顺序详细说明每一步骤涉及的组织、人员及活动等的要求、措施、方法	必备项目
6	相关文件	——列举管理规定中提及的或引用的文件或资料	可有可无
7	使用表单	——列举管理规定中提及的或引用的记录，以证明相关活动是否被有效实施	可有可无

5-04　管理制度的文件样式

严格来说，制度并没有标准、规范的格式。但大多数企业都采用目前比较流行的、便于企业进行质量审核的文件样式，如表5-2所示。

表5-2 制度样式

××公司标准文件		××有限公司 ×××管理制度/工作程序	文件编号××-××-××	
版次	A/0		页次	第×页
1 目的				
2 适用范围				

---

❶ 5W1H指的是Why（原因）、What（对象）、Where（地点）、When（时间）、Who（人员）以及How（方式）。

续表

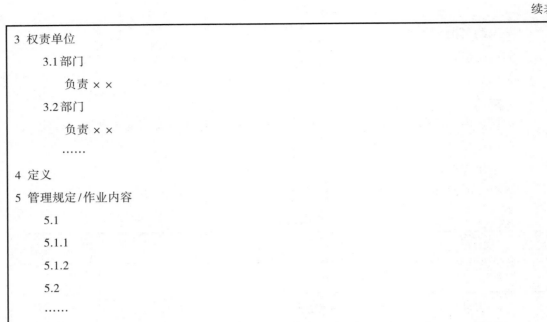

3 权责单位					
3.1 部门					
负责×××					
3.2 部门					
负责×××					
……					
4 定义					
5 管理规定/作业内容					
5.1					
5.1.1					
5.1.2					
5.2					
……					
6 相关文件					
×× 文件					
7 使用表单					
×× 表					
拟定		审核		审批	

5-05　管理制度设计考虑的因素

企业在制定管理制度时应该考虑一个根本性的因素——员工以及员工的需求。在考虑人的因素时应注意哪些方面的因素呢？

（一）考虑员工的基本素质状况

很多制度规定了管理活动中员工的权限，也就是权力在不同的管理层次、不同人员之间的分配。这种权力的分配并不是简单地按照一定的管理学法则来实现的，而是要切实地考虑现有员工的状况。一个组织集权与分权的程度取决于权力承担者的素质状况。一般来说，倾向于将较多的权力交给能力较强的中坚人员，这样有助于保证企业目标的实现。而对于目前能力不足的管理人员，则一方面应加强对他们的培训，另一方面通过上级对他们的指导逐步将权力移交给他们，最终实现充分授权。

（二）考虑当前人员管理存在的问题

一些制度的制定目的就在于解决管理中出现的与员工有关的问题，对员工的行为进行约束与规范。例如，当发现有些人总是在会议中迟到、早退，这就需要制定相应的会议考勤管理制度对员工的行为进行约束。

（三）考虑员工的未来发展

考虑员工的未来发展并不等于要简单适应和迁就现有员工，通常的解决方案是"老人老办法，新人新办法"。企业制度在今天是企业发展的助推剂，明天就有可能成为绊脚石。因此，制度必须不断创新，一方面不断地适应人才的发展，另一方面也要适应外部环境的变化。

5-06　管理制度的有效执行

越来越多的企业开始重视企业管理制度的制定，但是，普遍存在的问题是，制度并不能真正有效发挥作用。对于大多数企业来说，制度往往形式化，制定一套现代管理制度体系只是为企业穿上现代管理的华丽外衣。真要逐步改善企业的内部管理水平，必须让制度发挥作用。影响企业管理制度发挥作用的主要因素和可采用的改进措施如下。

（一）制度的适当性

简单复制国际化公司如世界500强公司的管理制度，是很难发挥作用的，制度必须植根于企业的现状，针对企业的具体问题，结合企业实际。因此，制定适当的制度是企业应该首先解决的问题。

企业应该从企业目标出发，规范所开展业务的流程，对业务流程的风险进行分析和评估，制定相应的配套控制措施，形成制度，并实行经常性风险分析的机制，结合风险变化对制度的适当性进行评估，及时改进并完善制度。

（二）推行制度的配套措施

仅制定书面的制度，并不是管理，让制度真正有效发挥作用才至关重要。因此，必须采取措施去落实制度的执行，主要有如下一些方面的配套措施。

（1）营造执行企业管理制度的企业文化。

（2）从人员素质、人事政策等方面为制度的执行创造环境。

（3）明确规定执行和违反制度的奖惩措施。

（4）建立制度执行效果的评价机制。

（5）严格根据评价结果和奖惩制度落实奖惩。

（三）制度执行的监督

制度执行的情况，应尽量留痕，并由专人负责对制度执行结果进行检查，对发现的违反制度规定的情况，及时要求改正。

（四）制度执行结果的处理

制度执行的好坏，依据专人检查结果而定。根据检查结果，将其分别与培训、考核挂钩，并严格执行相应的奖惩措施。

5-07 管理模块及制度概览

本书为企业管理提供了一些实用的制度范本供参考，具体包括表5-3所示的几个方面。

表5-3 企业管理模块及制度概览

序号	管理模块	制度名称
1	研发管理制度	产品设计和开发控制程序
		样品制作承认控制程序
		新产品评审发布量产导入管理办法
2	生产管理制度	生产计划管理办法
		生产计划变更管理办法
		生产过程控制程序
		4M1E变更管理程序
		生产异常处理作业程序
		生产事故责任追查规定
		委托制造、外加工管理准则
3	营销管理制度	内销业务处理规定
		外销业务处理制度
		订货受理管理规定
		销售货款收取控制规范
4	采购管理制度	采购计划管理制度
		采购进度及交期管理制度
		采购招标管理制度
		采购价格管理制度
		采购成本控制管理制度
		供应商管理办法
5	质量管理制度	进料检验规定
		制程及成品检验规程
		在制品控制程序
		不合格品控制程序

序号	管理模块	制度名称
5	质量管理制度	返修（工）作业指导书
		产品质量奖惩规定
		客户质量投诉处理程序
6	人力资源管理制度	员工招聘管理制度
		试用期管理制度
		员工培训管理制度
		绩效考核管理制度
		员工薪酬管理制度
		员工福利管理制度
7	行政后勤管理制度	对外接待管理制度
		日常会议管理制度
		办公用品管理制度
		办公设备管理制度
		行政费用管理制度
		印信使用管理制度
		证照管理制度
		员工宿舍管理制度
		员工食堂管理制度
		保密管理制度
		信息安全管理制度
		公司卫生管理制度
8	财务管理制度	预算管理制度
		会计核算制度
		应收账款管理制度
		内部稽核管理制度
		财产清查管理制度
		会计档案管理制度
9	生产安全管理制度	安全管理教育制度
		安全检查与隐患整改制度
		消防设备设施安全管理规定
		劳动防护用品管理办法

序号	管理模块	制度名称
9	生产安全管理制度	职工职业健康检查管理办法
		安全（消防）应急准备与响应程序
		工伤与事故调查处理程序
10	法务管理制度	法律纠纷管理制度
		法律纠纷证据管理制度
		法律事务调研管理制度
		法律事务档案管理制度
		合同法律监督管理制度
		公司诉讼代理人管理制度

第6章 研发管理制度

本章导读

· 产品设计和开发控制程序
· 样品制作承认控制程序
· 新产品评审发布量产导入管理办法

6-01 产品设计和开发控制程序

××公司标准文件		××有限公司 产品设计和开发控制程序	文件编号××-××-××	
版次	A/0		页次	第×页

1.目的

对产品的设计和开发全过程进行控制,确保设计输出能满足预期的要求。

2.适用范围

适用于质量管理体系覆盖的所有产品的设计和开发活动的质量管理。

3.职责

3.1 总经理

负责产品立项,负责主持产品的定型鉴定并批准产品鉴定报告。

3.2 开发部(以下简称设计部门)

负责编制、监督执行产品设计开发计划,负责设计和开发全过程的组织和协调,组织设计评审、设计验证、设计确认等工作。

3.3 工程部

负责工装夹具、模具的制作或委外加工。

3.4 项目工程师

负责样机试制所需物料的采购,协助PMC选取或开发新的供方。

3.5 品管部、实验站

协助设计和开发过程中所需的检验、测量和试验工作。

3.6 市场部

负责市场调研并参与相关的设计评审。

4.管理规定

4.1 设计和开发的策划

4.1.1 设计部门根据内外反馈的信息,编写"产品设计开发立项报告",提出产品开发的建议,经相关人员评审,由总经理或其授权人批准立项。认证产品应不低于相应的国家标准。

4.1.2 设计部门根据批准立项的产品设计和开发要求，确定产品设计和开发项目负责人。

4.1.3 项目负责人主持设计和开发的策划工作，确定设计开发过程，编制相应"设计开发计划"。"设计开发计划"应明确如下四点。

（1）设计和开发过程的各阶段。

（2）适合各阶段的设计评审、验证和确认活动。

（3）每个阶段的任务、责任人、进度要求。

（4）所需的资源（如人员、信息、软件、试验验证的设备、仪表、材料等）。

"设计开发计划"经主任工程师批准后下发有关部门实施。

4.1.4 项目负责人应做好设计各阶段的组织和协调工作，除非有特别的规定，否则参与设计的各部门、人员之间都以"内部联络单"的形式进行设计信息的沟通或以会议纪要的形式进行沟通。

4.1.5 项目负责人应根据设计和开发进展的实际情况适时对"设计开发计划"进行修订。

4.2 设计输入

4.2.1 "技术任务书"的编制。

项目负责人依据"产品设计开发立项报告"编制"技术任务书"。"技术任务书"应明确规定对设计的要求，包括以下四点。

（1）功能和特性要求。

（2）应遵守的法律法规要求。

（3）从以往类似设计得出的适用要求。

（4）设计和开发所必需的其他要求等。

4.2.2 "技术任务书"的评审。

项目负责人组织设计人员及部门有关人员对"技术任务书"的设计输入进行评审，对其中不完善、含糊或矛盾的地方予以解决。评审采取会签的方式进行。评审后应将"技术任务书"及相关背景资料提供给相关设计人员。

4.3 初步技术设计

设计人员按"技术任务书"的要求，绘制方案设计总体图、线路图（原理图）、主要零部件方案图，并进行必要的设计计算，编制特殊外购件的需求清单。

4.3.1 方案设计总体图。

一般包括下列内容。

（1）产品轮廓。

（2）产品的基本特性：类别、主要参数、型号、规格等。

（3）必要时，标明产品外形尺寸、安装尺寸及技术、安装要求等。

4.3.2 初步技术设计评审。

初步技术设计完成后，项目负责人组织与设计阶段有关的职能部门的代表进行初步技术设计评审。评审的内容包括如下九个方面。

（1）是否满足顾客要求及相应法律、法规要求。

（2）结构的合理性、可靠性、可维修性等。

（3）外观与造型。

（4）产品在预定的使用范围和环境条件下的工作能力，滥用或误用的后果，产品的自动保护性能。

（5）产品技术水平与同类产品性能的对比。

（6）产品的经济性。

（7）设计计算的正确性。

（8）关键外购件、原材料采购供应的可能性，特殊零部件外部加工的可行性。

（9）标准化程度、产品的继承性。

4.3.3 项目负责人根据评审内容整理出"设计评审报告"。"设计评审报告"应记录评审的结果以及评审后应采取的必要措施，经主任工程师批准后下发相关部门。

4.3.4 项目负责人对评审中要求采取的措施的执行情况进行跟踪。

4.4 工作图设计

4.4.1 设计部门在初步技术设计评审的基础上完成全部产品图样及设计文件，包括总图、线路图、包装图、零件图、BOM❶表、合格证、使用说明书、产品标准等设计文件。

4.4.2 产品的安全性和正常使用所必须了解的产品特性，应在图样及设计文件中作特别说明，或通过编制质量特性重要度分级明细表作出说明。

4.4.3 全套图样及设计文件依据《产品图样和技术文件签字规定》进行审批后下发。

4.5 样机试制及评审（设计验证）

4.5.1 设计部门根据产品图样及设计文件制作样机，样机送实验站或权威检测机构进行型式试验，试验后出具"型式试验报告"（设计验证）。品管部根据常规检验的结果出具"样机/小批量试制产品检验报告"。项目负责人根据样机在加工、装配、调试过程的情况编写"样机试制总结"。

4.5.2 样机所需物料，由设计和开发部门从"合格供方名录"中选取适宜的供方协作开发提供。当现有供方不能满足设计和开发的需要时，可由PMC配合另行开发新的供方来提供。

4.5.3 项目负责人根据"样机试制总结"及检测报告，编写"样机评审报告"（设计确认），适时召开样机评审会议，并在"样机评审报告"中记录评审的结果以及下一步应采取的措施。

---

❶ BOM：Bill of Material，物料清单。

4.5.4 产品需进行安全认证时，项目工程师应与认证机构联络并做好送样工作。

4.5.5 据样机试制、客户试用或模拟实验提出的改进意见对产品图样及设计文件进行修改。

4.6 小批量试制

4.6.1 工艺方案的编写与评审。

项目组负责编制小批量试制的工艺方案，并在方案实施前，组织有关部门对其进行评审，以确认工艺方案的正确性、合理性、完整性。评审的内容包括如下六个方面。

（1）工艺方案、工艺流程的合理性、经济性。

（2）检验方法、检验手段、检测设备的完整性、合理性、适应性。

（3）工装设备选型的合理性、可行性。

（4）工序质量控制点设置及工序质量因素分析的正确性。

（5）外购件、原材料的可用性及供应商质量保证能力。

（6）工序能力满足设计要求的程度。

4.6.2 工艺方案评审后，项目工程师着手编制工艺规程、工艺文件，进行工艺装备的准备；品管部着手编制检验文件。

4.6.3 试制准备。

试制前（至少提前七天），由主任工程师主持召开产前会，落实试制准备情况，决定试制数量并明确各部门在试制中的作用。

（1）PMC做好试制计划并统筹试制物料的采购。

（2）项目工程师准备工装和设备。

（3）品管部准备检测工具、设备等。

4.6.4 试制。

项目负责人指导车间根据产品设计和工艺设计提出的图样、设计文件和工艺文件进行试制工作，试制中，品管部等部门应做好配合。

4.6.5 测试。

品管部对所有试制的产品进行常规检测，出具"样品、小批量试制产品检验报告"。

4.6.6 项目负责人根据试制情况及品管部的检测报告，编写"小批量试制总结"。

4.7 设计确认

项目负责人根据"小批量试制总结""产品检测报告"等所反映的问题对图样、设计文件、工艺文件进行修改补充后，适时召开产品定型鉴定（小批量试制评审）会。

4.7.1 产品定型鉴定会由项目负责人组织，总经理主持召开。

4.7.2 产品定型鉴定会召开时，项目负责人应准备鉴定材料包括"技术任务书"、设计输出文件、评审验证记录等。

4.7.3 与会人员对这些鉴定材料进行审查，提出对产品图样、技术文件、性能检测、生产条件及试用等方面的意见，在此基础上得出鉴定结论。定型结论包括如下四个方面。

（1）产品是否达到设计输入及客户要求的评价。

（2）产品图样、设计文件、工艺文件是否齐全、统一、正确，能否正确指导生产的评价。

（3）产品结构、性能、工艺、技术水平、生产能力、技术指标的先进性，用户使用的可靠性、稳定性以及采用国内外先进技术标准等方面的评价。

（4）是否具备产品定型的条件。

4.7.4 项目负责人编制"定型鉴定报告"。"定型鉴定报告"应记录鉴定的结论以及采取的改进措施，经部门负责人批准后下发相关部门。

4.7.5 按鉴定意见，修改完善产品图样、设计文件、工艺文件，完成定型投产的准备工作。

4.8 设计更改

4.8.1 在产品设计或生产过程中出现以下情况时，可由开发部门或相关部门以"内联单"的形式提出设计更改。

（1）设计存在缺陷或不足。

（2）投产制造有困难。

（3）某特定批次产品或某特定顾客要求进行临时更改。

（4）安全法规或其他要求必须作出更改。

（5）需要改进产品或服务功能、性能。

（6）因采取纠正措施而需要进行设计更改。

（7）其他情况下必要时。

4.8.2 更改的实施。

（1）项目负责人根据提出的更改申请进行分析，核定是否需要进行更改。如确需进行设计更改的，应填写"设计更改通知单"，由部门负责人批准后分发给有关部门。

（2）更改采用换新或划改的形式。

（3）临时性的更改无须更改设计文件，但应在更改通知单上注明更改对象、更改内容、更改期限、更改批次等，待更改期限和批次完成后自行作废。

（4）获证产品的变更（如标准、工艺、关键件），可能影响与相关标准的符合性或与型式试验样机的一致性，在实施变更前应向认证机构申报并获得批准后方可执行。

4.8.3 设计更改的评审、验证及确认。

（1）变更产品结构、原理和关键尺寸时，应按本程序的有关规定进行评审、验证和确认。

（2）凡是不改变产品结构、原理的一般性更改，由项目负责人负责跟进直至达到预期的改进效果。

（3）凡因更改涉及制品处理时，应在"设计更改通知单"上明确处理意见，并会签品检、PMC等有关部门，必要时可以会审的方式决定制品处理方案。

4.9 程序调整

根据开发方式（如自行设计、引进技术等）和生产类型（成批大量生产、单件小批生产）的不同，可对本程序规定的设计和开发各阶段及开展的活动进行适当的调整。

4.10 文件管理

小批量试制评审通过前的设计和开发技术文件，由设计和开发部门负责管理；小批量试制评审通过后应移交ISO文控管理室，依据《文件控制程序》进行管理和控制。

拟定		审核		审批	

6-02 样品制作承认控制程序

××公司标准文件		××有限公司	文件编号××-××-××	
版次	A/0	样品制作承认控制程序	页次	第×页

1.目的

明确新产品开发程序，使新产品开发的要求得到满足，进而满足客户要求。

2.适用范围

适用于所有在我公司生产或经营的产品。

3.职责

3.1 业务部

客户信息沟通和传达，新产品组织立项，进行新项目进度跟进。

3.2 工程部

新产品技术评估，图纸更改和确认，和客户进行技术沟通；跟进模具生产进度，确定生产工艺流程，材料BOM、样品、工程资料的制作和管理。

3.3 品管部

新产品品质标准确认。

3.4 生产部

新产品试产和生产。

4.管理规定

4.1 作业流程

4.1.1 已签订合同的订单，由业务部发"开模申请审核单"通知工程部。

4.1.2 接到开模通知单后，工程部必须组织召开新项目工艺评审会，并填写"新项目工艺评审表"，对不合理的设计须及时向客户提出设计更改建议。

4.1.3 结构确认后，采购会同总工程师选择模具生产厂商并组织开模。

4.1.4 项目工程师排出模具生产进度和出样计划。打样按《打样作业指示书》执行。

4.1.5 T1样品送样和确认。

4.1.5.1 样品由业务部业务员送出。

4.1.5.2 业务员及时跟踪样品确认状况。

4.1.5.3 第一次送样后，对于客户反映的问题业务员应做好记录并由客户签名。

4.1.5.4 业务员及时把客户反映的样品问题知会项目工程师，并尽可能从客户处申请一台样机，以方便工程人员解决问题。

4.1.5.5 客户到我公司反映样品问题时，项目工程师必须参与样品讨论，必要时总工程师和生产经理也参与样品讨论。

4.1.5.6 客户未发现，但我公司检测出的样品质量问题须一并向客户反映，征询客户是否更改。

4.1.6 项目工程师负责召集工程部经理、打样组成员、工程文员，开会讨论样品问题解决方案，必要时要求生产经理和采购、模具供应商参加。已知的样品问题必须一次解决。工程文员做好会议记录。

4.1.7 项目工程师根据会议记录，重排T2样品的进度，并由业务员回复客户样品进度。

4.1.8 T2样品的送样和确认程序按T1样品送样和确认程序执行。

4.1.9 样品确认后，由业务员带回客户已签订的样品，并转交工程部。项目工程师审查样品后，制作生产样品并交文控中心分发。

4.1.10 试产。

4.1.10.1 项目工程师负责召集生产部各主管以及采购、计划、品质人员开试产会议。

4.1.10.2 会议必须把产品工艺、客户要求和打样过程中出现的问题详细列出。

4.1.10.3 项目工程师列出已有的冲模、治具、塑胶模、《生产作业指导书》，没有到位的材料列出时间表，并列出"模治具清单"给生产部。

4.1.10.4 采购人员负责采购试产材料。

4.1.10.5 项目工程师或打样组成员指导生产部按要求进行试产，并在试产过程中收集问题，试产顺利可以转为正式生产；如果试产不顺利，立即由项目工程师组织召开会议，解决试产中出现的问题，直到试产没有问题方能转为正式生产。

4.2 样品交期变更

4.2.1 客户原因导致样品交货期变更的，无需另外采取措施。

4.2.2 各部门不能按计划完成时，必须知会业务员，由业务员和客户沟通，协商推迟交样时间。如果客户不答应，但我公司确无法按计划完成，须报上司协调。

4.2.3 因为产品结构或工艺问题导致不能按计划交样的，必须重新召开会议对产品进行评审。

4.3 工程变更

4.3.1 客户设计变更。

4.3.1.1 客户提出工程变更的，由业务员接收更改要求和图纸。（如果客户直接发给工程人员，必须知会业务员。）

4.3.1.2 业务员组织召开客户变更评审会议。

4.3.1.3 和客户确认好变更的技术要求和商务条件后，须重新排出出样计划表，并由业务员反馈给客户。

4.3.2 非客户原因产生的工程变更应由项目工程师组织评审，并给出出样时间。

4.3.3 工程变更。

4.3.3.1 工程变更前的物料处理。

（1）试产和打样的材料，在工程变更后应全部报废，以免在再次打样或试产时被混用。

（2）生产时发生了工程变更，工程变更前的材料应由生产部进行盘点、标识、隔离，经过计划物料评审后再处置。

4.3.3.2 工程变更后的技术资料的处理按《工程更改指示书》执行。

拟定		审核		审批	

6-03 新产品评审发布量产导入管理办法

××公司标准文件		××有限公司 新产品评审发布量产导入管理办法	文件编号×× - ×× - ××	
版次	A/0		页次	第×页

1.目的

规范新产品评审发布量产导入的作业流程，使之有章可循。

2.适用范围

凡公司新产品（含技改型、转移型、开发型）的评审发布量产导入均适用本办法。

3.职责

（1）生产保障部负责本办法的起草、制定、修改、废止等工作。

（2）生产保障部经理负责本办法制定、修改、废止等的核准。

4.管理规定

4.1 新产品评审发布会

4.1.1 参会人员。

（1）会议主席：总经理（或总工程师）。

（2）主持人：项目技术部新产品项目负责人。

（3）出席人员：研发部主管、品管部主管、销售部主管、计划物流部主管、采购部主管、研发部新产品设计人员、项目技术部相关产品技术人员、生产部主管及相关工艺人员。

4.1.2 评审时机。

新产品经小批试制，并经鉴定合格后，应进行新产品评审，由新产品项目负责人书面通知各参会人员。

4.1.3　评审形式。

（1）研发部作新产品说明。用实物演示加讲解的形式，并准备书面资料，向各参会人员介绍新产品的性能、结构原理以及市场潜力等信息。

（2）项目技术部相关产品负责人介绍新产品开发、试制中容易出现的问题及注意事项，针对小批试制中出现的问题提出书面意见，对试制中的问题形成解决方案，并指定责任人员进行整改（含设计、结构、资料、工艺流程、物料等问题）。责任人依据整改意见完成整改后，视需要进行样品试制也可小批试制以验审。

（3）品管部负责对新产品进行型式试验、寿命试验和其他相关试验，以确认产品性能是否符合标准要求。必要时，应送样品至客户，由客户检验评审。品管部根据样品试制、小批试制的鉴定结论，说明试制中的注意事项，确认新产品是否可以导入量产。

（4）生产部说明工艺流程及新设备注意事项。

（5）各参会人员提出质询及意见。

（6）总经理（或总工程师）负责新产品最后的总评审，以确认是否可导入量产。必要时，总经理（或总工程师）可以召集相关部门人员进行会议评审，对遗留的问题做出指示，并就新产品首次批量生产（即量产导入）进行计划与分工，形成会议。

（7）所有参与评审的人员需要在"新产品发布确认表"中签字确认，才可以进行新产品发布。若没有得到相关人员的签字确认，不得发布新产品。

4.2　量产导入作业规定

4.2.1　研发部。

（1）负责将设计资料、标准文件发放至产品部、生产保障部、品管部、采购部，并将特殊工装夹具移交生产保障部。

（2）标准文件包括：流程图、作业标准书、材料明细表（BOM）、标准成本表。

4.2.2　生产部。

（1）负责新产品工艺流程、作业标准书、标准工时等工艺文件的改善修订。

（2）负责将设计的技术资料转化为生产、检验用的技术资料。

（3）负责新产品模具、设备、工装夹具的入账、管理、使用指导、操作规范的制定。

（4）负责组织相关生产人员进行产品相关知识的培训工作。

（5）负责依生产计划进行量产。

4.2.3　品管部。

（1）负责新产品品质检验规范的建立。

（2）负责新产品品质试验方案的编写、制定。

（3）负责新产品历史档案的建立。

4.2.4 计划物流部。

（1）负责新产品量产导入的生产计划编制。

（2）负责新产品量产所需要物料的请购及追踪工作。

4.2.5 采购部。

负责新产品量产所需物料的采购工作。

附：作业流程图

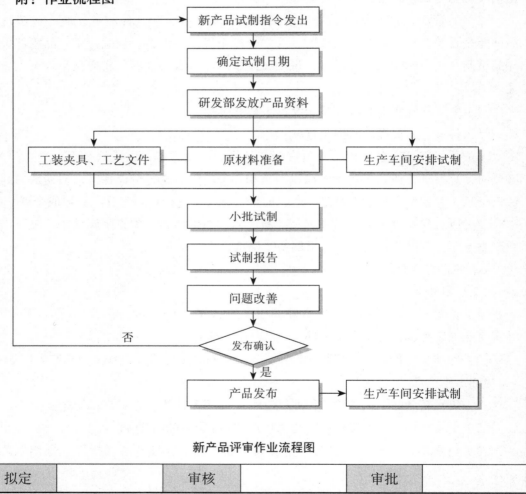

新产品评审作业流程图

拟定		审核		审批	

第7章 生产管理制度

本章导读

- 生产计划管理办法
- 生产计划变更管理办法
- 生产过程控制程序
- 4M1E变更管理程序
- 生产异常处理作业程序
- 生产事故责任追查规定
- 委托制造、外加工管理准则

7-01 生产计划管理办法

××公司标准文件		××有限公司 **生产计划管理办法**	文件编号××–××–××	
版次	A/0		页次	第×页

1.目的

为使本公司的产能安排有据可依，满足客户对品质及交货期的要求，保证本公司有履行合约的能力，降低库存、成本，提高生产效率，特制定本办法。

2.范围

适用于本公司所有生产产品的生产计划控制。

3.定义

3.1 "生产计划表""制造通知单"

由PC部门签发，作为通知生产的依据。

3.2 "制程标示单"

由生产计划部门签发，用于规范批量和记录制作流程。

4.职责

4.1 销售部

4.1.1 销售主管：接受客户订单、组织评审及审核、协调重要订单等事宜。

4.1.2 销售业务员：接受客户订单、对订单进行评审、协调订单变更等事宜。

4.2 PMC部

4.2.1 生产计划主管：负责生产计划安排、生产进度控制及督导生产计划管理作业的执行。

4.2.2 生产计划员：负责生产指示、生产计划管理及生产进度控制，且负责出货作业的执行。

4.3 采购部

负责生产物料的采购及交货期进度的控制。

4.4 货仓部

负责物料收发等作业。

4.5 PIE部

负责物料料号的编订和生产流程条件的确定。

4.6 制造部

负责材料领用、生产进度控制及品质控制。

5. 作业流程

5.1 接收订单

销售部业务人员按"订单评审程序"规定暂时接受客户订单，填写"顾客订货单"，经主管审核后交给PMC部门人员。

5.2 生产负荷评估

5.2.1 PMC部门人员应根据"顾客订货单"做生产计划账目。生产计划主管根据"生产能力负荷表"上所显示的生产能力，组织进行生产能力负荷评估。

5.2.2 如评估确认生产能力无问题，生产计划员、物控员与货仓人员确认物料是否可以满足生产，如不能满足，填写"物料请购计划表"并通知采购人员。

5.2.3 采购人员根据"物料请购计划表"询问有关厂商是否能满足交货期，得到较为肯定的答复后，将结果回馈给物控人员，由物控员开出请购单，采购人员根据"采购控制程序"进行采购作业。

5.2.4 如评估的结果会影响订单交货期，生产计划人员应通知销售部门人员与客户协商，征得客户同意后，方可正式接受订单。

5.3 安排生产计划

5.3.1 生产计划员根据"顾客订货单"的接单状况，依产能负荷预排4周内的"月生产计划表"，以作为生产安排的初步依据。

5.3.2 生产计划人员每周应更新"月生产计划表"的资料，作为生产进度控制的依据。

5.3.3 生产计划人员依"月生产计划表"排出具体的"周生产计划表"，作为生产执行的依据。

5.4 生产指示

5.4.1 生产计划员应将"周生产计划表"与"制造通知单"（五联），经生产计划主管核准后，一联交制造部门准备领料，一联交货仓部门进行备料，一联交物控员登记，一联交财务部门做账，一联自留存档。

5.4.2 生产计划员同时填写"制程标示单"，交PIE部门确认制程条件后分发至制造部门安排生产。

5.5 领发料

制造部门物料人员接到"制造通知单"后，在规定的时间内，与货仓人员沟通协调，由货仓人员将物料送往制造车间指定地点，一齐清点物料。

5.6 生产

制造部门应按"周生产计划表"及"制程标示单"的交货期需求进行生产，并进行进度控制，有关作业参照"生产过程控制程序"。

5.7 品质、交货期、数量确认

5.7.1 生产计划员应按照"周生产计划表"的数量及交货期跟催生产进度。

5.7.2 如生产过程中发现的进度落后或品质异常情况影响订单交货期或数量时，PMC部主管应协调各有关部门主管协商处理，当交货期最终不能符合订单要求时，应出具联络单给销售部门，说明原因，销售人员按"订单评审程序"中的有关规定与客户重新协商，变更交货期。

5.8 入库和出货

5.8.1 完成生产后，由品管部人员验收，包装入库。

5.8.2 在无异常的情况下，报关人员和船务人员根据计划自行办理报关手续和船运联络事宜。

5.8.3 如需出货，由生产计划员开出"出货通知单"及"出货排柜表"，通知货仓和品管部门有关人员办理出货手续，有关作业参照"成品包装出货控制程序"。

拟定		审核		审批	

7-02 生产计划变更管理办法

××公司标准文件		××有限公司 生产计划变更管理办法	文件编号××-××-××	
版次	A/0		页次	第×页

1.目的

为规范生产计划变更流程，使计划更为顺畅地得以执行，特制定本办法。

2.适用范围

因市场需求、生产条件或其他因素变化引起的生产计划变更。

3.定义

本办法所指的生产计划变更，是指已列入周生产计划内的生产订单，因市场需求、生产条件或其他因素变化需调整生产计划的变更。

4.具体内容

4.1 变更时机

4.1.1 客户要求追加或减少订单数量时。

4.1.2 客户要求取消订单时。

4.1.3 客户要求变更交货期时。

4.1.4 客户有其他要求导致生产计划必须调整时。

4.1.5 因生产进度延迟而可能影响交货期时。

4.1.6 因物料短缺预计将导致较长时间停工时。

4.1.7 因技术问题延误生产时。

4.1.8 因品质问题尚未解决而需延迟生产时。

4.1.9 因其他因素必须作生产计划调整时。

4.2 变更流程规定

4.2.1 生产管理部遇到上款规定的各种状况，经确认必须变更生产计划时，应发出"生产计划变更通知单"。"生产计划变更通知单"一般应包含下列内容。

（1）生产计划变更原因。

（2）计划变更影响的生产部门及时间。

（3）原生产计划排程状况。

（4）变更后生产计划排程状况。

（5）需各部门注意配合的事项。

4.2.2 如生产计划变更范围较大，生产管理部应召集生控人员、物控人员、采购部、制造部、业务部或其他相关部门进行检讨确认。

4.2.3 如生产计划变更后，新计划与旧计划相比较有较大变化，生产管理部门应在"生产计划变更通知单"后附上新的周生产计划。

4.2.4 "生产计划变更通知单"及其附件除生产管理部自存外，应按照生产计划的发放要求，发放到下列部门：业务部、开发部、生产技术部、品管部、制造部、采购部、资材部。

4.2.5 各部门接到"生产计划变更通知单"后，应立即确认本部门工作安排的调整情况，以确保计划的顺利执行。

4.3 生产计划变更后的作业规定

4.3.1 生产管理部。

（1）修改周生产计划及安排每日生产进度。

（2）确认并追踪变更后的物料需求状况。

（3）协调各部门因生产计划变更产生的需要调整与配合的工作。

4.3.2 业务部。

（1）修改出货计划或销售计划。

（2）确认计划变更后的各订单交货期是否可以得到保证。

（3）处理因生产计划变更而产生的需与客户沟通的事宜。

（4）处理有关出货安排的各项事务。

4.3.3 开发部。

（1）确认产品设计、开发进度，确保生产。

（2）确认技术资料的完整性、及时性。

4.3.4 生产技术部。

（1）确认生产工艺、作业标准的及时性、完整性。

（2）确认设备状况。

（3）确认工装夹具状况。

（4）确认技术变更状况。

4.3.5　品管部。

（1）确认检验规范、检验标准的完整性。

（2）确认检验、试验的设备、仪器状况。

（3）确认品质历史档案。

（4）安排品质重点、控制点。

4.3.6　采购部。

（1）确认物料供应状况。

（2）确认多订购物料的数量及处理状况。

（3）处理与厂商的沟通事宜。

4.3.7　资材部。

（1）确认库存物料状况。

（2）负责现场多余物料的接收、保管、清退事宜。

（3）处理其他物料仓储事宜。

4.3.8　制造部。

（1）处理变更前后物料的盘点、清退等事宜。

（2）调整生产任务安排。

（3）调度人员、设备。

（4）确保新计划的顺利达成。

拟定		审核		审批	

7-03　生产过程控制程序

××公司标准文件		××有限公司 生产过程控制程序	文件编号×× – ×× – × ×	
版次	A/0		页次	第×页

1.目的

对本公司生产过程加以控制，使各工序及制程都在受控状态下运作；对产品的特性进行监控，以达到顾客要求，确保品质和交货期。

2.适用范围

凡本公司所有生产过程，如产前准备、过程确认、产品防护、产品交付和相关的后续运作等，以及生产所用的物料和辅料、半成品、成品及设备的监控等均属于本程序之范围。

3.定义

3.1 生产过程

与生产相关的将输入转化为输出的相应工作。

3.2 样板

方便员工去了解生产工序或进行检验的参照物。

3.3 首件检查

在生产线每日开机，机种切换，异常处理，更换治具、油墨后，由作业人员取样制成QC进行质量检验、确认的过程。

3.4 自主检查

作业人员不定时检查本工序生产产品的过程。

4.职责

4.1 工程部

4.1.1 制定相关工序的作业指导书，并制定相关的控制参数。

4.1.2 制定有关设备的使用规范。

4.1.3 负责新产品试产的追踪、指导及异常处理。

4.1.4 协助分析、检讨、改善各制程异常。

4.1.5 负责模、治具异常的修复。

4.1.6 负责各制程的样板签发。

4.2 品管部

4.2.1 制定相关的检验标准。

4.2.2 签发相关生产过程的首件，并在生产过程中进行巡检。

4.2.3 制定仪器的使用规范和校正方法。

4.2.4 协助分析生产中的异常状况，并对生产过程进行纠正与改善。

4.3 计划部

4.3.1 跟进生产物料、辅料等。

4.3.2 协助跟踪处理异常结果。

4.3.3 负责委外作业执行。

4.4 生产部

4.4.1 协助工程部或品管部收集有关的制程控制资料。

4.4.2 确保相关的设备、仪器有正确的保养记录，维护系统有效地运作。

4.4.3 生产前应做好相应的产前准备工作，确保生产顺畅。

4.4.4 各制程、工序出现异常情况时，应及时向相关部门报告并尽快处理。

4.5 行政部

对车间设备设施进行定期保养，确保正常生产。

5.管理规定

5.1 生产依据

5.1.1　生产时必须有生产指令单、作业指导书、产品工艺流程图、"BOM"表，才能按"生产计划表"进行生产。

5.1.2　生产时必须参照喷涂生产过程流程图、丝印生产过程流程图、镭雕生产过程流程图、装配生产过程流程图执行。

5.2　生产作业

5.2.1　生产部各工序、制程需按相关作业指导书运作。

5.2.2　作业时挂好作业指导书及过程样板，首件确认后方可正式生产并随时做好自检工作。

5.2.3　生产部根据生产指令单、"BOM"表到仓库领取所需物料，并进行生产安排。

5.2.4　各制程按作业指导书作业，员工上岗前必须经过培训方可上岗。

5.2.5　生产所用治具、机器设备依《设备管理程序》执行。

5.2.6　喷涂车间作业按《喷涂车间管理制度》执行；喷涂车间和组装车间须对车间温/湿度进行管制，其他车间在常温下进行生产。

5.3　制程管制

5.3.1　作业人员自主检查时如发现不良品，依《不合格品控制程序》处理。

5.3.2　各组别将每日生产状况填写在"生产日报表"上，由部门文员汇总成"生产综合日报表"交部门经理和计划部各存档一份。

5.3.3　半成品转移按"物料转移表"执行。

5.3.4　所有物料转移必须有"流程标签"。

5.3.5　成品入库按《产品防护控制程序》执行。

5.3.6　在全检过程中，全检员须将检验的不良品记录于QC日报表中。

5.4　制程异常处理

制程出现断料、来料品质异常，模治具异常，重大品质异常及机器、设备异常时，应及时填写"内部联络单"通知各部门。

5.5　制程变更

5.5.1　制程中所用的变更文件，依《文件控制程序》执行。

5.5.2　制程中有流程不适用时，应提交报告给工程部，并会同品管部、工程部共同修正。

5.6　制程原材料、物料的管控

5.6.1　区域规划：原材料、辅料、半成品、成品需按标示的规划区域摆放。

5.6.2　生产现场物料须标明品名、规格、数量、日期，并按《标识和可溯性控制程序》执行。

5.7　新产品试产

新产品试产依《新产品试产流程规范》执行。

拟定		审核		审批	

7-04　4M1E变更管理程序

××公司标准文件		××有限公司 4M1E变更管理程序	文件编号××-××-××	
版次	A/O		页次	第×页

1.目的

为保证本公司在产品工艺设定完成后的生产、交货及使用阶段，以改善及提高品质与效率等为目的而做的工程变更能获得适当的管制与记录，特制定本程序。

2.适用范围

（1）产品工艺设定完成后的工程变更，属于暂时或永久变更的。

（2）客户通知的产品变更、模具修改、规格异动、图纸修改等作业。

（3）公司范围内4M的变更。

3.职责

3.1　变更的提出

3.1.1　客户提出的工程变更需求或技术的工程变更需求由技术部门提出。

3.1.2　生产过程中厂内的自发性变更需求由生产部或相关变更部门提出。

3.2　变更的审查

3.2.1　市场部：负责与客户沟通联络，将变更资料提交客户批准。

3.2.2　采购部：原材料的取得。

3.2.3　品管部：品质的考量与评估，变更实施的审查。

3.2.4　生产部：制程的考量与评估，变更执行、追溯及记录。

3.2.5　市场部：库存数量的统计，变更导入的考量。

3.2.6　技术部：仪器设备、生产工艺的考量，文件的修正。

3.2.7　财务部：变更成本的考量与评估。

3.3　变更的核准

各部门主管：工程变更申请及工程变更指示的核准。

4.变更定义

4.1　工程变更定义

4M：Man（人员）、Machine（设备、模具、治具、工具）、Material（材料、部品、构成分件）、Method（方法、工程、作业条件）。1E：Environment（环境、作业场所等）。

4.2人员变更

4.2.1　现场作业者大幅度调整时。

4.2.2　工程或现场30%以上人员变化时。

4.2.3　关键过程、特殊过程作业者变更时。

4.3 设备变更

4.3.1 生产设备改造、更新、增设、新设、迁移时。

4.3.2 模具、治具的改造、更新、增设时。

4.4 材料、构成零件变更

4.4.1 供应商变更时。

4.4.2 材料变更时。

4.4.3 材料加工厂变更时。

4.5 方法变更

4.5.1 制造条件变更时。

4.5.2 加工方法、包装方法变更时。

4.6 环境变更

4.6.1 生产环境变更时。

4.6.2 生产场所变更时。

5.工作程序

5.1 工程变更的提出

5.1.1 公司内部的工程变更：若公司内部提出工程变更，由工程变更提出部门填写"工程变更申请单"，经部门主管确认后交生产技术部及品管部审查是否可行。若不可行，则归档结案；若可行，生产部主管批准后执行。

5.1.2 客户的工程变更：若客户提出工程变更/设计变更，生产技术主管应于3个工作日内完成审查，如可行则交相关部门依变更事项执行，如本公司无法执行则应及时通知客户。

5.1.3 供应商的工程变更：若供应商提出工程变更，须依本公司的规定填写"工程变更申请单"，并送交生产技术部主管审查，确认品质。

5.1.4 出现以下工程变更时，应及时通知客户。

（1）供应商的变更。

（2）加工方法、包装方法的变更。

（3）材料的变更。

如发生以上变更，则必须依据客户的规定提出变更申请通知客户。若客户回复为不可行，则归档结案；若客户回复为可行，则交由相关部门执行变更。

5.2 执行变更的规定

5.2.1 执行工程变更时，除依客户要求执行外，必要时还可通知客户派人到厂共同执行。

5.2.2 实施4M变更时，执行变更部门应通知品管部确认品质。

5.2.3 作业者需再进行相关培训后，方可执行变更作业；作业者变更时，需通知品管部门前来检查，以确保品质。

5.2.4 设备变更时，生产技术部需要对作业指导书进行确认，确认是否需要更新作业指导书。

5.2.5 设备/材料/加工方法变更后，若客户有规定，须由品管部进行过程能力的调查及确认。

5.2.6 材料/工艺变更时，员工在领用材料时仓管员须在生产批量表上注明"材料变更"字样；生产过程中生产管理表应跟着产品一起流转，以免混淆；包装后应在包装袋的标签上注明"变更品"字样。

5.2.7 不合格品则依据《不合格品控制程序》执行。

5.3 品质确认

生产部依据《生产过程控制程序》进行管制；品管部依据《检验控制程序》规定进行品质确认，并对下列事项进行确认。

5.3.1 作业者变更时，品管部应对外观、结合力等进行确认；设备/材料/方法变更时，品管部应对镀层可靠性（如盐雾测试、结合力测试等）做确认。

5.3.2 进行品质确认时，若发现不合格状况，则由生产部通知工程部和品管部进行审查。若品质无法达到要求，则归档结案；若可行，则提出变更方案，再重新执行变更。

5.4 标准化

5.4.1 工程变更完成后应把变更后的作业内容标准化，文件和资料的标准化工作按《文件与资料控制程序》执行，变更后包含的所有相关文件都应为最新版本。

5.4.2 各项工程变更的相关记录工作按《记录控制程序》执行。

5.4.3 如涉及产品库存量，应对库存品做控制并做适当标识。

5.4.4 各项工程变更后，生技部应在"工程变更申请单"上填写相应意见，及时通知各相关部门。

5.4.5 品管部应对变更后的首件进行跟踪，以确认其品质。

5.4.6 对于变更后产品的变更情况应做好履历管理。

拟定		审核		审批	

7-05 生产异常处理作业程序

××公司标准文件		××有限公司 生产异常处理作业程序	文件编号××-××-××	
版次	A/O		页次	第×页

1.目的

为了把生产中出现的异常状况迅速而有效地处理好，把异常影响降到最低程度，特制定本程序。

2.适用范围

适用于公司生产部各车间所发生的生产异常。

3.职责

3.1 生产部

负责生产异常的报告与协调解决。

3.2 品管部

负责品质异常的协调解决。

3.3 技术部

负责技术及工艺异常的解决。

3.4 设备部

负责设备异常的协调解决。

3.5 PMC部

负责生产异常的综合协调解决。

4.作业程序

生产异常处理作业流程图

序号	流程	责任部门	责任人	作业内容
1	生产异常发生	生产车间	操作员工当班班长	当生产异常发生时，操作员工或当班班长需立即对异常情况做出初步判断，估计其严重性
2	通知总带班或工艺员	生产车间	操作员工当班班长	当异常无法立即排除且有可能影响到正常生产时，立即通知总带班或工艺员
3	通知上级的领导	生产车间	总带班工艺员	总带班或工艺员接到异常报告后判断严重程度，如有必要马上通知车间主任。各级人员都应根据异常程度决定是否继续上报高一级领导
4	现场处理/查找原因	生产车间	到场管理人员当班班长	到场管理人员与当班班长一起进行现场处理，查找原因、制定对策
5	通知相关部门协同处理	生产车间	车间主任	由车间主任根据异常情况使用"部门联络单"写明异常情况通知相关部门协同处理
6	确定是否停产或转产	相关部门	相关部门责任人	出现品质异常时由生产部与相关责任部门一同根据实际情况决定是否停产或转产，并制定出应急处理措施
7	应急处理措施/通知PMC部	生产车间PMC部	车间主任PMC主管	车间主任在异常发生2小时内（夜班需在第二天早上9:00前）发出"部门联络单"给PMC主管
8	长期预防措施	相关部门	相关部门责任人	生产恢复正常后，相关责任部门应分析问题的深层次原因，制定长期的预防措施

（1）如果生产过程中出现设备异常造成阻产，当班班长应判断故障的严重性，如果事态严重则马上通知设备员，或者20分钟后仍无法排除故障的也应马上通知设备员。

（2）如果生产过程中出现产品品质异常，连续发现10个以上相同缺陷产品时，应马上通知当班班长；如果一个班次内连续或陆续发现50个以上相同缺陷的产品时，应通知工艺员。

（3）当出现生产异常时，被通知人在上班期间10分钟内赶到事发现场，非上班期间30分钟内赶到事发现场，并根据以下程序进行处理。

①立即对事故从"人机料法环"五个方面进行调查分析，查找异常原因。

②立即判断出问题的严重程度和其可能带来的影响的程度，如事态严重应立即汇报上级领导。

③立即采取措施，消除异常发生原因，防止事态继续扩大。

④异常涉及其他部门的，立即通知责任部门。

⑤验证采取措施的结果，并积极寻找预防与控制方法。

⑥落实责任。

（4）根据现场实际情况，需跨部门协同解决生产异常的，由车间主任电话通知或发出"部门联络单"迅速通知相关部门。

（5）相关部门在接到生产异常信息后应立即配合处理，如需到现场协助处理的在上班期间10分钟内赶到事发现场，非上班期间30分钟内赶到事发现场。如部门负责人不能及时赶到现场的，应在规定时间内派人到场。

①品质异常：由质检科负责主导对异常情况进行分析及处理，必要时组织相关部门召开专题会议讨论解决。

②设备异常：由车间设备维护人员或与设备相关的人员一起对设备进行维修，维修完成后由生产车间责任人签署维修结果。

③物料异常：由PMC部根据实际情况，调整生产计划，必要时组织相关部门召开专题会议讨论解决。

④技术、工艺异常：由技术部负责主导对异常情况进行分析及处理，必要时组织相关部门召开专题会议讨论解决。

（6）当出现严重异常时生产部主管应根据事故解决的可能性作出暂时停产或转产的决定。

（7）对可能影响生产进度的情况，由车间主任在异常发生2小时内（夜班则在第二天早上9:00前）打电话或填写"部门联络单"给PMC部，PMC部按实际情况，采取应急措施调整生产计划，对交货受影响的订单需在当天内通知经营部。

（8）对属人为因素所造成的生产异常，车间主任需对相关责任人进行处理。

（9）生产恢复正常后，相关责任部门应对异常问题在5个工作日内进行深层次的原因分析，并制定长期有效的预防措施，以杜绝同样异常的再次发生。

（10）奖惩规定。

①现场管理人员未在规定时间内报告上级的，罚款××元/次。

②被通知人未在规定时间内到达现场的，罚款××元/次。

③车间主任未在规定时间内通知PMC部的，罚款××元/次。

④PMC部对受影响的订单未在当天内通知经营部的，罚款××元/次。

⑤责任部门在5个工作日内未进行深层次的原因分析并制定预防措施的，责任人罚款××元/次。

拟定		审核		审批	

7-06　生产事故责任追查规定

××公司标准文件		×× 有限公司 生产事故责任追查规定	文件编号××-××-××	
版次	A/0		页次	第×页

1.目的

为减少生产事故的发生，明确在出现生产事故时的责任追查原则，特制定本规定。

2.适用范围

适用于本公司各车间。

3.权责部门

事故的追查由生产部经理带头，协同相关部门领导一起进行调查和损失判断。

4.管理规定

4.1　生产事故种类

生产事故包括产品做错、做坏、做多、做少（漏做）、计划符合率过低、投料量过大、设备损坏等。

4.2　生产事故性质的分类与处罚规定

生产事故按造成损失的程度不同划分为重大生产事故、一般生产事故、轻微生产事故。

4.2.1　重大生产事故的判定：造成直接经济损失或造成的多余库存≥××××元的，给予责任管理人员通报批评并罚款×××～×××元，给予责任生产人员通报批评并罚款减半。

4.2.2　一般生产事故的判定：造成直接经济损失≥×××元但不足×××元的，给予责任管理人员通报批评并罚款×××～×××元，给予责任生产人员通报批评并罚款减半。

4.2.3　轻微生产事故的判定：造成直接经济损失小于×××元的，给予责任管理人员或责任生产人员通报批评并罚款××～×××元。

4.3 经济损失算法

4.3.1 产品：以原材料成本和人工成本进行核算，由计划物控部核算。

4.3.2 设备：以设备的采购价减去设备的折旧进行计算，由财务部核算。

4.3.3 计划完成情况：根据对生产部整体形象的影响程度，由生产部确定。

4.4 生产事故的详细说明

4.4.1 批量做错：产品未按照计划要求执行，导致批量做错，分以下两种情况。

4.4.1.1 因"作业计划单"出错导致计划做错。

（1）产品可以挽救（未造成物料损失）或转其他计划，将追究"作业计划单"的编制人员与审核人员（含工程师）的责任，可给予红色罚单或通报批评。

（2）产品无法挽救需要重做时，将追究"作业计划单"的编制人员与审核人员（含工程师）的责任，按照生产事故性质的分类与处罚规定执行。

4.4.1.2 "作业计划单"未出错，而是操作者未按照作业单要求操作，导致计划做错。

（1）产品可以挽救或转其他计划，没有造成进一步的损失时，将追究操作者的责任，可给予红色罚单或通报批评。

（2）产品无法挽救、造成损失并需要重做时，将追究操作者的责任，按照生产事故性质的分类与处罚规定对直接责任员工进行处罚。对轻微生产事故带班组长或主管助理可给予红色罚单处罚；对一般生产事故带班组长或主管助理可给予通报批评处罚；对重大生产事故带班组长或主管助理给予通报批评并罚款×××元，相关主管或经理承担失职责任，给予通报批评并罚款××× ～ ×××元。

4.4.2 产品做坏：操作者不小心失误造成产品跌落、产品扯断、批量纤损、产品烤煳等（数量超出5个）情况的，将追究操作者的责任，可给予红色罚单或通报批评，损坏情况严重的，按照生产事故性质的分类与处罚规定执行。

4.4.3 产品计划符合率低。

4.4.3.1 对于单个计划的符合率：因拉锥内控指标过松、封装产品外观失控等异常因素造成产品计划符合率过低，且批量在50个以上，比规定的产品计划符合率低于20%以上，将追究相应的责任工程师或操作者的责任，给予责任人通报批评并罚款×× ～ ×××元。例如：公司规定的产品计划符合率为≥90%，但实际单个计划符合率≤70%，将处罚相关责任人×× ～ ×××元。

4.4.3.2 对于每月整体计划的符合率：月度整体计划符合率低于规定比率，且超出10%以上时，将通报批评生产经理，并给予×× ～ ×××元罚款（50个以下的计划除外）。

例如：公司规定的整体计划符合率为≥90%（整体计划符合率=符合各计划的产品个数总和÷各计划的投料总数），但实际整体计划符合率≤80%，将对生产部经理进行通报批评并处罚×× ～ ×××元。

4.4.4　产品做多：计划投料多导致计划超过率失控，产品计划超过率超出规定的20%（特殊指标的计划、50PCS以下的计划除外），造成了不必要的产品库存，将追究生产部主管的责任，按照生产事故性质的分类与处罚规定执行。

4.4.5　产品漏做：将从计划部开始一级级追查漏发计划的环节，因"计划漏做"导致严重事故的，将追究责任人与负责主管的监控责任，根据情节的严重程度，给予通报批评并处罚××～×××元。

4.4.6　产品做少：产能不足的原因除外，主要是指因投料不足、生产制程失控等生产内部原因引起的计划交期推迟。没有引起客户抱怨的或轻微抱怨的，对相关责任人给予红色罚单或通报批评；引起客户严重抱怨的，对相关责任人进行通报批评并处罚××～×××元。

4.4.7　设备损坏：员工由于设备搬运疏忽或使用不当造成设备损坏的，按生产事故性质的分类与处罚规定执行。

4.4.8　原材料质量问题：分以下两种情况。

4.4.8.1　因原材料质量问题导致产品少量报废或返工的，将追究IQC人员的失职责任，给予红色罚单处罚。

4.4.8.2　因原材料质量问题导致产品批量报废或返工的，将追究IQC人员的失职责任，给予通报批评并视损失情况罚款，同时也要追查品质监管工程师或品质主管的责任，按照生产事故性质的分类与处罚规定执行。

拟定		审核		审批	

7-07　委托制造、外加工管理准则

××公司标准文件		××有限公司 **委托制造、外加工管理准则**	文件编号××-××-××	
版次	A/O		页次	第×页

1.目的

为使本公司外制开发及半成品、成品外协处理有据可依，特制定本细则。

2.适用范围

为配合本公司销售、生产的需要，通过协作厂商完成新产品零配件的试作、量试及认可后的大量外协制造等的作业均属此范围。

外协依其加工性质的不同可区分为以下两种。

2.1　成品外协

由本公司提供材料或半成品供协作厂商制成成品，其外协加工后即可缴交公司物量部门当作成品销售或可直接由协作厂商交运。

2.2 半成品外协

由本公司提供材料、模具或半成品供协作厂商制造，其外协加工后尚需送回本公司经过再加工才能完成成品。

2.3 材料外协

产品的某段加工过程必需的材料，由于本公司无此种设备（或设备不足）需要外协加工，并在公司内能使用。

3.权责部门

3.1 经办部门

外协加工事务由下列部门办理。

项目	申请部门	承办部门	发（收）料部门	检验部门
试作				
量试				
成品外协				
半成品外协				
材料外协				

注：各相关部门由公司自定。

3.2 核决权限

核决权限如下表所示。

项目	申请部门核决	核决	
试作			
量试			
成品外协			
半成品外协			
材料外协			

注：申请部门及核决权限由各公司自定。

4.管理规定

4.1 厂商调查

4.1.1 为了解外协厂商的动态及产品质量，采购外制人员应随时调查，对凡欲与本公司建立外协关系且符合条件者，应填具"协作厂商调查表"以建立征信资料，作为日后选择协作厂商的参考。"协作厂商调查表"一式一份呈主管核准后自存。

4.1.2 采购外制人员应依据"协作厂商调查表"每半年复查一次以了解厂商的动态，同时依变动情况，更正原有资料内容。

4.1.3 于每批号结束后，将协作厂商试作、外协的实绩转记于"协作厂商调查表",作为日后选择厂商的参考。

4.2 申请

4.2.1 试作。采购外制人员依据产品设计人员所填制的"开发通报书""开发进度表""新开发零件部门进度追踪报告""零件表"及详细审核规划外制的零配件等资料是否齐全、清晰,并按进度要求分别开立"外协加工申请单"一式四联,呈总经理核准后,第一联送会计部门,第二联自存,第三、第四联送物量部门,待试制品合格收料后,第三联附发票、收料单送会计部门整理付款。

4.2.2 量试。

(1)采购外制人员于第一批小量试作品完成并送交工程设计人员经确认正常后(如需修改,则再通知外协厂商重新送样,以迄正常为止),即进行第二阶段的试量,其申请手续同上。

(2)如于量试与试作过程中,产品设计人员为优化产品外观及增加功能必须增减或修改某些零配件时,应统一由产品设计人员重新绘制零配件成品图,若必须重新开发模具,应与协作厂商沟通由其提供损失的费用。

4.3 询价

4.3.1 采购外制人员提出"外协加工申请单"前,应依需要日期及协作厂商资料进行询价,询价对象的数量以两家以上为原则(最好三家),并需提供估价单,其内容有模具与零件的材料价格、人工价格、税金、利润等信息,每家填写一张"外包零件模具估价表"及"估价分析表"。

4.3.2 经办人员审核估价明细表后循价、议价、比价(以确保质量、交货期为前提),并将询价记录填写于"外协加工申请单"内呈主管核准。核准后,外制人员需将承制厂商、外协工资及约定交货期转记于"外协加工控制表",凭此控制外协品的交货期。

4.3.3 为配合工程设计部门要求或制造部门的紧急需求,采购外制人员须参考以往类似品的外协价格,免经过议价、比价手续,径行指定信用可靠的厂商先行加工作业,但亦须事后补办"外协申请单"及签订合同的手续。

4.4 外协内容与厂商变更

4.4.1 外协询价经核准后,如需变更外协内容或承制厂商时,承办部门应开立"外协内容变更申请表"一式四联,注明变更的原因及更改的厂商,呈主管核准,第一联送会计部门,第二联送物料管理,第三联办理付款时与发票一并附出,第四联自存。

4.4.2 变更内容应转记于"外协加工控制表"内,以管理进度。

4.5 签订合同

4.5.1 询价完成后,采购外制人员应于外协零配件交运前与协作厂商签订"外制品制作进度追踪表"一式二联,一联自存,一联送协作厂商据此安排进度作业,同时订立"模具开发及制品委托制作契约书"。

4.5.2 "模具开发及制品委托制作契约书"一式三份，由协作厂商盖章后，送呈科长、总经理核准用印后，一份送协作厂商，一份送会计部门，一份自存。

4.5.3 协作厂商履行合同情况如有异常致使本公司遭受损失时，采购外制人员应立即采取措施依合约索赔，并将情况以书面形式报告主管，由主管转呈总经理审批处理，若损失金额超过××元以上，应直接呈报总经理。

4.6 质量检查

4.6.1 检查依据。协作厂商依据采购外制人员所提供的正式工程图或样品，先行填写"检查记录表"。检查通过后，连同零配件（以塑胶透明袋装妥，并于袋上标明零配件名称、数量、厂商）一并送交物料管理部门及采购外制人员登记，随后转交产品设计人员检验。

4.6.2 试样检查。工程产品设计人员于接到采购外制人员所转来的样品后，应依原工程图的要求检查其规格与物性，其处理方式如下。

（1）检验合格者：经检验合格的，填写"检查记录表"连同试样送交采购外制人员转记于"外协加工控制表"结案，并将零配件连同"检查记录表"送物料管理部门，办理入库收料，待通知试装。

（2）检验不合格者：检验不合格的零配件，应由产品设计人员于"检查记录表"内注明不合格的原因，送回采购外制人员转记于"外协进度表"内，继续追踪协作厂商如期（或延期）完成。

（3）如于检验过程中发生设计变更等事项，仍应通过采购外制人员与协作厂商联系，沟通变更事宜。

4.7 付款

4.7.1 试作与量试的外协加工零配件经检验合格由物料管理部门办理入库后，采购外制人员应将"外协申请单"第三联，"收料单"第一联及发票一并核对无误，并呈核后，转会计部门审查凭以付款。

4.7.2 若需由本公司支付模具费用者，除前述的付款凭证外，另由协作厂商提示模具、机具的照片各一张粘贴于"模具履历表"内连同发票一并送交本公司整理，并建卡列入资产管理。

4.7.3 采购外制人员每半年整理一次各协作厂商到期应付未付的试作、量试、模具费用于"外制零配件逾期支付费用明细表"内一式二联，提出原因对策后呈主管核示，一份自存，凭以追踪，一份送会计部门备查。

4.8 模具管理

4.8.1 建档。按照固定资产管理办法，经本公司支付模具费的任何模具均应按其编号（按固定资产电脑编号说明书原则编定）列账管理，每一模具以一张"固定资产登记卡"列管。

4.8.2 异动。

（1）配合外协零配件质量与交货期等因素的变动，必须将模具由原协作厂商异动到其他（或新开发）的协作厂商或使用结束需移回本厂保管时，应按出入厂管理办法填写"物品出入厂凭单"一式三联，注明异动原因后呈主管核准，第一联自存，第二、第三联送交原协作厂商签名后，第二联连同物品送回本厂（或新协作厂商），第三联存原协作厂商。

（2）凡异动后的资料均应详细记载于"固定资产登记卡"内。若因产品停止生产、制程变更、设备更新等原因而闲置时，采购外制人员应以"闲置固定资产处理表"一式三联，提报模具闲置原因及研拟处理对策后，会同业务部门呈总经理核准，第一联送会计部门，第二联送物料管理部门，第三联自存。

4.9 协作厂商绩效评核

4.9.1 为使协作厂商适时交运优良质量的零配件给予本公司生产使用，采购外制人员应每月整理"外作品新开发评分表"，区分为A、B、C、D品种等级，并呈主管核准。参酌质量交货A级者，其货款以现金方式支付以示奖励；B级者货款以一个月票期支付；C级者以两个月票期支付（含新开发的协作商厂）；D级者以三个月票期支付，而列入D级的协作厂商连续超过三次者，应予以淘汰并重新寻觅新协作厂商代替。

4.9.2 采购外制人员为方便外协加工申请作业，应于每月底将各协作厂商所交的项目规格、材质、加工条件、价格等记录于"外制零配件交运动态表"内，依据种别分类归档，以便查询。

4.10 量试外协业务处理

4.10.1 生产资料通知。

经量试的样品，经工程设计人员认可后，由采购外制人员主动联系生产部人员领取相关资料（产品零件表、零件图、组合图、标准规格及用料清单，零件部品的流程图及说明书，制程能力分析，产能设定资料，样品及各项操作、质量的基准等），并主动召集专项检查会，提出量试期间发生的各项修正与变化，详细列入会议记录。

4.10.2 量产订购、询价、收料、付款作业。

4.10.2.1 采购外制人员接到产销部门通知生产后，即（按交货期间）适当安排各项外制零配件的交货进度，其手续同4.3.1的询价作业，如价格与对象不变，不必再填"外协申请单"，而直接在订购单单价栏注明外协单价按正常采购方式即可。

4.10.2.2 由本公司提供原物料的，生产部门提出申请核准后，填写"外协出厂单"连同原料、半成品随车交运，"外协出厂单"一式四联，第一联自存，第二联存会计，第三、四联送厂商，第四联由厂商签回。待加工完成并检验合格后，由物料管理部门填写"外协收料单"，一式四联，第二联送会计，第一、第三联自存，待收到发票后，连第一联整理付款，第四联送厂商。

拟定		审核		审批	

第 *8* 章　营销管理制度

本章导读

- ·内销业务处理规定
- ·外销业务处理制度
- ·订货受理管理规定
- ·销售货款收取控制规范

8-01　内销业务处理规定

××公司标准文件		××有限公司 内销业务处理规定	文件编号××-××-××	
版次	A/0		页次	第×页

1.目的

为使本公司国内销售有关业务的处理有据可依，推动公司的业务，特制定本规定。

2.适用范围

凡本公司国内销售业务的处理，均依照本规定管理。

3.定义

（1）内销业务是指国内销售的业务，包括商品调拨、订货、出货、退货、收款、顾客投诉及账务等事务处理。

（2）商品是指应销售业务需要而储存的各型号产品及其周边附属产品或劳务。

4.管理规定

4.1　商品受订流程

4.1.1　商品订货。

本公司国内销售的商品受订分为四种：经销商订货、委制品受订、特售受订、公关或员工订货。

4.1.1.1　经销商订货。

（1）经销商订货须以电话通知或当面通知。

（2）业务部门接受订货时，应先调查有无该项库存，如有库存即填写"销售申请单"，并注明允许的信用额度及其应收款项情形，一式两联，一联送主管核签，一联送财务部存查。

（3）营销部门主管签核"销售申请单"时，应依价格表及信用额度与应收款项情形，审核该销货价格及该订货是否超出授信额度。

（4）非授权价格范围内的受订或超信额及无经销合约者的受订，应呈上一级主管核准。

（5）若客户以现金或支付票据订货时，应在"销售申请单"的备注栏内注明现金交易。

（6）上述"销售申请单"中有关客户信用额度的资料，各营销部门负责的会计或助理人员应翔实签注。

（7）"销售申请单"应编流水号码，依序使用，不得有中断、跳号或乱号的情况，注销时须经营销部门主管签注。

4.1.1.2　委制品受订。

（1）营销部门开发出新的委制客户时，须与研发、生产技术、品管等部门会商是否可行，得出结论后，呈总经理裁定。若目前仍不宜合作时，由营销部门婉拒该项合作；若可行则与客户签订合同。

（2）合同签订后，应复印三份分送营销部门、生产管理部及财务部存查并做相关的准备工作。

（3）委制品的受订依合同内容执行，但仍须以客户开出的订单为准。

（4）委制客户下单时，营销部门须先判定是否为新的产品品种，若为新的产品品种，则应填"非规格品建议表"，交研发部作开发研究与确认。

（5）经三个部门确认为不可行的产品品种，须转呈总经理核示后，交营销部门与顾客再研商其他替代的方案。

（6）研发部确认可行的方案交由财务部核算成本，财务部依采购部所提供的价格计算成本，提出价格的建议填于"非规格品建议表"上，呈送总经理裁示。

（7）经研发部确认可行的方案，送一份"非规格品建议表"至生产技术部门作生产的确认。

（8）营销部门依经审核后核准的新产品品种订单，开具"制造通知单"交生产管理部作排程作业。

（9）委制客户下规格品的订单时，营销部门须先与生产管理部确认交期后，再下"非规格品建议表"交生产管理部排生产日程。

4.1.1.3　特售受订。

（1）特售的受订，应依各批受订状况个别审核。

（2）特售的受订应填"特售申请单"呈上级核签，交期紧张且该特售受订未超出"特售授权价格"范围时，可直接报业务部进行出货，但须于出货后 3 日内将经核准的"特售申请单"转给财务部。

（3）数量庞大的特售受订，须以客户开出的订单为准，若所下的订单为非规格品时，须填写"特售产品制造资料表"，交生产技术部作修改确认后，交主管部门确认交货期。

（4）营销部门，依核准的"特售产品制造资料表"，填写"特售申请单"。

（5）非规格品非直接出货的特售申请，须先与主管部门作交货期的确认后，下"制造通知单"交主管部门作生产排程。

（6）若订单数量庞大，须先收部分的订金时，待客户预付订金后，方通知生产管理部作生产排程。

4.1.1.4 公关或员工订货。依照"员工申购公司产品办法"办理。

4.1.2 商品调拨。

4.1.2.1 本公司商品的调拨，分为工厂调拨至营销部门及营销部门内的相互调拨。

4.1.2.2 商品的调拨，须由营销本部主管视市场情况对所属各单位作统一的调配，各营销部门间未经许可不得擅自互相调货。

4.1.2.3 各营销部门与营销本部、工厂间的商品调拨，由所属营销部门主管签具"调拨申请单"，汇整后电传营销本部签核同意。

4.1.2.4 业管单位依据核准的"调拨申请单"，视各仓库的库存状况调配各仓库的商品，并填制"配拨单"，经签准后执行。

4.1.2.4.1 "配拨单"应编流水号码，依序使用，不得有中断、跳号或乱号的情况，注销时须经部门主管签注。

4.1.2.4.2 各部门间经许可所作的调拨，除由工厂发货外，其运费归属概由申请商品拨入部门承担。

4.1.3 商品出货。

4.1.3.1 出货形态。本公司国内营销的商品出货分为下列六种。

（1）经销商订货。

（2）委制品受订。

（3）特售受订。

（4）公关或员工订货。

（5）内部出货（含教育训练、测试、赠品）。

（6）参展出货。

4.1.3.2 出货方式。分为工厂直接出货至客户及由营销部门出货至客户。

（1）工厂直接出货至客户。由工厂直接出货至客户时，由营销部门依核准的"销售申请单"，填写"送货单"，经主管签核后，送至工厂，由工厂出货至客户。（工厂仓库的发货，应于每日中午前依核准后的"送货单"，于当日完成发货手续；中午以后由营销部门送至的"送货单"，则于次日中午前完成发货手续。）

（2）由营销部门出货至客户。由各营销部门依核准的"销售申请单"，填写"送货单"，经主管签核后，发货至客户处。

4.1.3.3 出货注意事项。

（1）出货一律随货开出发票。

（2）"送货单"应连续编号，不得有中断、跳号或乱号的情况，因故注销时，须经主管核准并签注。

（3）凡无销售行为的出货，由申请出货的单位填写"其他出库单"，经营销部门主管核准后进行。

（4）内部出货中的教育训练、测试及参展等作业，由负责单位填写"成品借用单"，经营销部门主管核准后进行。

（5）商品交运时，承办人员应确实办妥各项运送手续。

（6）商品的出货，其运输须洽请托运行托运，并填写"托运单"作为运费核计的依据。

4.1.4 商品退货。

4.1.4.1 退货的种类及判定权责。

（1）品质不良：由服务人员判定。

（2）外观不良：由营销人员判定。

（3）经销商存货退回：由服务技术人员作品质的判定。

（4）内部及参展出货商品的退回：由服务技术人员作品质的判定。

4.1.4.2 退货处理。

（1）由负责的营销人员填写"销货退回单"，呈主管批核。

（2）商品确有瑕疵，须接受客户的退货办理。

（3）内部出货商品的退回，应于退货单上加注内部退货或"成品借用单"的号码以资区别。

4.2 客户投诉处理

4.2.1 实施范围。

本公司商品的品质、形状、包装、运输等外来投诉的处理。

4.2.2 投诉区分。

4.2.2.1 委制客户投诉。

4.2.2.2 特售客户投诉。

4.2.2.3 经销商投诉。

4.2.2.4 其他客户投诉。

4.2.3 受理部门。

4.2.3.1 委制客户的投诉受理部门，为营销本部的服务部门。

4.2.3.2 特售客户的投诉受理部门，为营销本部的服务部门或所属各营销部所服务部门。

4.2.3.3 经销商的投诉受理部门，为各营销部所服务部门。

4.2.3.4 其他客户的投诉受理部门，为各营销部所服务部门。

4.2.4 委制客户投诉处理。

4.2.4.1 营销部门接到委制客户的投诉时，应填写"客户投诉单"，将客户投诉的发生及其事故的原因详注后，转交工厂品管部门，作客户投诉记录及责任的判定。

4.2.4.2 经判定非为公司的责任时，将处理的经过及建议填注于"客户投诉单"后，转交服务部门，通知客户。

4.2.4.3 判定为本公司责任时，则由品管部门召集相关部门会商处理方案，并将处理的建议写成投诉处理方案，送总经理审核，若同意则转服务部门依处理方案执行，若不同意则退回品管部门，再召集相关部门研究其他处理建议再送核。

4.2.5 特售客户投诉处理。

（1）特售客户的投诉，由原承接部门负责受理，填写"客户投诉单"，将发生的原因详注后，交服务部门处理。

（2）服务部门依所提出的投诉，视情况派员再检查，并将处理的建议详填于"客户投诉单"内，送营销部门主管裁示。

（3）服务部门若受器材及技术上的限制，须将客户投诉记录单转回营销本部服务部门，由本部服务部门派员继续处理。

4.2.6 经销商投诉处理。

（1）各营销单位接到经销商的投诉时，应填写"客户投诉单"，交由服务部门处理。服务单位依客户投诉内容视情况实施检查，并将处理建议交由营销主管裁示。

（2）服务部门若受器材及技术上的限制，须将"客户投诉单"转回营销本部服务部门，由本部服务部门派员继续处理。

4.2.7 其他客户投诉处理。

同经销商投诉处理。

4.2.8 投诉处理原则。

（1）营销本部的服务部门接到各服务部门转来的"客户投诉单"，应立即处理，并于1周内回复。

（2）本部的服务部门若受器材或技术上的限制无法处理，则于"客户投诉单"上填注意见后，转至工厂品管部门，由品管部门派员继续处理。

（3）为防止再度发生同样的事故，应将处理过后的"客户投诉单"送工厂相关单位传阅，后交由品管部门、保管部门保管，并应就其发生原因交相关部门研究改善。

（4）由于投诉而需再制作、重新交货等，由本部的服务部门负责协调处理相关作业事宜。

4.3　货款处理

4.3.1　收款。

4.3.1.1　收款方式。

（1）收款的方式分为平时收款及月结收款。

（2）各营销部门平时收款时，填写"收入日报表"，现金或银行票据还须注明各款项的现货单号。

（3）月结收款时由营销本部或财务部印出客户的"应收账款明细表"，送到各营销部门收账，各收款人员依"送货单"的回执联向客户收取款项，并填写"收入日报表"。

4.3.1.2　收款原则。

（1）货款的收取除依有关的收款规定外，应对照本规定办理。

（2）各部门营销人员应切实注意掌握收款期限。

（3）各部门营销人员应随时注意所属客户的信用情况，以利于收款的执行。

（4）各部门营销人员对所收取的支票，应切实检查支票内容的合法性及有效性。

4.3.1.3　收款程序。

（1）营销人员收取货款后，应填写"缴款明细单"，连同货款呈部门主管签收后，移转财务部。

（2）财务部人员应每日编具"销货日报表"呈报，遇有送缴货款时应同时随呈"收入日报表"。

4.3.1.4　收款时限。上述货款的收缴，其时限规定如下。

（1）各收款人员，应于收款的当日将款项交财务部入账。

（2）财务部于次营销日将现金、银行票据存入公司银行账户。

4.3.2　账务处理。

4.3.2.1　账务类别。

（1）各营销部门对于账务的处理，除依会计管理有关规定办理外，仍应参照本办法的规定。

（2）各营销部门设置"销货明细账"，以登录销货及货款收取的情况。

（3）各营销部门应设置并每日填写"存货总账"与"存货明细分类账"，还应编制"库存表"呈报业务部核备。

（4）"存货总账"应凭"成品日报表"及已签准的"配拨单"登录，"存货明细分类账"应凭已签准的"配拨单""送货单"或"销货退回单"登录。

4.3.2.2 总库存表。上述"库存表"的呈报时间规定如下。

（1）各营销部门的"库存表"，应于每月11日、21日及次月1日呈报营销本部。

（2）营销本部应于每月12日、22日及次月2日依营销部门呈报的"库存表"，编制"总库存表"供财务部查核。

4.3.2.3 销售统计。

（1）各营销部门应逐日依经销商别、机型别、区域别及责任人别，填写"销售实绩统计表"。

（2）各营销部门应于每月2日前，呈报经销商别、机型别、县市别及责任人别的上月"月销售实绩统计表"。

（3）营销本部应逐月依经销商别、机型别、区域别以及责任人别，填写"年度销售实绩统计表"。

（4）营销本部应于每月10日、20日、30日，编制当月各时段的销售实绩统计表。

拟定		审核		审批	

8-02 外销业务处理制度

××公司标准文件		××有限公司 外销业务处理制度	文件编号×× - ×× - ××	
版次	A/0		页次	第×页

1.目的

为了规范本公司的国外销售业务，使与国外销售有关业务的处理有所依据，特制定本制度。

2.适用范围

本公司外销业务的处理，均依照本制度管理。

3.管理规定

3.1 报价管理

3.1.1 规格品报价授权。

3.1.1.1 营销人员在接到客户询价时，应依规定的价格授权表的授权范围报价。

3.1.1.2 若该报价要求超出授权范围时，应专案提出申请，经总经理批准后，方可进行报价。

3.1.1.3 价格授权表由总经理室召集国外营销部门及财务部主管拟定后，呈总经理核准实施。

3.1.2 报价规格的确认。

3.1.2.1 对客户要求报价的产品的规格、型号，国外营销部门须与研发部门确认该产品属规格品还是非规格品。

3.1.2.2 必要时须由国外营销部门会同研发部门及生产技术部门共同确认。

3.1.2.3 经确认无法开发制造者，国外营销部门应备文呈报总经理。

3.1.3 非规格品报价。

3.1.3.1 非规格品价格核算。经确认可开发的非规格品，由国外营销部门提出"非规格品建议表"，依新产品、修改非规格品区分，送研发部门确认与规格品的差异，并由采购部门提供"零件价格参考表"，交财务部核算成本。

3.1.3.2 非规格品报价呈核。财务部核计成本后，提出"非规格品售价建议"，呈总经理核准后，交国外营销部门依核定的"非规格品售价建议"报价。

3.1.4 报价注意事项。

3.1.4.1 信用调查。对于异常的报价要求，国外营销部门须经调查及评估后再行报价。

3.1.4.2 报价原则。

（1）营销人员对客户的报价，应注明该次报价的有效期。

（2）该报价有效期外的报价要求，应视为分批报价，不得适用该有效期内各项报价条件。

3.2 样品需求管理

3.2.1 样品的定义。样品，是指因国内外业务等需要而提供的做标准用的各型产品。其出库及制造依下列规定处理。

3.2.2 样品种类。样品分为规格品样品及非规格品样品两种。其区分如下。

3.2.2.1 规格品样品。规格品样品为现有的产品，或工厂制造部门有制造及处理经验的产品。

3.2.2.2 非规格品样品。非规格品样品，即规格品样品外的产品。

3.2.3 需求审核。国外营销部门在接到客户的样品需求后，填制"样品需求单"，呈总经理批示。

3.2.4 规格确认。"样品需求单"经总经理核准后，国外营销部门依研发部门所提供的"规格品与非规格品区分表"判定样品是否为规格品。若为规格品，则作确认；若为非规格品，则转研发部门再作开发确认。

3.2.5 样品制造。分为规格品的样品制造及非规格品的样品制造。

（1）非规格品的样品制造。

①由研发部依"样品需求单"，开具"领料单"及"出库单"进行领料修改制造。

②修改制造完成后，由研发部填写"成品入库单"，办理入库作业。

（2）规格品的样品制造。

①规格品由工厂负责制造。

②制造完成后，由原制造部门填写"成品入库单"，办理入库作业。

3.2.6 样品出库。

（1）样品出库的分类。

①送检验单位检验。

②参展用。

③交客户测试用。

④其他样品出库。

（2）出库记录作业。样品出库前应依下列规定，记录样品的规格、型号、重量、体积及包装形式等。

①规格品样品由品管部门负责测试及记录规格、型号，并由仓储部门负责记录重量、体积及包装形式。

②非规格品样品由研发部门记录其规格、型号，并由仓储部门负责记录重量、体积及包装形式。

③样品出库时，应随货附有品管部门签证的"样品规格表"及"检验报告书"，才可出货。

（3）出入库管理。样品的出入库管理，应依下列规定。

①送检验单位检验或作其他用途的不回收缴库的样品，由国外营销部门填写"其他出库单"，呈总经理核准后转仓储单位及财务部。

②参展或送客户测试的样品，应填写"成品借用单"呈总经理核准后办理，其退回时填写"其他入库单"，并在"入库原因代号说明"栏内，注明"成品借用单"编号后入库。

③计费样品出入库管理及账务等的处理，依照本办法的出货管理、收款管理及客户投诉处理的规定办理。

3.2.7 成本核计。计费样品的成本按下列规定核计。

3.2.7.1 规格品样品。规格品样品，依"价格授权表"核定售价。

3.2.7.2 非规格品样品。非规格品样品，依前述非规格品报价的规定核定售价。

3.3 接单管理

3.3.1 受订单日报表。国外营销部门在接到客户的订单时，应记入"受订单日报表"，并区分是否为新客户。若为新客户，国外营销部门应先行对该客户进行信用调查。

3.3.2 信用良好的客户下单。

3.3.2.1 与本公司经常往来且信用良好的客户下单，国外营销部门须先与生产管理部门及制造部门确认该订单的交货期及内容，并呈总经理核批。

3.3.2.2 适用上述规定的客户，国外营销部门应专案签核其信用状况并决定其信用额度后，呈总经理核准施行。

3.3.3 其他客户下单。非上述、往来情况良好的客户或新客户，国外营销部门应待客户开出的T/T（电汇）、L/C（信用证书）或其他方式的付款凭证到达时，才可与主管及制造部门确认订单的交货期及内容，并呈总经理核批。

3.3.4 制造通知。

3.3.4.1 订单经总经理核准后，国外营销部门才可发出"制造通知单"，通知工厂生产管理部门排程生产，并发出"受订销售确认书"通知客户确认接单。

3.3.4.2 国外营销部门须视状况将AQL（品质允收水准）标准在"受订销售确认书"发出时加以确认。

3.4 出货管理

3.4.1 国外营销部门的出货分类。

3.4.1.1 国内贸易商订货。

3.4.1.2 国内厂商委制。

3.4.1.3 国外贸易商订货。

3.4.1.4 国外厂商委制。

3.4.2 出货程序。

3.4.2.1 出货时，应由国外营销部门经办人员，在预计出货日或货品装船日的前3日填发"出库单"，呈核后转仓储部门排定实际出库日程。

3.4.2.2 财务部依国外营销部门转来的"出库单"，开立销货发票交国外营销部门转送客户，并开立传票记入"应收账款明细账"。

3.4.2.3 出口发票及免税证由财务部在出货日前、确定出货后开出并交与国外营销单位经办人员。

3.4.2.4 船务作业由国外营销部门负责办理，必要时由财务部配合办理。

3.4.3 收款管理。

3.4.3.1 收款处理程序。国外营销部门在收到国内贸易商开出的票据、本地信用证或国外客户开出的T/T、L/C时，应立即转给财务部做账务处理及办理签证押汇手续。

3.4.3.2 催收账款。应收账款或T/T、L/C的催收，由国外营销部门负责办理，财务部配合。

3.4.3.3 签证押汇。交海运、空运承揽人运送的货品，由国外营销部门负责取得签证押汇所需的单据后，交由财务部办理签证押汇。

3.4.3.4 账务处理。财务部依销货发票、国外营销部门转来的收入日报表及银行入账单据等相关文件开立传票，中转应收账款客户明细表。

3.4.4 客户投诉处理。

3.4.4.1 处理程序。

（1）客户投诉发生时，国外营销部门须了解有关状况，并制成"客户投诉单"，交品管部门判定责任。

（2）品管部门若判定该投诉不属本公司责任或不属重大事项时，则在"客户投诉单"上填写意见后，转国外营销部门通知客户处理情形。

（3）若判定属本公司责任或重大事项时，由品管部门填写判定结果、处理建议及对策，并做成客户投诉处理案，呈总经理室决定是否召开客户投诉处理会议或以会签方式处理客户投诉案后，呈总经理批示。

（4）国外营销部门依总经理裁示处理客户投诉案。

3.4.4.2 退换货处理。

因客户投诉而发生的退换货依下列规定处理。

（1）退货处理应由国外营销部门承办人员填写"销货退回单"，呈核后该项退货交品管部门检验入库，"销货退回单"转财务部冲账。

（2）若为国外客户的退货，国外营销部门应切实办好该项退货的入关手续，并于"销货退回单"上注明国外退货及"客户投诉记录单"的编号以示区别。

（3）因总经理裁示的客户投诉处理案而产生的换货处理，应由国外营销部门填写"销货出库单"呈核，并注明客户投诉处理案的文号。

3.4.4.3 售后服务。

（1）确因货品瑕疵而产生的整批不良或因变更而导致的货品不良状况，国外营销部门须呈报实际情形。

（2）经客户投诉处理程序判定责任后，必要时须由公司派员处理。

（3）非上述原因所致的货品不良状况，仅以该交易合约书议定的预备零件支持。

拟定		审核		审批	

8-03　订货受理管理规定

××公司标准文件		××有限公司 订货受理管理规定	文件编号×× - ×× - ××	
版次	A/O		页次	第×页

1.目的

为规范本公司销售订货的受理程序，使订货受理作业有据可循，特制定本规定。

2.适用范围

本公司销售事前调查及订货受理的业务，均依照本规定处理。

3.管理规定

3.1 调查

3.1.1 事前调查。

销售人员对于对方的付款能力等应做好事前调查工作，并衡量本公司的生产能力是否能满足对方的订购要求，再决定是否受理订货。

3.1.2 调查事项。

销售工作人员应随时做好下列四项调查工作，并及时将内容报告给所属主管。

（1）下订单单位的概况。

（2）与下订单者有交易关系，并为本公司竞争对象的同业者。

（3）下订单单位与本公司的关系及以前的订货实绩、付款情况。

（4）如为第一次交易对象，应就其经历、负责人、资金、往来银行、从业人员数目、每月交税情况及交易能力、有无与本公司的同业竞争者交易、业务内容等进行调查。

3.2 订货要求

3.2.1 订货方式。

（1）电话与传真的订货。

（2）货款已到与货款未到的订单。

3.2.2 "估价单"。

在提出"估价单"时，应先取得所属主管的裁决认可。

3.2.3 严格遵守价格及交货期。

在受理订货时，除了应遵守公司规定的售价及交货期外，对于下列规定也应确实遵守。

（1）品名、规格、数量及合同金额。

（2）具体的付款条件：付款日期、付款地点、现金或支票、支票日期、付款方式。

（3）除特殊情况以外，从订货受理到交货之间的期限，一般为3个月。

（4）交货地点、运送方式、距离最近的车站等交货条件。

（5）安装、运转及修理等所需技术派遣费的协定。

3.2.4 合同。

如前述条件已具备，应将"订货报告书"连同"订购单"及"合同"等证明订货事实的资料，一起提交给所属的主管。

3.2.5 注明新老客户。

（1）"订货受理报告书"须注明订购者是新客户还是已有往来的客户。

（2）如果是老客户，应依据交货日期注明目前的未付款项金额。另外，尚须注明交易前或交易中是否有意外事故发生。

3.2.6　在受理订货或订立合同时，应依照下列条件选择交易公司，确定付款条件。

（1）对于以往一向忠实履行合约的老客户，可依照惯例认可本交易，但必须规定在3个月内收回货款。

（2）与新客户的交易，原则上在交货时必须同时收取现金。

（3）即使是老客户，仍应依照其付款能力，采取直接与其签合同的方法。

（4）对于过去曾发生过支票不兑现或不信守合同行为的客户，一概不接受代理除收款以外的订货方式。

3.2.7　免费追加补货。

交货后，若基于客户的要求或其他情况的需要，必须免费追加物品的话，须事前提出附有说明的相关资料并经总经理签核。

3.2.8　报告。

销售人员应定期提出下列报告。

（1）每日的活动情况（每日）。

（2）每个月的订货受理内容报告（每月最后一天）。

（3）收款计划（每月最后一天）。

3.2.9　报告的检查。

根据前项提出的报告，业务主管进行检查后，设立3个月的营销方针计划，并对成果进行追踪。

3.3　订货受理表单

3.3.1　业务部在确定订货已成立时，应将工厂生产及出货的必要事项记入订货受理表单中，发函给相关单位。其规定如下。

（1）"一般订货受理表"。本表乃受理一般性订货时填写，通常印制成三份，一份由本人留存，一份交给业务部保管，一份交给主管或制造部。

（2）"特别订货受理表"。本表主要适用于大量生产的商品或有长期契约的商品的订货。本表必须记明商品名称、规格、数量、单价、金额、交货日期、决裁条件、交货地点、捆包运送方式及其他必要事项。

（3）"预估生产委托表"。营销部在进行委托生产标准品的预估或其他产品生产预估时，应填写本表。本表须记明商品名称、规格、数量、希望完成日及其他必要事项。本表得到总经理的认可后，交给生产部门。

3.3.2　所有业务电话、外部销售或来函的订货受理，皆由受理订货的负责人填写本订货受理表。

3.3.3　订货确认、变更通知。

（1）生产部门针对生产能力进行评估，再依据"订货受理报告书"中的条件及内容，做好确认之后，迅速发出订货确认。

（2）负责受理订货的人员在收到前项变更通知后，须立即与订货者联络，并设法努力与订货人协商，使订货条件能符合本公司的生产条件。

3.3.4　业务部须每月制作下列资料，配发给相关的单位。

（1）上月底的订货受理余额。

（2）本月的订货受理额。

（3）本月的交货量。

（4）上月底预估生产委托余额。

（5）本月预估生产委托额。

（6）本月预估生产额。

拟定		审核		审批	

8-04　销售货款收取控制规范

××公司标准文件		××有限公司 销售货款收取控制规范	文件编号××-××-××	
版次	A/0		页次	第×页

1.目的

为规范销售行为，防范销售过程中的差错和舞弊，降低坏账风险，降低销售费用，提高销售效率，特制定本规范。

2.适用范围

本规范适用于公司销售货款的收取。

3.权责部门

（1）销售业务部门：主要负责处理订单、签订合同、执行销售政策和信用政策、催收货款。

（2）发货业务部门：主要负责审核发货单据是否齐全并办理发货的具体事宜。

（3）财务部门：主要负责销售款项的结算和记录、监督管理货款回收。销售收据和发票由财务部门指定专人负责开具。

（4）严禁未经授权的部门和人员经办销售业务。

4.管理规定

4.1　审批权限规定

4.1.1　总经理：负责销售政策、信用政策的制定和修订。以总经理办公会议形式审定，以内部文件等形式下发执行。超过公司既定销售和信用政策规定范围的特殊事项，由总经理办公会或其他方式集体决策。

4.1.2 董事会：按《预算管理实施办法》规定审批销售费用预算。

4.1.3 总经理或授权审批人：负责制定和修订"销售价目表"和"折扣权限控制表"，以总经理办公会议形式审定，以文件或其他方式下达执行人员执行。

4.1.4 总经理或授权审批人：按公司授权审批销售价格，签订销售合同。

4.2 销售和发货控制要点

4.2.1 政策控制。

4.2.1.1 公司对销售业务制定明确销售目标，列入年度预算，确立销售管理责任制。

4.2.1.2 公司对销售进行定价控制，由公司制定"产品销售价目表"、折扣政策和付款政策等，并督促执行人员严格执行。

4.2.1.3 公司对客户进行信用控制。在选择客户时，由销售部门的信用管理人员对客户进行信用评价，充分了解和考虑客户的信誉、财务状况等情况，降低货款坏账风险。

4.2.2 客户信用管理。

4.2.2.1 销售部负责进行客户信用调查，填写"客户调查表"，建立客户信用档案；根据客户信用情况，确定客户信用额度、信用期限、折扣期限与现金折扣比率。

4.2.2.2 销售部门确定的客户信用额度，必须经公司授权审批人批准后方可执行。

4.2.2.3 对客户信用进行动态管理，每年至少对其复查一次。出现大的变动，要及时进行调整，调整结果经公司授权审批人批准。

4.2.2.4 对于超过信用额度的发货，必须按公司授权进行审批。

4.2.3 赊销控制。

赊销控制业务流程如图所示。

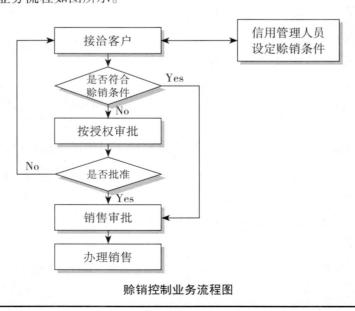

赊销控制业务流程图

4.2.3.1 销售人员严格遵循规定的销售政策和信用政策。

4.2.3.2 对符合赊销条件的客户，按公司授权，经审批人批准方可办理赊销业务。

4.2.3.3 超过销售政策和信用政策规定的赊销业务，按公司权限集体决策审批。

4.3 销售和发货业务流程控制

4.3.1 接单和销售谈判。

4.3.1.1 销售业务员负责客户订货的管理，收到每一份购货订单必须在"购货订货登记簿"上登记。

4.3.1.2 在销售合同订立前，由公司业务员就销售价格、信用政策、发货及收款方式等具体事项与客户进行谈判。

4.3.1.3 重大合同的谈判，谈判人员至少有2人。

4.3.1.4 销售谈判的全过程应有完整的书面记录。

4.3.2 合同订立。

4.3.2.1 合同订立前，信用额度由信用管理人员经信用评估后确定。

4.3.2.2 超过信用额度的合同，必须按公司授权事前进行审批。未经审批，合同不得签订。

4.3.2.3 合同签订按公司授权，由经授权的有关人员与客户签订销售合同。金额重大的销售合同的订立，应当征询法律顾问或专家的意见。

4.3.2.4 合同条款应符合《中华人民共和国合同法》。

4.3.3 合同审批。

4.3.3.1 销售部门内勤人员应当对合同进行审核，主要审核销售价格、信用政策、发货及收款方式等项目是否违反公司规定。

4.3.3.2 公司签订的销售合同按公司授权进行审批。合同未经审批程序，不得将合同交予客户。

4.3.4 发货期的确定。

业务员在接受订货、签订合同时，应根据产品库存情况和公司生产周期来确定交货期限。

4.3.4.1 全部有库存的客户订货，按客户要求确定交货期。

4.3.4.2 库存不足的订货，根据产品生产周期和生产能力与客户协商确定交货期。

4.3.5 产品生产和开发。

（1）库存不足的订单，由销售内勤人员与生产部门协调，发出生产任务单，由生产部门组织生产。

（2）业务员在接到用户提出的新产品开发意向后，要向用户全面收集产品使用的条件及有关技术参数，由业务员填写"新产品开发建议书"，经公司有关部门会签后交技术中心或事业部组织开发。

4.3.6　发货通知。

（1）发货通知单由销售部内勤人员根据客户订单或合同填写。

（2）发货通知单一式六联。

（3）发货通知由发运组负责办理发货和运输事宜。

4.3.7　发货控制。

4.3.7.1　仓储部门根据"发货通知单"组织备货、发货。仓储部门发货后，按实填写实发数，并盖章注明"已发货"字样，以免重复发货。

4.3.7.2　由专人不定期对出库通知单与装箱进行核对检查。

4.3.7.3　产品出库参照存货规定严格执行。

4.3.8　发运控制。

4.3.8.1　发运组对发货通知单与发货实物进行核对。

4.3.8.2　发运组根据合同要求组织运输或代办运输。

4.3.8.3　发运组必须要求承运人在发货通知单上签名，同时向承运人取得相关运输凭证，并及时交内勤人员送财务部门。

4.3.9　销售发票开具控制。

4.3.9.1　销货发票由财务部门指定的专人负责开具。

4.3.9.2　开票人员必须以客户的购货合同和业务员开出的发货通知单、运单为依据。

4.3.9.3　开票人员按税务部门的规定开具销售发票。

4.3.9.4　开具的发票必须是主管税务部门批准的税务发票。

4.3.9.5　财务部定期对销售发票开具进行检查。

4.3.10　销售退回控制。

参见公司销售退货的相关规定。

4.4　货款催收和办理

4.4.1　催收部门。

4.4.1.1　货款催收由销售部门办理，财务部门督促销售部门加紧催收，并协助办理。

4.4.1.2　对催收无效的逾期应收账款，由销售部门会同财务部门申请，经财务总监审核，总经理批准，通过法律程序予以解决。

4.4.2　催收记录。

4.4.2.1　销售部门在向客户催收货款时，应做好催收记录，并尽可能取得客户的签证。

4.4.2.2　公司销售部门会同财务部门定期或不定期向客户发出催收函，并将发函凭证保存，作为催收记录的依据。

4.4.3　收款业务办理。

4.4.3.1　公司财务部门应当按照《现金管理暂行条例》《支付结算办法》和《内部会计控制制度——货币资金》等规定，及时办理销售收款业务。

4.4.3.2 财务部门应将销售收入及时入账，不得账外设账，不得擅自坐支现金。销售人员除事先经财务部门授权外，应当避免接触销售现款。

4.5 应收货款管理

4.5.1 应收账款台账。

4.5.1.1 公司销售部门内勤组、业务员按责任范围建立应收账款台账，及时登记每一客户应收账款余额的增减变动情况和信用额度使用情况。

4.5.1.2 财务部门按客户进行应收账款核算，对长期往来客户的应收账款，按客户设立台账登记其余额的增减变动情况。

4.5.1.3 销售部门内勤人员、业务员定期与财务部门核对应收账款余额和发生额，发现不符，及时查明原因，并进行处理。

4.5.1.4 销售部门信用管理人员应对长期往来客户建立完善的客户资料，并对客户资料实行动态管理，及时更新。相关资料由内勤人员、业务员和财务部门提供。

4.5.2 与客户核对应收账款。

4.5.2.1 销售部门业务员或内勤人员每半年与客户核对应收货款余额和发生额。发现不符，及时查明原因，向财务部门报告，并进行处理。

4.5.2.2 财务部门每年至少一次向客户寄发对账函，对金额重大的客户，财务部门认为必要时或销售部门提出申请时派员与客户对账。发现不符，及时向上级报告，会同相关部门及时查明原因，并进行处理。

4.5.3 账龄分析和坏账处理。

4.5.3.1 财务部门定期对应收账龄进行分析，编制账龄分析表，对逾期账款进行提示，并建议相关部门采取加紧催收措施或其他解决措施。

4.5.3.2 对可能成为坏账的应收账款，按《坏账损失审批内部控制制度》的规定办理。

4.5.3.3 公司财务部门对已核销的坏账，应当进行备查登记，做到账销案存。已注销的坏账又收回时，应当及时入账，防止形成账外款。

4.5.4 应收票据管理。

4.5.4.1 公司应收票据的取得和贴现必须由主管（非保管票据人员）书面批准。

4.5.4.2 公司由出纳保管应收票据，对于即将到期的应收票据，应及时向付款人提示付款。已贴现票据应在备查簿中登记，以便日后追踪管理。

4.5.4.3 对逾期未能实现的应收票据，经财务经理批准，转为应收账款，并通知相关责任人员及时催收。

4.6 销售记录控制

4.6.1 销售过程记录。

公司在销售与发货各环节设置相关的记录，填制相应的凭证，对销售过程进行完整登记。

4.6.2 销售台账。

4.6.2.1 销售部门应设置销售台账，及时反映各种商品、劳务等销售的开单、发货、收款情况。

4.6.2.2 销售台账应当记载客户订单、销售合同、客户签收回执等相关购货单据资料。

4.6.2.3 销售部门的销售台账应定期与财务部门核对。

4.6.3 销售档案管理。

销售部门应定期对销售合同、销售计划、销售通知单、发货凭证、运货凭证、销售发票、客户签收回执等文件和凭证进行相互核对，并整理存档。

拟定		审核		审批	

第9章　采购管理制度

本章导读

- 采购计划管理制度
- 采购进度及交期管理制度
- 采购招标管理制度
- 采购价格管理制度
- 采购成本控制管理制度
- 供应商管理办法

9-01　采购计划管理制度

××公司标准文件		××有限公司 采购计划管理制度	文件编号××-××-××	
版次	A/0		页次	第×页

1.目的

为编制采购计划，加强公司采购计划管理，特制定本制度。

2.适用范围

适用于公司采购计划的制订和管理。

3.管理规定

3.1　编制采购计划的考虑事项

制订采购计划时，应考虑经营计划、物品需求部门的采购申请、年度采购预算、库存情况、公司资金供应情况等相关因素。对经营活动的急需物品，应优先考虑。

3.2　编制采购计划的步骤

3.2.1　明确销售计划。

（1）公司于每年年底制定次年度的营业目标。

（2）市场营销部根据年度目标、客户订单意向、市场预测等资料，进行销售预测，并制订次年度的销售计划。

3.2.2　明确生产计划。

（1）生产部根据销售预测计划，以及本年度年底预计库存与次年度年底预计库存，制订次年度的生产预测计划。

（2）物控人员根据生产预测计划、材料清单、库存状况，制订次年度的材料需求计划。

（3）各单位根据年度目标、生产计划、预估次年度各种消耗物品的需求量，编制预估计划。

3.2.3 编制采购计划。

（1）采购部汇总各种材料、物品的需求计划。

（2）采购部编制次年度采购计划。

3.2.4 编制采购计划要避免过于乐观或保守，应注意以下所列事项。

（1）公司年度目标达成的可能性。

（2）销售计划、生产计划的可行性和预见性。

（3）材料需求信息与材料清单、库存状况的确定性。

（4）材料标准成本的影响。

（5）保障生产与降低库存的平衡。

（6）材料采购价格和市场供需可能出现的变化。

3.3 采购计划的管理

3.3.1 采购计划由采购部根据审批后的采购申请表制订，日采购计划由采购部经理批准执行，月度采购计划报请营运副总经理批准执行，年度采购计划需报请公司总经理审批。

3.3.2 采购计划应同时报送财务部审核，以利于公司资金的安排。

3.3.3 采购计划专员应审查各部门申请采购的物品是否能由现有库存满足或有无可替代的物品，只有现有库存不能满足的申请采购物品才能列入采购计划。

3.3.4 如果采购申请表所列的物品为公司内其他部门所生产的产品，在质量、性能、交货期、价格相同的情况下，必须采用公司的产品，不得列入采购计划。

3.3.5 请购部门下达给采购部的采购申请表，应分类列表，且必须是经过汇总、计划后的材料清单。

3.3.6 对于无法于指定日期内办妥的采购申请单，必须及时通知请购部门。

3.3.7 对于已申请的采购物品，请购部门若需要变更规格、数量或撤销请购申请时，必须立即通知采购部，以便及时根据实际情况更改采购计划。

3.3.8 未列入采购计划的物品不能进行采购。如确属急需物品，应填写"紧急采购申请表"，由部门负责人审核后，报公司营运副总经理核准后才能列入采购范围。

拟定		审核		审批	

9-02 采购进度及交期管理制度

××公司标准文件		××有限公司 采购进度及交期管理制度	文件编号××-××-××	
版次	A/0		页次	第×页

1.目的

为确保采购进度，推动询价、会签、议价、订购等作业纳入电脑管理，有效控制采购进度，特制定本制度。

2.适用范围

适用于公司材料、零件的订购、采购管理业务。

3.管理规定

3.1 控制程序

3.1.1 询价截止日后____天（外购案____天），仍未输入订购日、会签日或呈核日者，即于采购部列印"采购逾期催办单"，送采购组长督促采购人员速办。

3.1.2 送会签的案件，逾预定会签完成日请购部门仍未会签完成者，翌日即于采购部列印"会签逾期催办单"，送请购部门经理室跟催处理。逾预定会签完成日____天以上仍未会签完成者，则于每月____日、____日依请购部门另汇总再次列印"会签逾期催办单"送请购部门经理室跟催处理。

3.1.3 会签完成日后____天（外购案____天），仍未输入订购日或呈核日者，即于采购部列印"议价逾期催办单"，送采购组长督促采购人员速办。

3.1.4 呈核完成日后____天（外购案____天），尚未订购者，即于采购部列印"订购逾期催办单"，送采购组长督促采购人员速办。

3.1.5 各阶段进度异常的催办单（"会签逾期催办单"除外）若未能于出表后____天内处理完成时，之后每隔____天（存量控制材料为____天）即再次出表跟催，直到完成为止。

3.2 不同案件的处理方式

订购资料输入后，属内购案件的，电脑即将约定交纳日纳入交期控制；外购案件电脑则将L/C开发及装船进度纳入控制。

3.2.1 内购案件。

（1）供应商逾约交日____天仍未交货者，即由电脑传真"催交单"通知供应商尽速交货，采购部催交人员应负跟催之责。

（2）经催交后，供应商答复可于____天内交货者，催交人员则径自修改约交日。若供应商要求展延日期超过____天以上，则与请购部门确认延交日期是否会影响用料时效。若经确认同意展延者，即修订约交日再列入控制，如不同意展延则应采取因应措施。

（3）若供应商提出展延，经我方同意修改交期后仍未按时交货者，由电脑列印"展延未交单"发送至供应商，并以个案处理至结案为止。

3.2.2 外购案件。

（1）逾预定开状日＿＿＿天，仍未开出L/C者，于采购部列印"开状逾期催办单"，由进口事务人员依异常项目转送异常发生部门主管跟催。

（2）供应商逾预定装船日＿＿＿天，仍未装运者，由电脑传真"催装函"通知供应商尽速交运。经催装后，逾＿＿＿天仍未按时装船者，由电脑列印"展延未装单"发送至供应商，并以个案跟催至结案为止。因供应商逾期装船而影响用料时效者，采购部应接洽请购部门，研议对策。

拟定		审核		审批	

9-03　采购招标管理制度

××公司标准文件		××有限公司 采购招标管理制度	文件编号×× - ×× - ××	
版次	A/0		页次	第×页

1.目的

为维护公司利益，加强物资的供应管理，规范物资采购工作，特制定本制度。

2.适用范围

适用于公司所有材料、物资、零部件、办公用品、机器设备的采购及其他批量物资的招标、投标活动。

3.管理规定

3.1 职责

3.1.1 为强化对招标工作的组织领导，成立由公司总经理任组长、采购部任副组长的物资采购招标工作领导小组和招标评标工作组。

3.1.2 物资采购必须严格遵守国家有关政策、法令，严格按照有关经济法规办事，认真履行合同条款所规定的权利与义务，保障供需双方的合法利益。

3.1.3 物资采购应充分体现公开、公平、公正和诚实信用原则，增强物资采购过程的透明度，真正让有实力的厂商为公司建设服务，坚决杜绝采购工作中的人情关系。

3.1.4 物资采购招标范围包括以下内容。

（1）单台设备金额在＿＿＿万元以上的大型设备。

（2）形成一定批量的设备、家具及其他物资。

（3）＿＿＿万元以上的设施建设与改造工程。

（4）公司领导交办的需要招标采购的项目。

如果法律或上级主管部门对所进行的招标项目有规定的，应依照其规定执行。

3.1.5　任何部门和个人不得将依法必须进行集中招标采购的项目化整为零或者以其他任何方式规避招标。

3.1.6　招标、投标活动及其当事人应当接受依法实施的监督。行政监督部门依法对招标、投标活动实施监督，有权依法查处招标、投标活动中的违纪行为。

3.2　招标

3.2.1　招标人是依照本制度规定提出或拟定招标项目进行招标的法人代表或机构。采购部代表公司行使招标工作中的有关职责。其他部门未经公司授权不得自行招标。

3.2.2　招标分为"公开招标"和"邀请招标"两种形式。

（1）公开招标是指招标人以招标公告的方式邀请不特定的法人或者其他组织投标。其方式是将依法必须实行招标采购的物资计划和项目拟定成招标公告在有关大众媒体上发布，以使不特定的法人或其他组织参与投标。

（2）邀请招标是指招标人以投标邀请书的方式邀请特定的法人或者其他组织投标。其方式是将依法必须实行招标采购的物资计划、项目拟定成投标邀请函，并向三个以上具备承担招标项目的能力、资信良好的特定的法人或者其他组织发出投标邀请。

3.2.3　起草招标公告或投标邀请函应当载明招标项目的名称、性质、数量、实施地点、时间以及获取招标文件的办法等事项。

3.2.4　采购部应根据招标项目本身的要求，在招标公告或者投标邀请函中要求潜在投标人提供资质证明文件和业绩情况，并对潜在投标人进行资格审查。

3.2.5　采购部应根据招标项目需要编制招标文件。招标文件应当包括招标项目的技术要求、对投标人资质审查的标准、投标报价的要求和评标标准等所有实质性要求和条件以及合同主要条款。国家或行业对招标项目的物资在技术、性能、质量等方面有规定的，在招标文件中应当提出明确的要求。招标项目需要分步实施的，其招标文件应合理划分标段，确定工期。

3.2.6　招标文件不得有意或无意示明特定的生产（销售）供应者或者有排斥潜在投标人的其他内容。

招标当事人不得向他人透露已获取招标文件的潜在投标人的名称、数量以及可能影响公平竞争的有关招标、投标的其他内容。招标项目设有标底的，其标底必须严格保密。

3.2.7　需要修改招标文件或进行必要澄清的，应当在招标文件要求提交投标文件截止时间之前三个工作日内，以书面形式通知所有招标文件收受人，其内容为招标文件的组成部分。

3.3　投标

3.3.1　投标人是响应招标、参与投标竞争的法人或组织，应当具备承担招标项目的能力和招标文件所规定的资格条件。

3.3.2 投标人应当按照招标文件的要求编制投标文件，投标文件应当对招标文件提出的实质性要求和条件作出响应，对物资的有关性能、技术参数和质量指标要求的表达应当全面真实，不得遗漏或隐瞒。

3.3.3 投标人在招标文件要求提交投标文件的截止日期前，可以补充、修改或撤销已提交的投标文件，其补充、修改的内容作为投标文件的组成部分，并应书面提交给招标人。

3.3.4 投标人不得相互串通投标报价，不得排挤其他投标人的公平竞争，不得以向招标领导小组评标专家成员行贿的手段谋取中标，从而损害公司利益或其他投标人的合法权益。

3.3.5 投标人不得以低于成本的报价竞标，也不得以他人名义投标或者以其他方式弄虚作假，骗取中标。

3.4 结标

3.4.1 结标可按开标、评标、中标三步进行。由组长或组长委托副组长主持。

3.4.2 开标应当在招标文件确定的时间公开进行。

3.4.3 开标时，由投标人或者其推选的代表检查投标文件的密封情况，也可以由公司纪监审人员检查并公证；经确认无误后，由评标工作人员当众拆封，宣读投标文件的全部内容。

招标人在招标文件要求提交投标文件的截止时间前收到的所有投标文件，开标时都应当众予以拆封、宣读。开标过程应当记录，并存档备查。

3.4.4 评标由公司依照本制度组建的招标评标工作组负责实施。评标工作组由公司行政监督部门和有关技术、经济、管理等方面的专家组成，成员人数为五人以上单数，其中技术、经济等方面的专家不得少于成员总数的三分之二。

专家应当从事相关领域工作满五年并具有高级职称或者具有同等专业水平，由公司招标领导小组组长临时聘请。必要时可从外聘请相关领域的专家。与投标人有利害关系的专家不得受聘进入相关项目的评标工作组。评标专家的名单在中标结果确定前应当保密。

3.4.5 采购部应当采取措施，保证评标在严格保密的情况下进行。任何单位和个人不得以任何方式干预、影响评标的过程和结果。

3.4.6 评标工作组应当按照招标文件确定的评标标准，综合物资的价格、性能质量、售后服务、投标人资信情况对投标文件进行评审和比较。设有标底的，应当参考标底。评标工作组完成评标后，提出书面评标报告，最后确定中标人。

3.4.7 中标人的投标应当满足招标文件的要求。投标人应有合适的销售价格、优良的产品质量和优质的售后服务，能够最大限度地满足招标文件中规定的各项综合评审标准，但是投标价格低于成本的除外。

3.4.8 评标工作组经评审，认为所有投标书都不符合招标文件要求的，可以否决所有投标。资产管理处应当依照本法重新招标。

3.4.9 在确定中标人前，参与评标的有关工作人员及用户不得与投标人就投标价格、投标方案等实质性内容进行谈判。

3.4.10 评标工作组成员应当客观、公正地履行职务，遵守职业道德，对所提出的评审意见承担个人责任。

所有工作人员不得透露对投标文件的评审和比较、中标候选人的推荐情况以及与评标有关的其他情况。

3.4.11 中标人确定后，采购部应当向中标人发出"中标通知书"，并同时将中标结果通知所有未中标的投标人。

根据国家相关法律的规定，"中标通知书"对招标人和中标人具有法律效力。"中标通知书"发出后，招标人改变中标结果的，或者中标人放弃中标项目的，对产生损失负有责任者应承担对方的经济损失或依法承担法律责任。

3.4.12 采购部和中标人应当自"中标通知书"发出之日起_____个工作日内，按照招标文件订立书面合同。

3.4.13 中标人应当按照合同约定履行义务和完成中标项目。中标人不得向他人转让中标项目，也不得将中标项目肢解后分别向他人转让。

3.5 责任

3.5.1 必须进行招标采购的项目而不招标，将招标项目化整为零或者以其他任何方式规避招标的，采购部不予办理固定资产验收手续，财务部有权拒付货物款项，并责令其限期改正。对有令不止，造成经济损失者，应追究相关领导和直接责任人的行政与经济责任。

3.5.2 向他人透露已获取招标文件的潜在投标人的名称、数量或者可能影响公平竞争的有关招标、投标的其他情况的，或者泄露标底的，造成经济损失者，应追究其行政、法律责任。前款所列行为影响中标结果的，中标无效。

3.5.3 投标人相互串通投标或者与招标人串通投标的，投标人以向招标或者评标工作组成员行贿的手段谋取中标的，中标无效。给他人造成损失的，依法承担赔偿责任。

拟定		审核		审批	

9-04　采购价格管理制度

××公司标准文件		××有限公司	文件编号××-××-××	
版次	A/0	采购价格管理制度	页次	第×页

1.目的

为确保材料高品质低价格，规范采购价格审核管理，从而达成降低成本的宗旨，特制定本制度。

2.适用范围

适用于各项材料采购时价格的审核、确认。

3.管理规定

3.1　报价依据

3.1.1　开发部提供新材料的规格书，作为采购部成本分析的基础，也作为供应商报价的依据。

3.1.2　非通用材料的规格书，一般由供应商先提供样品，供开发部确认可用后，方予报价。

3.2　价格审核

3.2.1　供应商接到规格书后，于规定期限内提出报价单。

3.2.2　采购部一般应挑选三家以上供应商询价，以作为比价、议价依据。

3.2.3　采购人员以"单价审核单"一式三份呈部门主管（经理）审核。

3.2.4　采购部主管审核，认为需要再进一步议价时，退回采购人员重新议价，或由主管亲自与供应商议价。

3.2.5　采购部主管审核的价格，呈分管副总审核，并呈总经理确认批准。

3.2.6　副总、总经理均可视需要再行议价或要求采购部进一步议价。

3.2.7　"单价审核单"经核准后，一联转财务，一联由采购部存档，一联转供应商。

3.3　价格调查

3.3.1　已核定的材料，采购部必须经常分析或收集资料，作为降低成本的依据。

3.3.2　公司各有关单位，均有义务协助提供价格讯息，以利于采购部比价参考。

3.3.3　已核定的材料，采购单价如需上涨或降低，应以"单价审核单"形式重新报批，且附上书面的原因说明。

3.3.4　单价涨跌的审核流程，应同新价格审核流程。

3.3.5　在同等价格、品质条件下，涨跌后采购应优先考虑与原供应商合作。

3.3.6　为配合公司成本降低策略，原则上每年应就采购的单价要求供应商做降价配合。

3.3.7　采购数量或频率有明显增加时，应要求供应商适当降低单价。

3.4 供应商成本分析

3.4.1 成本分析项目。

成本分析系就供应商提供的报价的成本估计，逐项作审查、评估，以求证成本的合理性。一般包括以下项目。

（1）直接及间接材料成本。

（2）工艺方法。

（3）所需设备、工具。

（4）直接及间接人工成本。

（5）制造费用或外包费用。

（6）营销费用。

（7）税金。

（8）供应商行业利润。

3.4.2 供应商成本分析的运用。

以下情形时，应进行成本分析。

（1）新材料无采购经验时。

（2）底价难以确认时。

（3）无法确认供应商报价的合理性时。

（4）供应商单一时。

（5）采购金额巨大时。

（6）为提高议价效率时。

3.5 成本分析表

3.5.1 成本分析表的提供方式。

成本分析表提供方式一般有两种。

（1）由供应商提供。

（2）由采购部编制标准报价单或成本分析表，交供应商填妥。

3.5.2 采购成本分析表的内容。

采购成本分析表是进行采购成本分析的主要依据，一般的采购成本分析表应包括以下几项内容。

（1）材料成本。包括材料、辅材料及间接使用的材料。

（2）工艺方法。

（3）所需设备、工具。包括专用设备以及与其他产品共用的设备和产品生产过程中使用的各种工具。

（4）人工成本。包括直接的人工成本和间接发生的人工成本。

（5）制造费用。如果有外包则为外包费用。

（6）营销费用。

（7）税金。

（8）供应商的利润。

3.6 采购成本分析的实施

3.6.1 采购成本分析表的确认。

采购部要对采购成本分析表的信息进行核实，通过网络搜索或咨询相关供应商的方式，确认供应商所填写的信息是否属实。

3.6.2 采购成本要素分析的步骤。

（1）设计规格分析。确认供应商的设计是否超过采购的规格要求。

（2）材料分析。采购部对供应商所使用材料的特性进行分析，以确认使用该种材料的必要性。

（3）材料成本计算。通过供应商提供的材料用量，计算使用材料的总成本。

（4）生产工艺审核。采购部在相关技术部门的配合下，对供应商的生产工艺进行审核，研讨降低成本的可行方法。

（5）设备、工具分析。通过对供应商使用设备及工具的分析，研讨其生产环节可能降低成本的方法。

（6）加工工时的评估。

（7）压缩制造费用、营销费用等。

3.7 采购成本分析报告

采购部通过对供应商成本的分析，编制采购成本分析报告，作为采购过程中与供应商议价的基础。

3.8 成本分析注意事项

3.8.1 成本分析过程中要善于利用自己或他人的经验。

3.8.2 成本分析过程中要采用一定的技术分析的方法，运用会计核查的手段。

3.8.3 要善于向供应商学习。

3.8.4 建立成本计算公式。

拟定		审核		审批	

9-05　采购成本控制管理制度

××公司标准文件		××有限公司 采购成本控制管理制度		文件编号××-××-××	
版次	A/0			页次	第×页
1.目的 　　为加强采购成本管理，降低采购成本，提高公司的市场竞争力，现根据国家有关					

成本费用的管理制度，结合公司实际情况，特制定本制度。

2.适用范围

采购部采购成本控制相关事项均须参照本制度办理。

3.管理规定

3.1 采购成本的构成

采购成本包括维持成本、订购成本及缺料成本，不包括物资的价格，具体如采购成本构成表所示。

采购成本构成表

采购成本分类	成本说明	成本细分
维持成本	为维持物资的原有状态而发生的成本	资金成本、搬运成本、仓储成本、折旧及陈腐成本、保险费用、管理费用等
订购成本	为实现一次采购而进行的各种活动的费用	请购手续成本、采购成本、进货验收成本、进库成本等
缺料成本	由于物资供应中断而造成的损失	安全库存成本、延期交货成本、试销成本、失去客户的成本等

3.2 采购成本控制要点

3.2.1 公司采购成本控制包含对采购申请、计划、询价、谈判、合同签订、采购订单下发、物资入库、货款结算等采购作业全过程的控制。采购部应结合公司的具体情况明确采购成本控制关键点，具体包括确定最优的采购价格、确定合理的采购订货量、采购付款控制。

3.2.2 采购计划控制。

（1）常备用料的采购计划由采购部计划管理人员根据采购申请、库存情况及用料需求计划制订，经采购部经理审核后报成本控制部负责人审批。

（2）其他用料的采购计划由采购部计划管理人员根据各部门的采购申请制订，经采购部经理审核后报成本控制部审批。

（3）采购计划应同时报送财务部门审核，以利于公司资金的安排。

（4）采购部在实施采购的过程中，必须严格执行采购计划。若采购计划变更，必须由总经理签字确认后方可执行。

（5）未列入采购计划内的物资一般不能进行采购。如确属急需物资，应填写"紧急采购申请表"，经公司总经理审批、采购部核准后方能列入采购范围。

3.3 采购价格控制

3.3.1 采购部实施物资采购时需填制"采购申请表"。"采购申请表"中的价格要严格执行财务部核定的物资采购最高限价。

3.3.2 采购方式包括招标采购、供应商长期定点采购、比价采购等。采购部应将各种采购方式进行对比，找出成本最低的采购形式组合，降低采购成本。

3.3.3 如果物资实际采购价格低于最高限价，公司将给予经办人一定比例的奖励；如果实际采购价格高于最高限价，则必须获得财务部核价人员的确认和总经理的批准，同时给予经办人一定比例的罚款。

3.4 采购订货量控制

3.4.1 仓储部库管员应每日填写"物资库存日报表"，反映现有存货物资的名称、单价、储存位置、储存区域及分布状况等信息，并及时将此信息报送给采购部。

3.4.2 采购部应要求供应商或第三方物流的库房保管人员通过传真、电子邮件等方式，及时提供已订购物资的未达存货日报表。

3.4.3 采购部根据各部门采购申请制订采购计划时，应在充分研究同期的采购历史记录、下期的销售计划的基础上，协助物资计划人员确定最佳安全库存。

3.5 采购入库及付款控制

3.5.1 相关人员办理采购物资入库时，必须同时满足以下两个条件，否则仓储部一律不予受理。

（1）到库物资符合采购订单要求。

（2）到库物资经质量管理部检验合格。

3.5.2 采购物资登记入账时，价格、质量、数量、规格型号须完全符合采购订单的要求。

3.5.3 支付物资采购费用时，必须同时满足以下三个条件，否则财务部一律不予付款。

（1）已经列入当期货币资金支出预算。

（2）双方往来账核对无误。

（3）"付款申请单"已经财务部经理签字批准。

拟定		审核		审批	

9-06　供应商管理办法

××公司标准文件		××有限公司 供应商管理办法	文件编号××-××-××	
版次	A/0		页次	第×页

1.目的

为有效地掌握供应商商品的品质、价格、交期以及供应商的配合度，合理地选择、评定供应商，使得采购、生产制造能有效地进行，特制定本办法。

2.适用范围

适用于公司对供应商的选择及评定工作。

3.定义

供应商：零件供应商、委外加工品协作厂商以及提供各项服务公司的统称。

4.权责

（1）采购部：负责供应生产所需的原（物）料、零件、托外加工品、包装材料的供应商的找寻、调查与洽谈；负责组织协调相关部门进行供应商评估；负责合格供应商的管理。

（2）品保部：负责评估及考核供应商的品质状况、品质控制能力。

（3）技术部：负责评估及考核供应商的产品制程能力、生产技术是否符合本公司对产品品质的要求。

（4）总经理：负责核准合格供应商名册的登记与撤销。

5.管理规定

5.1 供应商选择原则

5.1.1 A、B类物资必须从已确认的合格供方和潜在供方中采购，特殊情况（如无合适供方且急需）下，可从他处采购，但须经采购部经理批准，事后补办有关程序。

5.1.2 A、B类物资的供方一般定点在两家或两家以上。

5.2 生产性物资分类规定

按质量特性和物资的价值综合考虑，分为三类。

5.2.1 A类：对产品性能、可靠性、安全性、寿命、经济性等有直接重大影响且资金占用率大的物资。

5.2.2 B类：对实现产品的某些功能有一定影响，如可能导致产品性能下降、故障上升且资金占用率较大的物资。

5.2.3 C类：可能会对产品质量的次要辅助功能造成轻微影响且资金占用率小的物资。

5.3 供应商选择

5.3.1 提出候选供方名单。

5.3.1.1 产品开发中新材料、新零件的采用。在已有供方无法满足要求情况下，由技术部、营销部、采购部等提出新的供方名单。

5.3.1.2 生产发展、产量增加。在已有供方无法满足产能要求或本公司自制能力不足情况下，由采购部、生产部提出新的供方名单。

5.3.1.3 在现有供方的质量和能力无法满足公司要求的情况下，由采购部、技术部、品保部提出新的供方名单。

5.3.2 评定范围。

5.3.2.1 由采购部以电子邮件（E-mail）或传真方式，提供"供方企业调查表"给初选的供应商进行相关方面的调查后，并将回复资料记录于"供应商基本资料调查表"内。

5.3.2.2 依技术部制定出的产品零部件重要度分类表，品保部按采购部门提供的候选供方名单和产品零部件重要度分类表制定供方分类表。其中 A 类产品（关键产品）的供方必须进行现场评定；B 类产品（重要产品）及 C 类产品（一般产品）的供方可不进行现场评定，但必须进行样品测试和小批试用；在市场或商场购买的物料的供方不进行评定，但必须进行样品测试。

5.3.2.3 A 类产品的供方评定。

（1）品保部认为对某供方必须进行现场考核时，应事先向采购部对该供方进行一定程度的了解，再确定具体时间和参加人员前往现场考察，考察人员应在分工范围内重点考察、询问和记录。视产品质量验证需要，品保部应进行现场产品抽样，对样品检验和测试并做好记录。

（2）考察结束后，依据现场记录、抽样检测报告或供方以往业绩，填写"供方考察记录表"，作出评审意见，如评审及抽样检验合格，技术部进行产品封样，评定为 A、B 级为合格供应商。C 级为不合格供应商，应列入待观察厂商或不予以合作。

（3）品保部将"供方考察记录表"、抽样报告或供方以往业绩记录交部门经理审查，由部门经理审查后交总经理作最终评定，并对不合格供方作出处理意见。

5.3.2.4 B 类、C 类产品的供方评定。

若不到现场考察，采购部通知供方送样品，经品保部检测合格，并送小批产品试用合格后，填写"供方考察记录表"，送品保部和技术部评审。各相关部门再根据检测报告和试用情况，分别在"供应商等级评定表"上作出评审意见，评定为 A、B 级为合格供应商。C 级为不合格供应商，应列入待观察厂商或不予以合作。由部门经理审查后交总经理作最终评定，并对不合格供方作出处理意见。

供应商等级评定表

等级	分数
A	90分以上
B	60 ~ 90分
C	60分以下

5.3.3 评估项目。

5.3.3.1 品质保证：针对供应商品品质保证作业的审查与了解。

5.3.3.2 生产设备及技术：确认新供应商工程承制能力、生产技术及设备是否符合本公司的品质要求。

5.3.3.3 其他：确认新供应商财务状况、交期是否稳定、价格是否合理、现场环境是否整洁、生产状况是否符合法规的要求等。

5.3.4 根据评审结果，由采购部建立"合格供方名录"，并分发相关部门。

5.3.5 临时供方的审批。

因生产急需而在"合格供方名录"内无法采购时，采购部可以提出申请，填写"临时供方申请单"，经品保部审核和总经理批准后方可采购；试用产品的质量由品保部按有关标准进行检验和试验。临时供方处采购只限三批，超出三批仍需在临时供方处采购时由采购部提出进行评审。

5.3.6 合格供应商登记。

5.3.6.1 经核准后的合格供应商，由采购部将其登记于"合格供应商名册"，作为往后合作的厂商。

5.3.6.2 合格供应商登记条件。

（1）国内外颇具知名度的厂商。

（2）本公司现有的被评定为A、B级的供应商或体系生效前交货无重大质量问题的厂商。

（3）客户特别指定的厂商（如通过ISO国际标准认证的厂商）。

（4）经第三方认证机构评鉴为合格厂商的供应商。

（5）样品经确认或试用合格的厂商。

5.4 供应商考核

对已有交易往来的供应商，依其交货的绩效加以年度考核，于每年十二月份做年度供应商考核。

5.4.1 考核项目。

5.4.1.1 品质。

（1）制造业：针对其进货品质做考核。

未交货者以35分计算。

品质评分方式：交货不良率=（退货批数/交货批数）×100%

品质评分=（1-交货不良率）×50。

（2）服务业：针对运输性服务业其运输安全性做如下考核，其余的服务业由相关部门依服务的品质反映考核。

服务业品质反映考核评分表

品质	评分
无客户抱怨	40 ~ 50分
货品无损失、损坏	30 ~ <40分
客户抱怨损坏	20 ~ <30分
客户抱怨损坏且需赔偿	20分以下

5.4.1.2　交期。无往来的供应商评分为18分。

交期评分方式：交货延迟率＝（延迟批数／交货批数）×100%

交期评分＝（1–交货延迟率）×30。

5.4.1.3　配合度：是指供应商报价、送样、不良处理、协调配合等服务态度。

（1）制造业：是指供应商报价、送样及协调等服务态度。

（2）服务业：是指供应商报价、查询及协调等服务态度。

供应商配合度评分表

配合度	评分	配合度	评分
很满意	20分	不满意	5分
较满意	15分	非常不满意	0分
普通	10分		

5.4.2　考核部门及等级。

部门等级考核表

考核项目	评分标准	等级			制造业	服务业
品质	50%	90	60	60	品保部	相关部门
交期	30%	（含）	至	（含）	采购部	相关部门
配合度	20%	以上	90	以下	采购部	相关部门
总评	100%	A	B	C	采购部	相关部门

5.4.3　采购部必须会同品保部做年度供应商的考核，填写"供应商考核表"，A、B级厂商为合格供应商，C级则为不合格厂商，并将等级记录于"供应商管理卡"。

5.4.4　对于B级厂商，采购单位应以适当的方式提醒其向A级靠拢。年度考核为C级的供应商，采购部与各相关部门应填写"供应商管理卡"，申请撤销其合格供应商资格，并呈总经理核准。

5.4.5　合格供应商撤销登记。

5.4.5.1　经总经理核准撤销合格供应商资格的厂商，采购部与相关部门于"合格供应商名册"中将其撤销登记。

5.4.5.2　合格供应商撤销登记条件。

（1）年度考核为C级的供应商。

（2）连续三次以上进货检验不合格的供应商。

（3）配合度达不满意程度的供应商。

（4）商誉不良的供应商。

5.5　存档

采购部与各相关部门应将"供方企业调查表"、"供应商考察记录表"、"供应商管理卡"、"合格供应商名册"、"供应商考核表"等存档管理。

拟定		审核		审批	

第 *10* 章　质量管理制度

本章导读

- 进料检验规定
- 制程及成品检验规程
- 在制品控制程序
- 不合格品控制程序

- 返修（工）作业指导书
- 产品质量奖惩规定
- 客户质量投诉处理程序

10-01　进料检验规定

××公司标准文件		××有限公司 进料检验规定	文件编号××-××-××	
版次	A/0		页次	第×页

1.目的

为进料检验工作提供依据，规范进料检验工作流程，指明不良处理途径，确保只有经过检验合格的物料或半成品才能入库、流入生产线，从而保证产品品质。

2.适用范围

适用于本公司进料检验作业。

3.定义

无。

4.权责

（1）品管部：负责按要求执行进料的检验作业，进料产品的状态标识，不良进料的信息反馈，不良进料的跟催处理，特采物料的限度样品制作和确认，协同采购部对供应商进行评估、考核、辅导等。

（2）采购部：负责主导对供应商的评估、考核、辅导，联络供应商对不良进料的跟踪处理，不良进料信息反馈供应商并跟催回复等。

（3）仓库部：负责进料的暂收送检，合格品的及时入库，不合格品的及时退料等。

（4）工程部：负责品管部IQC进料检验的测试夹具、治具等工具的制作，为生产部门提供特采进料的加工方法、挑选方法等。

（5）计划部：负责不良进料特采申请作业，组织不良物料会签作业，及时将最终会签结果反馈给采购和品管等。

（6）生产部：负责组织特采进料加工、挑选作业，并统计加工、挑选工时给采购和财务。

5.管理规定

5.1 进料检验作业流程

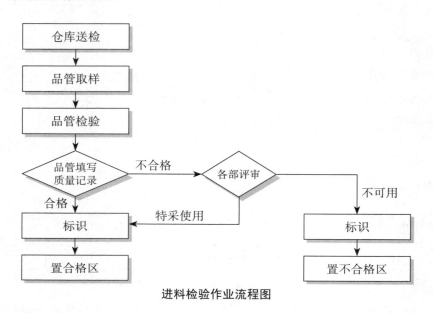

进料检验作业流程图

5.2 作业程序及要求

5.2.1 IQC检验员每天接到仓库的进料通知——"交货验收入库单"时，必须检查单据的料号、品名、规格是否和实物相符，如不相符，品管部IQC检验员则拒绝检验并要求送检部门做出更正后再执行检验。若发现进料为第一次来料时必须经过品管部主管核准后方可执行检验。

5.2.2 检查确认该料的供应商是否为合格供应商。若非合格供应商则不执行物料的检验并知会采购部作相应处理，待品管部主管通知。

5.2.3 检查确认该料是否为免检物料。若为免检物料则核对标识后贴上免检标签直接置于合格区；若非免检物料则按5.2.4执行。

5.2.4 依进料通知——"交货验收入库单"调出物料《抽样标准》《进料检验标准》等资料，准备必要的设备仪器，调出"供应商品质履历表"，以了解过去的交货品质情况。

5.2.5 执行检验。执行检验时必须注意以下内容。

5.2.5.1 抽样必须注意随机和分层原理。

5.2.5.2 检验完毕的抽样样品必须归回原位。

5.2.5.3 参考规格图样、承认书、样品等，正确使用仪器工具进行检验。

5.2.6　检验结果判定。依据《抽样检验标准》将检验结果主、次缺陷均未达拒收数的，判定为允收批，否则为拒收批。未经承认的和不合格供应商的进料也视为拒收。

5.2.7　检验完成后及时填写质量记录"进料检验报告"，允收（合格）批则贴上合格标识，拒收（不合格）批则放置"处理中"标识牌后依5.2.8执行。

5.2.8　进料检验品质异常处理。

5.2.8.1　不合格进料的"进料检验报告"开出后，须填写"供应商品质异常处理单"给采购部发给供应商要求在规定时间内提出改善对策；同时将不合格进料的"进料检验报告"分发给采购部和计划部，采购部将不良情况反馈给供应商联络相关处理方案，计划部根据用料需求状况决定是否召开物料特采会议或直接开具"特急用料特采申请单"给相关部门会签，由副总最终裁决生效。

5.2.8.2　计划部将签核完的"特急用料特采申请单"分发给采购部和品管部。

5.2.8.3　采购部根据"特急用料特采申请单"结果执行采购作业。

5.2.8.4　品管部根据"特急用料特采申请单"结果将同意特采的进料贴上特采标识，同时确定好限度样品给生产部；将不同意特采的进料贴上不合格标识，并将"特急用料特采申请单"附在相应的"进料检验报告"后面。

5.2.9　填写"交货验收入库单"。

5.2.9.1　允收（合格）批：在入库单上填写"OK"。

5.2.9.2　拒收（不合格）批：在入库单上填写"NG"。

5.2.9.3　特采批：在入库单上填写"OK"并注明"特采"字样。

5.2.9.4　取出品管联后将其余"交货验收入库单"给仓库，仓管员根据"交货验收入库单"将允收（合格）批、特采批置于合格区，拒收（不合格）批置于不合格区，以避免误用，特采品应优先使用，以利管制。

5.2.9.5　将进料检验状况记入"供应商品质履历表"中。

拟定		审核		审批	

10-02　制程及成品检验规程

××公司标准文件		××有限公司 制程及成品检验规程	文件编号××-××-××	
版次	A/0		页次	第×页

1.目的

为规范检验管理，使工作有规可依，并不断完善和提高公司产品的质量水平，确保不良品不出现，不良品不转下工序，不良品不出厂，特制定本规程。

2.适用范围

适用于本公司各厂的制程及成品检验。

3.职责

（1）生产部：负责实现产品生产的整个作业过程。

（2）质控部：负责生产过程中产品质量的监督执行并逐渐完善生产控制环节。

（3）销售部：生产任务的下达，与客户或合作厂商协调交期及质量要求。

4.管理规定

4.1 作业程序与内容

4.1.1 生产部接销售部"生产加工单"，按产品工艺的要求分发到各班组。生产部按订单要求交期安排备料，准备生产，或各班组按订单向上工序催料。

4.1.2 对生产批量较大的或更改生产参数的需要制作首件。

4.1.3 首件制作完成后由生产部协同质控部共同对首件依照订单要求进行检验，有必要时请销售部进行确认。不合格时需由生产部重新制作。

4.1.4 首件检验合格后，生产人员可以批量生产，同时本工序人员对上线的产品要做好互检，合格时继续进行生产，不合格时则协调上工序进行处理，必要时由质检人员进行确认。

4.1.5 生产过程中本工序生产线班长必须安排专人进行100%全检，生产主操人员同时也要做好自我检验，生产出的合格品方可下线上架，并且在堆放时要求生产上架人员做到定量隔离或错开片，成品时则必须对齐堆放。不合格的产品则要及时找出原因并纠正，将不良品标示后与合格品隔离。整架装满后或该订单本工序生产完毕时，填写"生产流程卡"，并且放在可见易取出的位置。

4.1.6 生产过程中质检员对在制品及制成品进行全验或抽检。

（1）检验员每两个小时对每个工序进行一次抽验，检验数量不小于本时段总产量的20%，且抽验总数量不小于20片；对批量小于20片、客户有特殊要求、曾发生过重大品质异常的产品必须进行全检，并且做到每单必检，不可有漏检的订单。另质检员负责班组为1个组时，必须做到抽检量不低于80%。

（2）检验的主要项目是：规格尺寸，结构性能，安全性能，外观质量，包装要求。

（3）检验的主要依据是：工艺下发（由具体而定）"工艺加工单"，及相关的企业标准和国家标准。

（4）检验员检验不合格时具体判定规则如表所示。

检验不合格具体判定规则表

问题分类	界定范围	整批合格数量	整批不合格数量
严重问题	与"工艺加工单"的要求不符，及影响安全性的缺陷	0	1

续表

问题分类	界定范围	整批合格数量	整批不合格数量
主要问题	与国家标准中的要求范围不符，对结构性能有影响的	1	2
次要问题	外观质量存在缺陷的	3	4
可放行问题	允许范围内的问题，对产品使用不造成影响又无法修复及修复后的产品		

不合格按以下方法处理。

——对不合格品首先要用记号笔标示，而后第一时间通知生产线主操或班长，进行修复、改切或报废处理。

——当数量超过合格判定数时，由生产人员对该时段的在线制品进行全检，并在"制程检验记录表"中做好记录，同时要求班长做好签认。对较严重的问题开出"纠正和预防措施通知单"。

——经检验员确认后，由产品所在班组提案人开"品质异常放行单"，上报确认后放行。产品生产完成后该单在质控部留存。

（5）质检员按照检验的项目对线上制品进行检验，判定产品是否符合检验依据的要求，检验合格后在"生产流程卡"质检栏签字。产品合格时在"工艺加工单"上签上姓名、时间，要注明"合格"字样；不合格时签姓名和生产起止时间，以备查找。"制程检验记录表"需转下工序的订单要及时转交，产品完成后订单要及时交回归档结案。

（6）对成品段有需要填写"成品入库单"的产品，质检员要检验合格后在质检员栏签字。

（7）如出现报废或不可用产品，需要补片的由生产部开出补片单，由质检人员确认，填写问题内容与实物是否相符，相符后签字，并留绿联做好保存。

（8）订单中要求提供原片检测报告、合格证、认证书的，由负责生产加工段成品的质检员负责办理，并填写完整，以备发货员发货时索取，并做好领用记录表。

4.1.7 发货员根据客户交期和销售部要求安排发货，发货时查核"生产流程卡""成品入库单"及其他相关资料有无质检员签确，否则视为未检或检验不合格的产品。下工序人员在接收上工序产品时，要复核产品数量及"生产流程卡"中有无质检员签确，否则视为未检或检验不合格的产品。

4.2 制程检验人员工作规范

4.2.1 IQC人员应于每天下班之前了解次日负责制造部门的生产计划状况，以提前准备检验相关资料。

4.2.2 制造部门生产某一天产品前，IPQC❶人员应事先了解查找相关资料。

---

❶ IPQC：InPut Process Quality Control，制程控制。

（1）制造命令。

（2）检验用技术图纸。

（3）产品用料明细表。

（4）检验范围及检验标准。

（5）工艺流程。

（6）品质异常记录。

（7）其他相关文件。

4.2.3 制造部门开始生产时，IPQC人员应主要协助制造部门如下内容。

（1）工艺流程的检查。

（2）相关物料、工装夹具检查。

（3）使用计量仪器点检。

（4）作业人员品质标准指导。

（5）首检品检验记录。

4.2.4 IPQC人员根据图纸，限度样本所检结果合格时，方可生产，并及时填写产品首检报告与留首检合格产品（生产判定第一个合格品）作为次批生产限度样板。

4.2.5 制造部门生产正常后，IPQC人员依规定时间作巡检工作。

4.2.6 IPQC人员巡检发现不良品应及时分析原因，并对作业人员之不规范的动作予以及时纠正。

4.2.7 IPQC人员对检验中发现的不良需及时协同制造部门管理人员或技术人员进行处理，分析原因并做出异常问题的预防对策与预防措施。

4.2.8 重大的品质异常，IPQC人员未能及时处理时，应开具"制程异常通知单"经生产主管审核后，通知相关部门处理。

4.2.9 重大品质异常未能及时处理，IPQC人员有责任要求制造部门停机或停线处理，制止继续制造不良。

4.2.10 IPQC人员应及时将巡检状况记录到"制程巡检记录单"中，每日上交给部门主管、经理，以方便及时掌握生产品质状况。

4.2.11 制程不良把握。

不良区分：依不良品产生之来源区分如表所示。

产品不良区分表

类别	不良原因
作业不良	A 作业失误 B 管理不良 C 设备问题 D 其他原因所致不良

续表

类别	不良原因
物料不良	A 采购物料原料中有不良混入 B 上工程之加工不良混入 C 其他明显为上工程或采购物料所致不良
设计不良	因设计不良导致作业中出现不良，不良率的计算公式如下所列。 （1）制造不良率 $= \dfrac{\text{制造不良率}}{\text{生产总数}} \times 100\%$。 （2）物料不良率 $= \dfrac{\text{物料原料不良率}}{\text{物料投入数}} \times 100\%$

拟定		审核		审批	

10-03　在制品控制程序

××公司标准文件		××有限公司 **在制品控制程序**	文件编号×× - ×× - ××	
版次	A/0		页次	第×页

1. 目的

为明确公司在制品的管理，确保在制品的质量控制，特制定本程序。

2. 适用范围

公司的在制品管理。

3. 权责部门

（1）工厂负责：和物流部门共同规划车间在制品期量标准；通过调整作业计划，优化在制品库存；管理车间在制品（包括委外加工材料）；监督计算机系统在制品账数据的正确性。

（2）财务部负责：公司在制品总账的管理；确定和调整各工厂及隶属物流的在制品库存资金额度。

4. 定义

在制品是指所有权属于公司的，根据生产计划生产，存在于批量生产过程中各个环节（生产、仓储、转移、工序外协等）的所有生产材料、毛坯、外购件（包括国产和进口）、半成品和尚未报交的完工产品。在制品包括以下内容。

（1）停留在各车间进行加工制造的在制品。

（2）正在生产车间返修的不合格品，以及虽已完成了本车间的生产但尚未报交的产品。

（3）已完成部分加工阶段，已由中间仓库验收或寄放，但尚未完成全部生产过程的自制半成品。

5. 管理流程与要求

5.1 在制品规划

5.1.1 财务与各工厂协商确定各工厂及隶属物流的在制品库存资金额度。

5.1.2 各工厂根据生产计划、场地、在制品库存状况，结合生产状况和工艺特点，合理制订各车间、各生产线、各工序的在制品的数量和种类的计划。当实际的在制品数量、品种与计划出现偏差时，应及时分析原因并采取改进措施（或将问题向在制品专项工作小组汇报）。

5.1.3 物流部负责编制半成品零件号。

5.2 在制品的投入

5.2.1 物料仓库根据生产计划，按照领料或送料单据上的数量及品种，遵照先进先出的原则发放原材料。

5.2.2 工厂填写"零件领料单"，到车间所属仓库领用冲压零件。

5.2.3 各仓库根据生产计划和定额，严格执行限额发料。

5.2.4 各仓库管理部门将收发信息输入计算机系统，做到日清月结。

5.2.5 物料交接时，生产线根据工厂的需要确定清点的品种、清点的方式，清点投入的毛坯、零件或材料的数量，并与领料或送料单据上的数量核对。生产线在领用或送料单据上签字或签章，交接双方完成交接手续，双方记录领用情况。

5.2.6 各工厂定期与仓库核对物料领用记录，发现问题，由仓库管理部门及时修正。

5.3 在制品的产出

5.3.1 配件销售见《自制配件交付规定》《配件销售定价》《出口配件定价》。

5.3.2 核心零件交接见《产成品交接管理规定》。

5.4 在制品的入库及转移

5.4.1 物料搬运、储存及发运遵循《物料搬运、储存、发运规定》。

5.4.2 在制品在转移时，根据规定填写"报交卡""完工转移单""在制品装箱单"或"内部调拨单"等单据，清点完毕，并及时送至有关部门。相关部门应及时记录，做到日清月结。

5.4.3 车间委托仓库寄放在制品，交接双方根据规定完成交接手续，编制详细账目，并定期检查在制品存放状况。

5.4.4 工厂确定在制品在车间之间或工序之间转移的交接和记录方式。

5.5 在制品台账维护和盘点

5.5.1 工厂根据生产的特点及实际需要，设置车间在制品台账。装配车间可以根据生产的特点和实际情况，确定台账中在制品的品种。

5.5.2 工厂根据生产的特点和实际情况，制定《车间在制品管理工作指导书》。

5.5.3 工厂跟踪监督系统中在制品数据，发现问题及时向物流和财务反映。

5.5.4 由财务牵头各工厂、物流组成在制品专项工作小组，处理系统台账中在制品账物问题。

5.5.5 全公司盘点遵循《存货盘点管理规定》，由物流会同财务共同组织，每年进行一次。

5.5.6 财务根据盘点结果，进行记账。

5.6 报废

在制品工废、料废的处理遵循相关规定。

拟定		审核		审批	

10-04　不合格品控制程序

××公司标准文件		××有限公司 **不合格品控制程序**	文件编号××-××-××	
版次	A/0		页次	第×页

1.目的

对不合格品施行有效的控制，防止不合格品的流入、误用及流出，并对不合格品进行合理的处理，以减少损失。

2.适用范围

适用于对进货、过程、出货检查及客户投诉的不合格品的处理和客户退货的处理。

3.职责

品管部负责组织不合格品的处理。

4.定义

（1）返工：对不合格品进行处理的方法，包括对不合格品进行选别或修理。

（2）特采：对于达不到规定要求、但不影响使用效果的不合格品，经批准后而对其实行特别采用。

（3）MRB（Material Review Board）：物料检讨会。

（4）禁用物质：禁止用于本公司产品的原材料、零部件和组件等制造过程的物质。

（5）RoHS❶不适合品：不符合客户RoHS要求和RoHS相关法律法规要求以及本公司RoHS要求的物品。

5.程序说明

5.1 不合格品的提出

---

❶ RoHS是指有害物质限制指令，全称为"Restriction of Hazardous Substances"。

当不能确认产品质量是否合格，或对产品质量有怀疑时，或当产品使用或混入了禁用物质（含不能确认产品是否已使用或混入了禁用物质或对产品有怀疑时），公司内所有人员都有责任将情况向品管部提出。

5.2　不合格品的确认

品管部相关检查员应对所提出的不合格品进行确认，其中RoHS不符合应送权威机构复测，需要时应与供货商或客户进行协商处理。

5.3　不合格品的标识

5.3.1　相关检查员负责依《检验和试验状态控制程序》对不合格品进行标识。

5.3.2　不合格品所在部门负责将不合格品放至指定区域。

5.4　不合格品的处理方法及安排

5.4.1　品管部负责决定不合格品的处理方法。不合格品的处理方法包括返工、特采、报废和退货。

5.4.2　当发现或怀疑不合格品（含RoHS不适合品）被客户接收时，由品管部立即向客户书面报告（尽可能降低或消除不合格品对客户的影响）；若客户有特殊要求时，则依客户要求执行。

5.5　不合格来料的处理

5.5.1　进货检查。

（1）进货检查经IQC组长判定为不合格时（含供货商通报的RoHS不适合品），由其开具"不合格品处理报告"，连同"来货品质检验报告"及不合格样板交品管部助理工程师以上人员确认，并由其决定处理方法（必要时召开MRB会议）。PMC负责依"不合格品处理报告"中指定的方法安排对不合格品进行处理。

（2）客户提供部品为不合格时，品管部通过采购部或PMC通知客户，由其决定处理方法。

5.5.2　生产过程中发现来料不良。

由生产部门开"退货单"→IPQC盖章确认→交IQC再确认→由IQC组长开具"不合格品处理报告"→品管部助理工程师以上人员确认→生产部凭此报告将不良品退回货仓→PMC负责通知供货商在规定时间内取回退料→货仓负责将不良来料退回给供货商。

5.5.3　品管部助理工程师以上人员视来料不合格的严重程度投诉供货商，或填写"来料投诉书"要求供货商提出改善对策。

5.6　生产过程中不合格的处理

5.6.1　发现不合格品的处理。

（1）注塑部：啤工记录于相应报表上，直接作报废处理。

（2）五金部、组装部及喷丝部：经IPQC确认后，由生产部门自行处理。

5.6.2　过程检查不合格品的处理。

（1）过程检查经 IPQC 组长判定为不合格时，由其开具"品质异常联络书"并附不良样板交品管领班或以上人员确认。

（2）经确认的"品质异常联络书"交相关生产部门，由其负责依"品质异常联络书"指定的方法对不合格品进行处理。

5.7 出货检查发现不合格品的处理

出货检查经 OQC 组长判定为不合格时，由其开具"品质异常联络书"，连同"出货品质检验报告"及不合格样板交品管部主任或主管确认，并由其决定处理方法；同时负责安排对不合格品进行处理并通知责任部门制定改善对策。

5.8 客户投诉产生不合格品的处理

5.8.1 由品管部 IQC 或 OQC 组长以上人员开具"不合格品处理报告"交主管或主任确认，由其决定处理方法，并负责安排对不合格品进行处理。

5.8.2 若客户要求对其仓存进行返工时，由品管部负责安排人员依"返工工作办法"进行处理。

5.9 客户退货产生不合格品的处理

5.9.1 客户退货回厂后：品管部主任或主管确认具体不良状况，分析不良原因，需要时填写"客户投诉通知书/调查报告"按客户投诉处理。

5.9.2 品管部主任或主管决定客户退货的处理方法：填写"不合格品处理报告"，并负责安排对客户退货进行处理，报废时由 PMC 负责安排处理。

5.10 处理过程的跟进及覆检

5.10.1 不合格品进行处理前需通知品管部派员跟进。

5.10.2 处理完毕：处理合格品由品管部检查员按原抽样标准重新检查，判定为合格时方可入库或出厂。

5.11 再发防止预防措施

对已发生不合格品：品管部召开相关部门或人员针对类似问题展开讨论，并制定再发防止预防措施。

拟定		审核		审批	

10-05 返修（工）作业指导书

××公司标准文件		××有限公司 返修（工）作业指导书	文件编号 ××-××-××	
版次	A/0		页次	第×页

1.目的

明确当公司制造的产品出现不合格品的返修（工）品时的处理办法，规定与不合格品、待判品、报废品的隔离要求，以及防止返修（工）品再发生的纠正与预防措施对策。

2.适用范围

适用于本公司的各种生产工艺流程中发生的返修（工）品的处理，以及顾客退货品中返修（工）品处理办法和对策等。

3.定义

（1）返工：对不合格品采取措施，使其仍符合规定的要求。

（2）返修：对不合格品采取措施，使其满足预期用途的要求。

4.职责

（1）品管部：对返修（工）品的确认，检查结果的判定以及对策的跟踪。

（2）生产部：负责返修（工）品的处理。

（3）相关责任部门：负责返修（工）品的纠正处理，以及预防措施的执行。

5.工作程序

5.1 制造过程中产生的返修（工）品

5.1.1 工序作业人员按照标准判为不合格后，将其与合格品分开放置，并作不合格标识。

5.1.2 品管部过程检验员及生产部，必要时协同工程技术部人员会判不合格品，判定为报废品时，填写"不合格处理报告"；若判为返修（工）品时，由过程检验员注明返修（工）标识并放置至指定区域，必要时开具"纠正与预防措施报告"。

5.1.3 生产部根据生产情况自行制订返修（工）计划，由生产部维修人员具体执行返修（工）任务，填写"返工（修）记录表"。

5.1.4 返修（工）人员必须对返修（工）后产品进行重新检验，品管部检验员按计划对重新检验的产品根据顾客图纸、技术规范、制程检验规范、抽样计划进行复检，复检合格后方可贴合格标识并放入指定的合格区域。同时过程检验员填写"制程检验查核表"且用红笔标注"返修（工）"字样。若检验员无法明确判定时，要请示上一级主管。

5.1.5 返修（工）品作为让步接收时，由生产部、计划或客服部、品管部、工程技术部等相关部门共同研究，向顾客提出申请，经顾客批准。

5.2 退货品返修（工）品

品管部OQC检验员根据顾客出具的退货单进行确认，若判定为返修（工）品时，按5.1.1至5.1.5实施。

5.3 防止再发生对策

品管部主导，生产部、工程技术部协助调查返修（工）发生的原因，由品管部提出"纠正与预防措施报告"，由责任部门过程负责人分析原因，制定相应的预防对策，品管部确认对策实施状况。

拟定		审核		审批	

10-06　产品质量奖惩规定

××公司标准文件		××有限公司 **产品质量奖惩规定**	文件编号××-××-××	
版次	A/0		页次	第×页

1.目的

为完善本公司质量管理制度，加强对产品质量的监督管理，提升产品质量，使客户满意，通过奖优罚劣的手段，提高全员的积极性、责任感，从而有效地达到激励全员参与、全员品管的目的。

2.适用范围

适用于公司所有人员。

3.职责

（1）品管部负责质量取证工作，生产各车间、班组积极做好配合。

（2）主管生产副总经理、品管部负责人负责质量奖惩处置工作。

4.管理规定

4.1　质量事故的定性范围及类别

下列行为或现象均属于质量事故。

4.1.1　违反工艺和操作规程，造成重大后果的。

4.1.2　因错检、漏检，致使不合格原材料进厂或不合格产品出厂，造成经济损失的。

4.1.3　生产工序间没有按规定进行"三检"（专检、互检、自检）而出现质量问题，造成损失的。

4.1.4　因物资/产品保管不善，造成报废/降级/返工/退货的。

4.1.5　因错发产品/材料，对销售/生产产生影响的。

4.1.6　因运输维护不当，造成产品/材料受损，而延误交付/生产的。

4.1.7　生产现场物品未按规定摆放，造成标识混乱/不全，致使错用的。

4.1.8　生产记录填写不规范，影响产品质量/不符合程序文件规定的。

4.1.9　各类统计报表、台账和原始记录不真实、不完整的。

4.1.10　纠正措施没有按期整改的。

4.1.11　生产线员工未经允许随意骑车的。

4.1.12　一次交验合格率没有达到规定要求的。

4.1.13　其他影响产品质量，造成损失的。

4.2　奖励细则

4.2.1　对操作员工的奖励。

（1）能及时发现本工序产品质量隐患，避免批量不合格品发生者，每举报一次，给予奖励××元。

（2）发现工艺/技术文件等编写错误，避免产生严重后果者，每举报一次，视其影响程度，给予奖励××～××元。

（3）发现检验员将不合格品误判为合格品，避免或减少质量损失者，每举报一次，视其影响程度，给予奖励××～××元。

（4）互检时及时发现上工序产品存有严重质量问题，避免不合格品流入下工序者，每举报一次，给予奖励××元。

（5）对本工序存在的质量问题或隐患，能积极提出改善建议被采纳者，视其改善效益，给予奖励××～××元/次。

（6）月度质量统计中，员工在本职工作上未造成质量事故的，且配合质量工作者，由所属部门的主管及质检员共同评选出1～3名人员，并推举为"质量标兵"。经审查确定后，给予奖励30元/人（原始数据源于巡检员记录的"首件及FQC检验报表"，品管部负责月度统计）。

4.2.2 对专职品管员的奖励。

（1）IQC/OQC：月度质量统计，当月检验误判次数为0次时（零星不良不计其内，失误次数以不良比率超过其AQL允收水准值为准），给予奖励××元/人（原始数据源于"首件及FQC检验报表""不合格品评审单"及"客户投诉/退货一览表"，品管部负责月度统计）。

（2）IPQC：月度质量统计，当月度检验误判次数为0次时（零星不良不计其内，误判次数以不良率超出5%为准），给予奖励××元/人（原始数据源于"首件及FQC检验报表""不合格品评审单"及"客户投诉记录"，品管部负责月度统计）。

（3）对本岗位工作存在的质量问题或隐患，能积极提出改善建议被采纳者，视其改善效益，给予奖励××～×××元/次。

4.2.3 各职能人员的奖励（仓库/采购/技术/业务/模具工/维修工/文员等）。

（1）月度总结中，在本职工作上从未发生因人为失误而造成质量事故者，由其部门主管推举表现优异者向厂部申请奖励，视其职务重要度，给予奖励××～××元/人（原始数据由各部门主管自行收集，并结合"不合格品评审单"及"客户投诉记录"进行最终评定）。

（2）对本职工作上存在的质量问题或隐患，能积极提出改善建议被采纳者，视其改善效益，给予奖励××～×××元/次。

（3）在质量改进工作上有重大突出贡献者，由公司总经理或总经理助理颁发特别奖，并召开表彰会进行表彰。

4.2.4 对管理层的奖励。

月度统计中，本部门未因人为失误产生批量不合格，且制程抽检合格率及成品不良率均达成目标者，奖励其负责人××元/人（原始数据源于"不合格品评审单""客户投诉记录表""年度质量管理表",品管部负责月度统计)。

4.3 处罚细则

4.3.1 对操作员工的处罚。

（1）未送首件产品确认，造成批量不合格者，给予处罚××元/次，并承担相应的返工或赔偿责任。

（2）未落实自检，造成批量不合格者（不良率超10%时），给予处罚××元/次，并承担相应的返工或赔偿责任。

（3）未落实互检，造成批量不合格流入下工序或客户者（与本工序有相关性的），给予处罚××元/次，并承担相应的返工或赔偿责任。

（4）未落实自检/互检，造成个别产品存有严重缺陷而流入下工序，情节严重者，给予处罚××～××元/次。

4.3.2 对专职品管员的处罚。

IQC/IPQC/OQC：未按有关程序及标准作业，造成首检错误、批量不合格、后工序或客户代表反馈不合格，不良率超过5%者，视其造成损失程度，给予处罚××～××元/次。

4.3.3 对管理层的处罚。

（1）现场发生较严重的批量性不合格时，现场管理人员应承担连带责任，并视其情节严重程度扣罚××～××元。

（2）发生重大品质事故（或客户退货），造成严重损失时，相关责任部门主管应承担连带责任，并视其情节严重程度扣罚××～×××元。

（3）管理层其他形式的处罚按情节轻重办理。

4.3.4 不合格品返工的责任分配比例。

（1）本工序/岗位产生的批量性不合格。

——操作员未送首件产品确认，产生批量性不合格时，1小时内产生的不合格，由操作员100%承担相应的返工责任；1小时之后产生的不合格，责任分配比例则为操作员30%、班长20%、品管员50%。

——品管首件确认错误产生的批量性不合格时，其责任分配比例为操作员20%、班长20%、品管员60%。

——首件确认合格，但操作员未落实自检产生的批量性不合格时，其责任分配比例为操作员50%、班长40%、品管员10%。

——各职能人员因人为失误而造成产品批量性不合格，由当事人100%承担相应责任，其部门自行协调处理。

（2）流入次工序/工程发现的不合格。

——操作员未落实自检/互检，造成批量不合格流入次工序时（指流出两个或两个以上工序的不合格），其责任分配比例为直接操作员40%、品管员20%、间接操作员20%、班长20%。

——操作员未落实自检/互检，造成个别产品存有严重缺陷而流入次工序，其责任分配比例为直接操作员70%、间接操作员30%。

——品管人员因批量误判，造成不合格流入次工序时（指流出本部门的不合格），若为来料不合格，则由责任品管员及供应商共同承担；若为制程不合格或客户退货不合格，其责任分配比例为品管部80%、生产部门20%，具体细分方式由各部门自行协调。

4.4 奖罚程序

4.4.1 属日常作业中突发而产生的质量奖罚信息，由其部门/部门于事发后24小时内填写"质量奖罚处理单"，并及时知会品管部进行调查、核实，之后再逐级呈送至生产副总经理批准，最后转财务部实施奖罚。

4.4.2 属月度质量统计后而产生的质量奖罚信息，由品管部负责按月收集、统计，并将有关质量原始数据汇总后以书面形式通知各部门/部门，再由其部门/部门根据实际情况填写"质量奖罚处理单"，逐级呈送至生产副总经理处批准，最后转财务部实施奖罚。

4.4.3 有关部门/部门人员所产生的奖罚金额，均于当事人当月薪资中体现，并在公告栏上加以公布。

4.5 执行奖罚的原则

4.5.1 具备充分的理由和清晰的证据。

4.5.2 奖罚的轻重程度应与所产生的经济效益或损失相符合。

4.5.3 实施处罚时，应提前确认程序/流程/标准的合理性、可操作性及人员资格等，仅在因人为因素（未落实有关标准/无责任感/粗心大意等）造成的不合格时，则执行质量处罚。

4.5.4 员工对质量处罚不满意时，有上诉的权利，最终由质量负责人及生产副总经理决定。

拟定		审核		审批	

10-07　客户质量投诉处理程序

××公司标准文件		××有限公司 客户质量投诉处理程序	文件编号××-××-××	
版次	A/0		页次	第×页

1.目的

规范客户投诉处理程序，及时、准确地处理客户投诉。

2.适用范围

适用于所有有关产品质量的客户投诉的处理。

3.职责

（1）品管部助理工程师或以上人员：负责客户投诉的处理及效果的验证。

（2）品管部文员：负责投诉资料的传递。

4.管理规定

4.1 处理流程

处理流程如图所示。

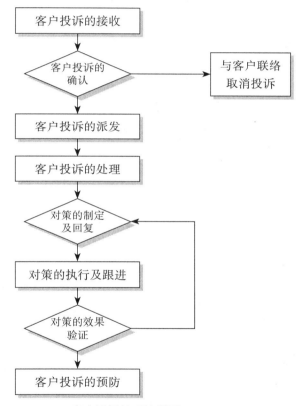

客户投诉处理流程图

4.2 投诉的接收

4.2.1 客户投诉由品管部助理工程师或以上人员负责接收。

4.2.2 其他部门或个人收到客户投诉时，应转交品管部，必要时填写"客户品质投诉通知书/调查报告"的投诉内容栏后，交品管部助理工程师或以上人员，有样板时要附样板。

4.3 投诉的确认

4.3.1 品管部助理工程师或以上人员收到投诉后，立即调查正在生产或库存产品的品质状况，分析、确定投诉现象是否成立。

4.3.2 客户投诉为 RoHS 不符合时，应送权威机构复测，证实投诉成立时则要第一时间报告给管理者代表或以上人员。

4.3.3 投诉的问题不存在时，品管部与客户联系，协商解决，并保存过程记录（需要时，可通过业务部及工程部与客户沟通，协商解决）。

4.4 投诉的处理

4.4.1 客户投诉确定后，品管部将收到的投诉资料（必要时联同样板一起）发放至相关人员（包括生产部、业务部、工程部、制造工程部、PMC 等相关部门）。

4.4.2 品管部确定客户投诉的不合格品的处理方法（急需出货时，PMC 应及时联络品管部助理工程师或以上人员），详细处理流程见《不合格品控制程序》。

4.5 对策的制定及回复

4.5.1 品管部助理工程师或以上人员在收到客户投诉资料 3 个工作日内应召集工程部、生产部相关人员共同分析不良原因，制定改善对策，记录于"客户品质投诉通知书/调查报告"或根据客户要求的方法回复客户。

4.5.2 若厂内调查发现客户投诉的问题，品管部需将客诉内容通知相关部门，以便对投诉加以控制，并书面与客户联络，要求提供详细的资料或样板；品管部在收到详细的资料或样板后 3 日内召集工程部、生产部相关人员共同分析不良原因，制定改善对策，并完成"客户品质投诉通知书/调查报告"或根据客户要求的方法回复客户。

4.6 对策的执行及跟进

4.6.1 责任部门要认真贯彻执行改善对策，并由品管助理工程师或以上人员依照对策内容进行跟进。

4.6.2 对于成立的客户投诉，品管部文员要将原因及对策登记入"产品不良台账"中。此台账与相应的"检查基准书"放在一起，以方便相关检查员及时了解投诉情况，并依改善对策对产品或作业方式加以控制。

4.6.3 对策效果验证。

品管部助理工程师或以上人员负责跟进对策是否实施，并以"实施对策后 3 个月内，OQC 出货检查时有无客户投诉的问题再度出现"为判定依据，对改善效果进行评估。对策实施无效，则由品管部助理工程师或以上人员召集相关人员重新制定对策。

4.7 客户投诉的预防

品管部文员汇总一周投诉，并根据"客户品质投诉通知书/调查报告"制作"客户投诉周报"，发放给相关部门及个人，总结经验，避免客户投诉的再次出现。

拟定		审核		审批	

第 **11** 章　人力资源管理制度

本章导读

- ·员工招聘管理制度
- ·试用期管理制度
- ·员工培训管理制度

- ·绩效考核管理制度
- ·员工薪酬管理制度
- ·员工福利管理制度

11-01　员工招聘管理制度

××公司标准文件		××有限公司 员工招聘管理制度	文件编号××-××-××	
版次	A/0		页次	第×页

1.目的

　　为规范统一管理公司员工招聘工作，加强公司队伍建设，提高员工的基本素质，满足公司业务增长所需，依据《人力资源管理制度》和公司相关规定，特制定本制度。

2.适用范围

　　适用于对公司新员工招聘的管理。

3.管理规定

3.1　基本规定

3.1.1　招聘工作原则上按照定编和岗位需求进行，尽量保证招聘工作的连续性和规范性。

3.1.2　本公司招聘原则上实行内部推荐、面向社会公开招聘等方式。

3.1.3　本公司原则上规定各部门人员不允许将自己亲属介绍、安排到介绍人所分管的部门，特殊情况须总经理同意批准，介绍人需立下相关工作担保书。

3.1.4　本公司员工分两类：试用期员工和正式员工。试用期员工除公司支付试用期工资和生活补助外，无其他工资。正式员工享受公司的福利待遇、基本工资、岗位工资、各项公司相关补助。

3.2　招聘计划

3.2.1　根据公司业务拓展需求和岗位空缺的需要，由公司各部门经理会同人力资源部制订招聘计划，人员招聘应控制在编制范围内。

3.2.2 招聘管理层人员的条件。

（1）大专及以上学历。

（2）两年以上管理工作经验，一年以上相关工作经验。

（3）无不良记录，年龄根据岗位需求确定。

3.2.3 特殊情况由总经理决定适当放宽条件。

3.2.4 部门经理会同人力资源部商议确定人员招聘计划，报总经理审批后，无内部推荐的条件下由人力资源部人员面向社会进行公开招聘。

3.3 招聘程序

3.3.1 经过总经理审批后，将公司需求岗位的条件通过各种招聘渠道向社会公布招聘信息。

3.3.2 发布信息后，人力资源部人员初次选定有意向的人员后，通知相关人员前来公司参加面试，并建立"招聘人员信息登记表"。

3.3.3 人员招聘过程应该在十五天之内结束。

3.4 面试与甄选

3.4.1 经过人力资源部初选后，通知适合人员前往公司参加面试，并将面试人员的基本信息登记存档。

3.4.2 人力资源部主管会同需求人员的部门经理共同面试，并将面试信息记录登记在"招聘人员信息登记表"中，作为初审依据。

3.4.3 经过初次面试后，将条件较优秀的人员名单登记在"招聘人员信息登记表"中，并在三天之内通知符合条件的人员参加复试。

3.4.4 复试由总经理面试，经过总经理面试后，决定是否符合招聘岗位的条件，符合条件的人员将在第二天开始岗前培训，具体见《岗前培训制度》，若无符合条件的人员则继续对外招聘。

3.4.5 岗前培训为三天，在培训期，让招聘人员学习了解公司相关规章管理制度，同时公司了解员工的基本能力。

3.4.6 岗前培训合格者开始试用，试用期为三个月，特殊情况由总经理批准缩短试用期或无试用期。

3.4.7 试用期满后，由员工提交转正申请到人力资源部，由人力资源部主管会同部门经理和总经办人员共同审核合格后批准转正。

3.4.8 转正后员工享受正式员工所享有的全部待遇。

拟定		审核		审批	

11-02　试用期管理制度

××公司标准文件		××有限公司 试用期管理制度	文件编号××-××-××	
版次	A/0		页次	第×页

1.目的

为了规范新入职员工的试用期管理，使新员工能够尽快地融入公司和岗位，熟悉工作环境、岗位职责、业务流程、管理制度，便于公司吸引、留住、培育人才，为公司持续、快速、健康发展提供人才支持，特制定本制度。

2.适用范围

适用于对公司所有类型新入职员工的试用管理。

3.管理规定

3.1　定义

本制度中的试用期员工，是指通过招聘，包括外部招聘和内部竞聘，新入职处于试用期内的员工，包括中、高层管理人员。

3.2　试用期限

3.2.1　所有新入职的员工，都要进行试用考察，通过试用，对员工的适岗能力和素质进行考核。

3.2.2　员工的试用期，是指员工从通过入职培训考核之日起至转为公司正式员工之日止。

3.2.3　员工在接受入职培训期间，不算试用期，此期间的工资，按照每天____元的标准，根据培训出勤情况核发。

3.2.4　员工的试用期限，根据岗位职级的不同而不同，具体规定如下。

（1）对于内聘员工，试用期一般为1个月，最长不超过3个月。

（2）对于部门员工，试用期一般为3个月，最长不超过4个月。

（3）对于中高层管理人员，试用期一般为3～5个月，最长不超过6个月。

3.3　提前转正

3.3.1　在规定的试用期内，员工可以填写"提前转正申请表"，申请提前结束试用期。对于员工提出的提前转正申请，其上级主管和人力资源部需根据员工的具体工作表现，逐级严格审核，最后提报总经理审批。

3.3.2　人力资源部在审核时，要求员工必须具备以下条件，方可提前转正。

（1）公司规章制度培训考核得分在80分以上。

（2）岗位工作规范培训考核得分在80分以上。

（3）岗位工作技能素质考核得分在80分以上。

（4）试用期内无违反公司规章制度的情况发生。

3.3.3 为严格规范试用期，对于提前转正，人力资源部特做如下限定。

（1）内聘员工试用期不得低于1个月。

（2）部门员工试用期不得低于2个月。

（3）中、高层管理人员试用期不得低于3个月。

3.4 试用期的培训

3.4.1 同一批入职的新员工人数超过5人的，由人力资源部组织，进行集中的培训。低于5人的，可以单独做简单的入职培训，然后在1个月内，在人力资源部的组织下，集中做一次入职培训。

3.4.2 新员工的试用期培训，按照《员工培训管理制度》中的相关规定实施。部门应配合人力资源部门，共同做好新员工的培训工作。

3.4.3 入职培训期间，行政部负责员工培训教材的发放、保管、回收，以及培训满意度调查和培训考试工作。

3.5 新员工转正

3.5.1 新员工转正由员工自己申请，填写《员工转正申请表》，经上级主管审核通过后，报人力资源部审核。

3.5.2 人力资源部根据员工试用期的培训考核成绩，综合部门对员工在实际工作中表现出来的工作态度、工作能力、对公司和岗位适应状况，以及员工是否遵守公司的制度和规范等的评价，对新员工的转正申请进行审核，审核通过后报总经理审批。

3.5.3 如有必要，人力资源部将对新员工的转正薪资进行调整，与部门领导和员工沟通后，提交总经理审核。

3.5.4 对于因各种原因没有通过转正审核的员工，可以根据情况，填写"新员工试用期延长申请表"，在原岗位继续试用，但最长不得超过规定期限，否则辞退。

3.6 新员工的试用期考核

3.6.1 员工在试用期内的考核，主要是考核员工在实际工作中表现出来的工作态度和工作能力，以及与公司文化的融合和认同程度，依据的是岗位对员工的能力素质要求。

3.6.2 员工的试用期考核，主要采用定性主观评价和量化业绩指标的方式，由用人部门、人力资源部共同负责。

3.6.3 员工如对考核结果有异议，可以向上级主管、人力资源部直至分管副总逐级申诉。对于特殊岗位的员工，如有必要，则实行特殊的考核方式，报总经理审批后实施。

3.6.4 新员工的试用期考核，实行月度考核。除公司考核外，新员工每个月需提交一份工作总结，与"新员工试用期考核表"一同存档。

3.7 试用期待遇

3.7.1 原则上，试用期员工的工资为转正后岗位工资的80%。对于重要、关键的岗位或者是中高层管理人员，试用期工资实行延期支付的方式，即确定试用期工资后，实际发放时不全额发放，而是只发放部分工资，差额部分待转正后逐月予以补足。具体由人力资源部与员工沟通确定后，报总经理审批后实施。

3.7.2　还没有取得毕业证、在公司内顶岗实习的应届毕业生，在毕业前统称为实习生，工作期间统称为实习期，实习期间不核发工资，但是可以给予实习补助，具体数额另行规定。

对于虽然还没有毕业的、但是实际全职工作的应届生，由本人提出申请，经人力资源部审核通过的，则不再有实习期，而直接转入试用期。

3.7.3　应届毕业生毕业前在公司实习的时间，毕业后实习期可以转换为试用期。如实习期达到或者超过试用期时间，则不再重新计算试用期，可以直接申请转正。如实习期不足规定的试用期限，则必须补足试用期限后方可转正。

3.7.4　处于试用期内的员工，原则上不享受公司的节假福利。如有特殊情况，则特殊处理，由行政部报总经理审批后实施。

3.8　试用期员工的辞退、辞职

3.8.1　员工在试用期内，有下列行为之一的，公司将停止试用，予以辞退。

（1）违反职业道德、有损公司形象和集体利益。

（2）严重违反公司的规章制度。

（3）能力素质达不到岗位要求。

（4）没有达到培训考核最低要求。

（5）试用期考核不达标的。

3.8.2　试用期内员工提出辞职的，需提前7天填写"离职申请单"，交上级主管、人力资源部逐级审核通过后，办理离职手续，具体按照公司《员工离职管理制度》中的相关规定执行。

3.8.3　没有通过公司试用期考核、被公司辞退的员工，工资中的差额部分，原则上不予以返还。

拟定		审核		审批	

11-03　员工培训管理制度

××公司标准文件		××有限公司 员工培训管理制度	文件编号××-××-××	
版次	A/0		页次	第×页

1.目的

为提高员工的综合素质，使员工能够适应公司业务发展的需要，形成人力资源储备，为公司人力资源战略规划与发展提供有力的支持，特制定本制度。

2.适用范围

适用于公司机关人员、各部门管理人员、特殊工种人员的培训管理。

3.管理规定

3.1 培训内容、对象、师资与组织者

3.1.1 培训种类。

公司员工的培训体系由两部分组成，即内部培训和外部培训。内部培训指由公司组织师资力量，在公司内部进行的培训；外部培训指经公司同意，员工在公司外部参加的各种培训。

3.1.2 内部培训。

3.1.2.1 新员工培训。新员工培训的内容包括以下五个方面。

（1）公司发展的历史、现状、前景。

（2）公司经营业务范围。

（3）公司短、中、长期发展战略。

（4）公司组织结构和规章制度。

（5）公司经营理念和企业文化。

3.1.2.2 岗位职责及流程培训。岗位职责及流程培训的内容包括：员工所在岗位的职责、权力，业务及管理流程关系，岗位工作关系。

3.1.2.3 岗位业务技能培训。它的内容包括员工所在岗位开展工作所需的业务知识及技能的培训，如销售部的市场维护、人力资源部的绩效考核等方面的技能培训。

3.1.3 外部培训。

3.1.3.1 外部培训的内容包括以下三个方面。

（1）管理技能培训，即针对公司的高层、中层、基层管理者开展的管理类的知识与技能培训，例如企业管理、市场营销、人力资源管理等方面的培训。

（2）专业技能培训，即与岗位有关的、公司目前在内部培训中尚未包括的专业知识及技能的培训。

（3）其他教育培训与进修，即与个人能力提升有关的培训。

3.1.3.2 员工可根据自身需要填写由人力资源部下发的"培训需求调查表"，以获得外部培训机会。

3.1.4 公司可使用的培训师资。

公司可使用的培训师资包括公司内部师资和公司外部师资两类。

3.1.4.1 公司内部培训师资，包括总裁、分管副总裁、人力资源部人员、部长及其他有一定专长、具备一定讲解能力的员工。

3.1.4.2 公司外部培训师资，指公司从外部专业公司聘请的可担任特定内容讲解的专业讲师。

3.1.5 权责部门。

3.1.5.1 公司整体培训活动由人力资源部负责统筹规划、组织协调、具体实施和控制。

3.1.5.2 其他部门负责人配合人力资源部进行培训的实施、控制及异常情况的追踪。

3.2 培训计划的制订

3.2.1 培训计划的制订者。内部培训计划、外部培训计划均由人力资源部制订。

3.2.2 培训计划的制订时期。

3.2.2.1 年度培训计划的制订时期。人力资源部应在每年12月之前向各部门发放"内部培训需求调查表""外部培训需求调查表"，要求各部门在12月最后10个工作日之前将本部门培训需求提交人力资源部。人力资源部汇总各部门培训需求，据此在12月最后5个工作日之前制订公司年度培训计划。

3.2.2.2 季度培训计划的制订时期。人力资源部应在每季度第一个月5个工作日之前向各部门发放"培训需求调查表"，要求各部门对在年度培训计划中列明的部分予以确认或提出新的培训需求，各部门应在每季度第一个月最后10个工作日之前将本部门培训需求提交人力资源部。人力资源部汇总各部门培训需求，据此在每季度第一个月最后5个工作日之前制订公司季度内部培训计划和季度外部培训计划。

3.2.3 培训计划的组成部分。

3.2.3.1 培训目标。

3.2.3.2 培训内容。

3.2.3.3 培训的组织者。

3.2.3.4 培训对象。

3.2.3.5 培训时间。

3.2.3.6 培训地点。

3.2.3.7 培训方式。

3.2.3.8 培训预算。

3.2.4 培训计划的审批。

人力资源部每年年末填写"年度培训计划申请表"、每季度末填写"内部培训计划申请表""外部培训计划申请表"，经分管副总裁审批后，制订与申请表相应的培训实施计划，提交分管副总裁审批。

3.3　内部培训组织程序

3.3.1　内部培训计划包括新员工培训计划、岗位职责及流程培训计划、岗位业务技能培训计划。

3.3.2　新员工培训组织程序。

3.3.2.1　新员工培训的培训对象为新入职员工，新员工培训旨在使新员工了解公司的运作过程，适应公司的企业文化和人际关系，熟悉工作环境，从而提高工作绩效。

3.3.2.2　每季度人力资源部应组织内部培训师资，制订累计不少于2小时的新员工培训计划。新员工培训计划经分管副总审批后执行。

3.3.2.3　新员工培训的培训员工人数一般情况下应在3人（含）以上，若培训员工人数不足3人，则人力资源部应根据实际情况决定是否执行新员工培训计划。

3.3.2.4　新员工培训一般应安排在新员工入职后一个月内，若新员工由于工作原因无法在规定日期内参加培训，应由新员工所在部门负责人向人力资源部说明情况，确定新员工可参加培训的时间。

3.3.2.5　人力资源部根据培训计划，填写"新员工培训安排通知单"，发放至各部门负责人，要求部门负责人安排新员工按照规定的时间和地点准时参加培训。

3.3.2.6　人力资源部负责培训实施过程的协调、组织和控制工作，并记录每位新员工的表现情况。

3.3.2.7　人力资源部负责在培训过程中记录培训员工的表现情况，同时为新员工建立培训档案。人力资源部负责将受训员工的培训情况通知所在部门。

3.3.2.8　未参加新员工培训的员工，不得参加公司组织的其他培训，不得转正。

3.3.3　岗位职责及流程培训组织程序。

3.3.3.1　岗位职责及流程培训的对象为新入职的员工、岗位调整的员工及其他需要培训的员工，旨在使员工明确岗位职责和本岗位所处的流程环节。新入职的员工、岗位调整的员工必须参加本项培训。

3.3.3.2　每季度人力资源部根据岗位所在部门提出的岗位职责及流程培训需求，制订累计不少于2小时的培训计划。

3.3.3.3　岗位职责及流程培训应在员工到岗后一个月内进行，若到岗员工由于工作原因无法在规定日期内参加培训，应由该员工所在部门负责人向人力资源部说明情况，确定新员工可参加培训的时间。

3.3.3.4　岗位职责及流程培训由人力资源部督促各部长组织师资力量。

3.3.3.5　人力资源部负责在培训过程中记录培训员工的表现情况，并记入员工培训档案。人力资源部负责将受训员工的培训情况通知所在部门。

3.3.4　岗位业务技能培训组织程序。

3.3.4.1　岗位业务技能培训的组织者为人力资源部，实施者为公司各部门的负责人，培训对象为需要提高业务技能的员工，本项培训旨在提高公司员工的业务知识和技能。

3.3.4.2　每季度人力资源部根据岗位所在部门提出的岗位业务技能培训需求，制订累计不少于2小时的培训计划。

3.3.4.3　岗位业务技能培训应在员工到岗后一个月内进行，若到岗员工由于工作原因无法在规定日期内参加培训，应由该员工所在部门负责人向人力资源部说明情况，确定新员工可参加培训的时间。

3.3.4.4　岗位业务技能培训由人力资源部督促各部长组织师资力量。

3.3.4.5　人力资源部负责在培训过程中记录培训员工的表现情况，并记入员工培训档案。人力资源部负责将受训员工的培训情况通知所在部门。

3.4　外部培训组织程序

3.4.1　外部培训计划由人力资源部组织实施。

3.4.2　员工参加外部培训，需同人力资源部签订外部培训协议。外部培训协议中应明示外部培训应达到的目的、要求、成果、费用承担等项目。

3.4.3　若员工未能遵守培训协议的约定，人力资源部对培训期间的费用不予报销；若员工占用工作时间参加外部培训，人力资源部应考虑是否要求员工承担误工费用。

3.4.4　若员工占用工作时间参加外部培训，应妥善安排工作。

3.4.5　外部培训的组织过程参见《人力资源管理流程》(略)《人力资源管理流程配套程序》(略)。

3.5　培训管理

3.5.1　培训考勤规定。

3.5.1.1　学员应按时参加培训，如有事不能参加，应提出推迟培训申请，由部门负责人审批后交人力资源部存档。

3.5.1.2　培训期间，迟到、早退、缺勤等情况，参照《员工考勤与假期管理制度》中的处理办法处理。

3.5.1.3　员工在职培训严格执行考勤制度，无故不参加培训或缺课者，按旷工对待。

3.5.2　培训档案管理。

3.5.2.1　人力资源部负责将全体员工所有参加培训的名称、表现及成绩等内容，记录汇总成员工培训档案。

3.5.2.2　员工培训档案由人力资源部保管，允许培训员工本人及其上级领导查阅，对其余人员保密。

3.5.3　培训费用，每年度人力资源部编制培训预算，提交公司总裁审批后执行。人力资源部培训费用从培训预算中按计划列支。

3.6　培训评估

3.6.1　培训评估分两个阶段进行，分为培训前评估、培训效果评估。

3.6.2 培训效果评估分反应、学习、行为、结果四个方面进行。

3.6.2.1 员工参加培训学习的反应及主观感受。

3.6.2.2 员工参加培训学习，实际学到了什么知识。

3.6.2.3 员工参加培训学习后，在岗位实际操作中有多大程度的改观。

3.6.2.4 通过质量、数量、安全、销售额、成本、利润、投资回报率等可以量化的指标来考察，培训产生了什么样的结果。

3.6.3 培训评估的形式可采用自我评估、课程评估、教学评估等。各级培训组织部门对每次培训进行一次培训总结，告知培训评估结果。

拟定		审核		审批	

11-04 绩效考核管理制度

××公司标准文件		××有限公司 绩效考核管理制度	文件编号××-××-××	
版次	A/0		页次	第×页

1.目的

为了最大限度激励发挥个人潜能，提高员工工作绩效，进而提高公司的整体效益，为员工的薪酬、职务调整及能力开发等方面提供科学、合理的管理依据，规范员工的工作态度，增强员工责任心，特制定本制度。

2.适用范围

适用于公司参与绩效考核的所有员工。

3.管理规定

3.1 考核方式与周期

3.1.1 绩效考核方式按《岗位职责说明书》《绩效考核标准与办法》等执行。

3.1.2 考核周期分为试用期考核、月度考核、年度考核三种。

3.2 绩效管理

3.2.1 绩效考核小组由总经理任组长，各部门主管为成员。所有绩效考核结果由绩效考核评定小组统一评审，绩效考核的相关数据由各部门主管的报表提供。

3.2.2 试用期内考核由新员工每月考核的平均分来核定。平均分60分以上方为合格给予转正，调薪的幅度依据绩效考核的分数来调整。平均分低于60分的根据情况公司有权给予继续试用或辞退处理。

3.2.3 月度绩效考核。

（1）每月根据《岗位职责说明书》《绩效考核标准与办法》对参与绩效考核的员工进行考核，依据考核的成绩发放绩效奖金，绩效奖金与工资一起发放。

（2）关于绩效考核中有每月提成奖金的员工，只有在工作完成后的当月才能核算提成金额，提成与当月的工资一起发放。

3.2.4　年度绩效考核。

（1）根据公司去年的营业成绩情况，公司每年1月份对各员工每月的绩效考核成绩做汇总，根据一年的绩效成绩给予发放年终奖金。

（2）关于绩效考核中有年终提成奖金的员工，只有工作到发放年终奖金时才给予发放，凡在发放年终奖金之前辞职的不给予发放任何年终奖金（含提成）。

（3）关于绩效考核中有年终提成奖金的员工，年终提成奖金在年底发年终奖金时先只发50%，其余50%在新一年的六个月平均发放。

3.2.5　考核说明。

（1）月绩效考核分数达到60分以上才有资格拿月绩效奖金，连续三个月绩效考核分数低于60分将做调岗处理。

（2）各绩效考核人员的绩效全额奖金见"岗位绩效奖金表"（略）。

（3）绩效奖金中含有提成奖金的提成比例见"业务提成表"（略）。

（4）每月绩效考核中的扣款将会在年终奖金里面再扣款一次。

（5）公司绩效考核评定小组对以上标准有最终解释权。

3.2.6　凡参与绩效考核的员工，要与公司签订《员工保守商业秘密协议书》，遵守《公司商业保密管理制度》。凡违反《公司商业保密管理制度》的，一经发现，根据情节严重程度给予取消所有绩效奖金（含提成）的处罚，特别严重者，给予开除出公司并索赔损失金额的处罚。

拟定		审核		审批	

11-05　员工薪酬管理制度

××公司标准文件		××有限公司 员工薪酬管理制度	文件编号××-××-××	
版次	A/0		页次	第×页

1.目的

为建立一种以岗位为基础、以工作绩效考核为核心的正向激励机制，把员工的薪资收入与岗位责任、工作绩效密切结合起来，实现薪酬管理与分配的制度化、规范化，特制定本制度。

2.适用范围

（1）适用于公司全体员工（计件制除外）。

（2）非公司所属的外联人员除外。

3.管理职责

（1）总经理：根据公司的战略发展规划，提出本制度的制定与修正原则，以及本公司收入分配的原则方案；组织讨论并批准本制度的实施。

（2）人力资源部：负责组织本制度的修订和实施过程中的解释；负责本制度的执行和监督；负责按各部门上报的考勤、考核等资料，计算员工工资与奖金；拟订薪资年度预算，提出员工薪酬调整议案。

（3）财务部：负责对人力资源部提交的员工工资表进行复核及最终发放。

4.管理规定

4.1 薪资的构成

4.1.1 薪资划分。

4.1.1.1 按各部门的具体职责划分为五大系列：生产、营销、管理、技术、后勤服务。

4.1.1.2 根据公司的性质，实行以岗位标准工资为主体结构的薪酬制度。

4.1.1.3 基于激励的需要，将薪酬体系划分为固定工资与浮动工资两大部分。固定工资包括岗位工资、学历工资、工龄工资及各项福利津贴；浮动工资包括绩效工资、加班工资及年终奖金。

4.1.1.4 基于岗位价值设定的是岗位标准工资（由岗位工资和绩效工资构成），基于个人价值设定的是有补偿性工资（包括学历工资、工龄工资、加班工资以及福利津贴）和奖励工资（奖金）。

4.1.2 岗位工资、绩效工资、学历工资、工龄工资、加班工资以及福利津贴共六个项目构成月薪资总额。

4.1.2.1 岗位标准工资。

（1）岗位标准工资＝岗位工资＋绩效工资。

（2）不同部门岗位工资与绩效工资比例不同。

4.1.2.2 绩效工资。

（1）绩效工资体现员工在某一考核期内的工作成绩，以员工考核评估确定的等级结果为依据，确定绩效工资额。

（2）绩效工资分为A、B、C、D、E共五等，A等为最高等，C等为绩效工资基准，E等为最低等。

（3）绩效工资等级计算标准（设绩效工资基准为N）如下表所示。

绩效工资等级计算标准（设绩效工资基准为N）

绩效工资等级	A等	B等	C等	D等	E等
计算比例	$N \times 120\%$	$N \times 110\%$	N	$N \times 70\%$	$N \times 30\%$

（4）在绩效考核实施前，可统一按C等绩效工资与岗位工资构成的岗位标准工资进行定薪。

（5）绩效工资额由员工在考核期内的考核评估结果（分A、B、C、D、E五等）确定。考核评估结果由考核得分按照规定的等级分布比例强制确定。

不同等级绩效工资人员分布比例标准

绩效工资等级	A等	B等	C等	D等	E等
人员分布比例	5%	20%	65%	5%	5%

4.1.2.3 工龄工资。

（1）公司为了激励长期为本公司工作的员工而设定的工龄工资。

（2）公司中层以上人员，不再计算和发放工龄工资。

（3）工龄是指进入本公司后连续工作的年限。

4.1.2.4 学历工资。

（1）学历以国家承认的学历为准，一个人同时拥有多个学历时，取其最高学历发放相对应的学历工资。

（2）员工试用期满后开始享有学历工资（专业要与工作相关或对口）。

学历工资等级表

学历	博士	硕士	本科	大专
工资/元				

4.1.2.5 加班补贴。

（1）员工加班须由本部门经理审核，经批准的加班需提前报人力资源部办理加班手续，未按规定办理的人员不计付加班补贴。

（2）员工加班分延时加班、休息日加班与法定假日加班三种。

（3）原则上安排加班的，当月尽量安排补休，如当月不能补休的，则计算加班补贴。标准如下：延时加班，补贴按____计算；休息日加班，补贴按____计算；法定假日加班，补贴按____计算。

4.1.2.6 福利津贴。

（1）社会保险津贴。公司根据国家有关规定为员工办理社会保险。

（2）假期津贴。全公司员工统一享受国家的法定节假日，不扣工资。

（3）住房补贴。根据公司规定提供。

（4）伙食津贴。根据公司规定提供。

（5）职称津贴。

（6）特殊津贴。对为公司技术创新、管理创新作出特殊贡献的人员，经公司评审通过后，可享有____元不等的津贴。

4.1.2.7 奖金。奖金由一次性奖励、特殊贡献奖、项目奖和年终奖四部分组成，以货币形式给予奖励。

4.1.2.8 薪资扣款项目。个人所得税、代扣社保费、住宿水电费（住宿人员）、罚款及其他代扣应扣事项。

4.1.2.9 补杂。员工薪资发放如有错漏，将在下月薪资"补杂"项中补发补扣。

4.2 定薪

4.2.1 新进人员定薪。

4.2.1.1 新员工试用期为1～3个月，试用期薪资级别为该岗位正式薪资级别往下调1～3级。

4.2.1.2 对于较优秀又特别稀缺的人才，可以根据市场价格给予破格定级，但须报总经理批准。

4.2.1.3 新进员工入职薪资确定的岗位权限如表所示。

新进员工入职薪资确定权限表

所属岗位	提交试用意见	申请	批准
经理级（含）以上	试用岗位直属上司	人力资源部经理	总经理
经理级以下	试用岗位直属上司	人力资源部专员	人力资源部经理

4.2.2 内部员工定薪。

4.2.2.1 规范定薪：根据员工个人表现、部门及公司的综合评价，按照新制定的薪酬体系等级确定现有人员的薪资等级。

4.2.2.2 人员调整：每年1月份，各部门根据上一年的人员绩效考核成绩及新一年的工作目标、任务对人员进行优化组合，对于被优化出来的人员及新一年的人员缺口，以书面形式报人力资源部备案。

4.2.2.3 对胜任本岗位工作的人员，可根据胜任程度按薪酬等级表中相对应的工资标准上下浮动2～3个薪级确定薪资等级。

4.2.2.4 对不胜任本岗位工作的人员，而本部门、班级又无其他合适的岗位，原则上作待岗处理；待岗时间至劳动合同期满，待岗期间只发放基本生活费，标准参照当地最低生活保障额；在合同期内出现空缺岗位的，待岗人员可申请参加竞争上岗，在同等条件下，优先录用。

4.3 薪资调整

4.3.1 个人薪资调整。

4.3.1.1 薪资等级调整说明。

（1）升级：按照从低到高的顺序依次提高，当需要跨等调级时，则调为上一等中比起调级高的对应级。

（2）降级：按照从高到低的顺序依次降低，当需要跨等调级时，则调为下一等中比起调级低的对应级。

（3）升等：直接升入上一等中比本等级高的对应级。

（4）降等：直接降入下一等中比本等级低的对应级。

4.3.1.2　岗位或职称无变动的个人薪资等级调整（每年12月调整，次年1月实施），以每年12次考核为准，若未完成12次考核，则按未完成考核次数对应比例减少绩效等级数。绩效等级控制幅度如表所示。

绩效等级控制幅度

条件	调级
全年至少8个A	+2
全年至少8个B	+1
不符合上面或下面的条件	0
全年8个D或E，或连续3个E	−1
全年8个以上E	待岗

4.3.1.3　薪资调整后的计算方式：每月15日以后生效的，当月按原等级计算；15日之前生效的，当月按新等级计算。

4.3.1.4　个人薪资调整的岗位权限如表所示。

个人薪资调整的岗位权限

调整事因	薪等	薪级
职位晋升	对应晋升后所在岗位的薪等	重新评估，一般为该薪等的较低薪级，但必须确保薪资总额不低于晋升前的水平
职位平调	薪等不变	依新的职位重新评估薪级
职位降级	对应降级后所在岗位的薪等	重新评估，但必须确保薪资总额不高于调整前的水平

4.3.2　全公司普调。

4.3.2.1　薪资普调：指公司根据每年同行业的薪酬调查情况以及国家物价上涨指数，而对公司薪酬体系全部或部分内容进行的调整。

4.3.2.2　有下列情况者，无资格参与薪资普调。

（1）病假、事假、工伤假、产假等累计超过一个月者。

（2）该年度受到重大行政处罚或记大过一次以上者。

（3）加薪实施前离职者。

4.4 薪资计算、审批与发放

4.4.1 薪资计算。

4.4.1.1 薪资计算项目。员工月薪资总额＝岗位工资＋绩效工资＋工龄工资＋学历工资＋加班补贴＋各种福利津贴＋补杂－应扣款项。

4.4.1.2 考勤管理。薪资计算的考勤期间为自然月，在每月的前3个工作日内，劳资专员把员工的上月考勤情况以书面形式通知各部门经理确认。考勤确认的时间不得超过1天，劳资专员在每月的第5个工作日前回收考勤确认表。

4.4.1.3 计件工资的计算。

（1）每月的前5个工作日为各部门计算计件工资的时间，必须在第6个工作日前将计算好的计件工资表提交到人力资源部。

（2）每月第6～10个工作日为劳资专员汇总、计算计件工资时间。

4.4.1.4 绩效工资计算。

（1）每月的前5个工作日为各部门绩效考核评估时间，并于第6个工作日前汇总到人力资源部。

（2）每月第6～10个工作日为人力资源部劳资专员汇总绩效考核结果并确定绩效工资等级的时间。

（3）每月第13～15个工作日为劳资专员计算工资并制成"工资表"的时间。

4.4.1.5 薪资计算时，各项目一律以元为单位计算，若有小数产生，一律四舍五入。

4.4.2 工资审批。

4.4.2.1 薪资必须由总经理或总经理的特别授权人批准后方能发放，以下称工资批准人。

4.4.2.2 劳资专员完成薪资计算并形成"工资表"后，一并提交人力资源部经理、财务部经理审核，然后交工资批准人审批，审批完毕后交财务部出纳员。

4.4.2.3 所有中间审核人和工资批准人的工作完成时间最长不得超过两个工作日。

4.4.2.4 如每月27日前工资批准人因出差不在公司，"工资表"由财务部经理审核后征得工资批准人同意可先行发放，待工资批准人返回后补签。

4.4.3 薪资发放。

4.4.3.1 薪资发放日期：每月30日发放上月薪资，如遇周末或节假日，则顺延发放。如提前发放，必须经总经理批准。

4.4.3.2 试用期内员工提取薪资时，必须由本人携带厂牌提取。

4.4.3.3 因计算错误造成员工薪资不符的，将在下月发放的薪资中补扣。

4.4.3.4 年终奖金发放时间为每年春节前。

4.5 说明

4.5.1 员工对薪资产生异议时可以提出书面申请，行使薪资请求权，但自发生之月起6个月内未行使则视为弃权。

4.5.2 本制度规定的薪资为税前薪资。

4.5.3 对于本制度未规定的事项，依本公司人力资源部相关的管理制度办理。

拟定		审核		审批	

11-06 员工福利管理制度

××公司标准文件		××有限公司 员工福利管理制度	文件编号××-××-××	
版次	A/0		页次	第×页

1.目的

为规范公司福利管理，体现出对员工的关爱，激发员工的工作激情，制定本制度。

2.适用范围

适用于本公司所有员工的福利管理。

3.管理规定

3.1 职责

3.1.1 公司人力资源部负责公司的福利管理。

3.1.2 公司财务部负责福利管理情况的监督管理。

3.2 福利范围

3.2.1 培训提升：根据需要，公司组织员工进行外出拓展训练、深造等多种形式的外训，不断提升员工队伍素质，每年由人力资源部制定方案，报总经理批准后组织实施。

3.2.2 工龄补助：公司为入职满一年（含）以上的员工发放工龄补助，具体执行标准为满一年____元，满两年____元，满三年____元，满四年____元，满五年____元，五年以上____元。

3.2.3 节日礼品：公司在每年的中秋节、春节为公司员工发放节日礼品，以示慰问，具体由办公室、采购部执行。

3.2.4 就餐补助：公司为员工提供就餐补助，每周三为免费工作餐。

3.2.5 婚庆福利：入公司满一年的员工符合国家相关规定结婚的，本人填写"结婚礼金领取申请表"，凭结婚证经办公室审核后可领取公司为其发放的____元结婚礼金，以示祝福。

3.2.6 公费旅游：公司每年组织管理人员和优秀员工外出旅游，费用由公司承担，每年由办公室提出计划报总经理批准后组织实施。

3.2.7 健康体检：公司为保障员工身体健康，定期组织员工进行健康体检，优秀员工和特殊岗位员工每年一次，其他员工每两年一次，具体由办公室落实。

3.2.8 夏季防暑：夏季公司为员工发放夏季防暑用品，并根据实际岗位情况发放防暑补助。

3.2.9 生日礼物：公司为入公司满三个月的员工发放生日礼物，具体由人事部负责落实。

3.2.10 丧事吊唁：员工直系亲属亡故时，公司安排人员前往吊唁，以示慰问。

3.3 福利范围、数量的调整

特殊情况需要调整福利范围和数量时，应由主管部门提出书面申请报总经理批准后执行。

拟定		审核		审批	

第*12*章 行政后勤管理制度

本章导读

12-01 对外接待管理制度

××公司标准文件		××有限公司 对外接待管理制度	文件编号×× - ×× × - ××	
版次	A/0		页次	第×页

1.目的

为进一步规范各类对外接待工作，特制定本制度。

2.适用范围

适用于公司各项对外接待业务的管理。

3.管理规定

3.1 接待费用分类与等级

3.1.1 接待费用的分类。

接待费用分为两类：特定项目接待费和临时性招待费。

3.1.2 接待等级。

A类：贵宾接待，指公司贵宾、公司重要客户、外宾及参观团或地方政府部门的接待。

B类：交流指导，如专家的接待等。

C类：普通接待，指一般来客的接待。

3.2 接待事宜的工作保障

接待费的使用实行预算控制、分级管理、提前审批、定额审批的原则。在公司内部接待时，由接待部门决定接待标准，然后通知行政部按接待标准进行接待物资的采购。

3.2.1 特定项目接待费。

（1）_____万元人民币以上，由部门主管提交总经理审批，总经理通知董事会并做相关记录。

（2）_____万元以下 _____元以上，由部门主管提交总经理审批，管理层会签。

（3）_____元以下 _____元以上，由部门主管提交总经理审批。

（4）_____元以下，部门主管审批。

3.2.2 临时性招待费。

（1）临时性招待费是指在特定项目接待费之外临时产生的招待费用。

（2）临时性招待费须由员工以书面形式申请、总经理审批同意后才能执行。如遇特殊情况员工以电话形式申请的，需及时做好相关的电话记录，事后补充填写"业务招待费申请单"。

3.3 接待规定

3.3.1 各类业务招待，接待部门应适当从紧控制陪同人员，陪同人员一般不应超过需接待人员的1.5倍。

3.3.2 业务招待用餐坚持分级限标的原则。接待用餐一般应就近安排酒店招待。

3.3.3 午餐招待原则上不饮用酒类，确有需要时也应适量控制。

3.3.4 营销部门执行招待任务前，应填写"业务招待费申请单"，根据不同招待标准分别报不同权责人员同意后方可执行。"业务招待费申请单"一式两份，申请部门和行政部各执一份。

3.3.5 业务招待费报账时实行两单一票的原则。即由接待人员在招待任务完成后，凭招待费用的正式发票、财务规定的报账单和"业务招待费申请单"到财务部验证，由财务部主管确认后，再持报账单、正式发票经不同权责人签字后，到财务部办理报销手续。

3.3.6 财务部主管负责制定每年的业务招待费预算额度，并对其使用情况进行监督和控制。

3.3.7 考虑到公司经营工作实际，营销部____元以下招待费用无须填写"业务招待费申请单"，但也要坚持不超定额的原则。超出当季度定额的不予报销列账，超出全年定额部分公司不予解决。

3.3.8 行政部未能严格按标准审批额度，每发生一次，罚行政部主管____元并通报批评；负责接待的部门和人员在申请中有虚假行为，每发生一次，扣罚相关负责人____元并通报批评。

拟定		审核		审批	

12-02　日常会议管理制度

××公司标准文件		××有限公司 **日常会议管理制度**	文件编号××-××-××	
版次	A/0		页次	第×页

1.目的

为加强会议管理，减少不必要的会议，缩短会议时间，提高会议质量，特制定本制度。

2.适用范围

适用于本公司所有形式会议的管理。

3.管理规定

3.1　会议分类

3.1.1　公司级会议：由公司决策层、管理层、公司各级员工参加的关于讨论公司事务的会议。包括公司股东会、董事会、全体员工大会、管理人员会议、民主评议及工作述职会议等。

3.1.2　部门级会议：由公司各部门组织召开的，有关部门工作内容的会议。包括部门工作会议、部门协调会等。

3.1.3　专题会议：为解决工作中的问题而召开的专门会议，包括工作例会、经营活动分析会、质量分析会、研讨会等。

3.2　会议组织

公司级会议均由行政部统一组织；其他部门级、专题会议由各部门自行组织，行政部协助。

3.3　会议准备

3.3.1　重要会议。以下事项经公司领导批准后，会议组织者进行会议准备。

（1）会议名称。

（2）会议主旨和目标。

（3）会议议程。

（4）会议时间。

（5）会议地点。

（6）会议主持人。

（7）出席人员（名单）。

（8）会议预算。

（9）接待工作说明。

（10）目前筹备情况及进展。

（11）（可能）存在的问题、解决方案及要求。

（12）筹备时间进度表。

3.3.2 一般会议：公司召开例会、专题会议，由会议组织人提出申请，经公司领导批准后召开。会议组织人可口头或电话通知与会人员，告知会议事项。

3.3.3 与会人员：与会人员应做好有关的准备工作（包括熟悉会议材料，拟好提案、汇报提纲、发言要点、工作计划草案，备好笔记本，等）。

3.4 会议纪律

3.4.1 按时参加，不得迟到、缺席、早退。因特殊原因无法出席的，须提前向会议组织者请假并得到批准。

3.4.2 应关闭携带的通信设备，或调到静音模式。

3.4.3 不大声喧哗、不交头接耳、不做与会议无关的事情、不准吸烟、不吃零食等。

3.4.4 保守公司秘密，遵守相关保密规定。

3.5 违规处罚

3.5.1 会议组织者因工作失误，影响会议举行，视情节轻重罚款_____ ~ _____元/次。

3.5.2 无特殊原因缺席会议者，按旷工一天处理，早退者按旷工半天处理。无特殊原因迟到者，予以罚款。具体标准为：部门经理（含）以上人员迟到____分钟以内罚款_____元，____分钟以上罚款_____元；部门经理以下人员减半。

3.5.3 违反规定使用通信工具，每次罚款_____元。

拟定		审核		审批	

12-03　办公用品管理制度

××公司标准文件		××有限公司 办公用品管理制度	文件编号×× - × × - × ×	
版次	A/0		页次	第×页

1.目的

为了统一限量、控制办公用品规格，节约经费开支，特制定本制度。

2.适用范围

适用于公司办公用品的管理。

3.管理规定

3.1 办公用品采购

3.1.1 根据办公用品库存量情况以及消耗水平，确定订购数量。

3.1.2 各部门申购办公用品，须填"办公用品购买申请书"，经行政部确认后，由行政部填写"订货单"，直接向有关商店订购。

3.1.3　行政部必须依据"办公用品购买申请书"，填写"订购进度控制卡"，卡中应写明订购日期、订购数量、单价以及向哪个商店订购等。

3.1.4　所订购办公用品送到后，行政部要按"送货单"进行验收，核对品种、规格、数量与质量，确认无误，在"送货单"上加盖印章，表示收到。然后，在"订购进度控制卡"上做好登记，写明到货日期、数量等。

3.1.5　收到办公用品后，对照"订货单"与"订购进度控制卡"，开具支付传票，经主管签字、盖章，做好登记，转交财务部负责支付或结算。

3.1.6　办公用品原则上由公司统一采购，分发给各个部门。如有特殊情况，允许各部门在提出"办公用品购买申请书"的前提下就近采购。在这种情况下，行政部有权进行审核，并且把审核结果连同申请书一起交付监督检查部门保存，作为日后使用情况报告书的审核与检查依据。

3.2　办公用品的核发

3.2.1　各部门需使用办公用品时，应填写"办公用品领用申请书"，提出申请。

3.2.2　接到各部门的"办公用品领用申请书"后，行政部有关人员要进行核对，并在申请受理册上做好登记，写上申请日期、申请部门、用品规格与名称以及数量，然后再填写一份"办公用品分发通知书"给发送人员。

3.2.3　发送人员进行核对后，把所申请的全部用品备齐，分发给各部门。

3.2.4　用品分发后做好登记，写明分发日期、品名与数量等。

3.3　办公用品的日常管理

3.3.1　对决定报废的办公用品，要做好登记，在报废处理册上写清用品名称、价格、数量及报废处理的其他有关事项。

3.3.2　所有入库办公用品，都必须一一填写台账（卡片）。

3.3.3　必须清楚地掌握办公用品库存情况，经常整理与清扫，必要时要实行防虫等保护措施。

3.3.4　办公用品仓库一年盘点两次（六月与十二月）。盘点要求做到账物一致。如果不一致必须查找原因，然后调整台账，使两者一致。

3.3.5　印刷制品与各种用纸的管理按照盘存的台账为基准，对领用的数量随时进行记录并进行加减，计算出余量。一旦一批消耗品用完，应立即写报告开展采购工作。

3.3.6　对公司各部门的办公用品使用情况要定期进行调查，调查内容包括三个方面。

（1）核对办公用品领用申请文件与用品台账。

（2）核对"办公用品购买申请书"与实际使用情况。

（3）核对办公用品领用台账与实际用品台账。

拟定		审核		审批	

12-04 办公设备管理制度

××公司标准文件		××有限公司 办公设备管理制度	文件编号××-××-××	
版次	A/0		页次	第×页

1.目的

为了加强公司办公设备的管理，确保合理有效使用，特制定本制度。

2.适用范围

适用于公司所有办公设备的管理。

3.管理规定

3.1 定义

本制度中的办公设备包括：计算机、打印机、复印机、扫描仪、传真机、电话机等。

3.2 办公设备的申请

因工作需要购买办公设备的部门于当月 ____ 日前提出办公设备需求申请，报行政部、财务部、主管副总审核批准后，由行政部统一列入下一月度预算。

3.3 办公设备的采购

3.3.1 办公设备原则上严格实行预算管理，统一采购。如有紧急情况，允许按预算外费用申请程序实施紧急采购，需总经理审批后采购。

3.3.2 预算获批后，由行政部执行采购，并办理出入库手续。

3.3.3 设备送达后，由行政部负责进行核对、验收，确定无误后，办理入库手续。

3.4 办公设备的领用

3.4.1 各部门填写"领用申请单"，经行政部、财务部负责人签字后交行政部管理员，管理员核对后，在"领用登记册"上做好登记，办理出库手续。

3.4.2 移动硬盘、笔记本电脑等便携式办公设备要办理固定资产借用单。在规定的使用年限期间，配备人员因工作需要发生调动的，公司范围内调动办公设备"机随人走"；公司范围外调动的，办公设备必须上交公司，同时撤回固定资产借用单。

3.5 办公设备的使用

3.5.1 办公设备领取后，将开箱验收记录及说明书、保修卡等随机资料移交行政部存档。

3.5.2 公司按照"谁使用，谁管理"的原则，对办公设备进行日常管理，在规定的使用年限期间，因个人原因造成办公设备毁损、丢失、被盗等，所造成的经济损失由个人承担。

3.5.3 行政部负责对公司所有办公设备进行分类编号，并建立办公设备管理台账，每半年盘点清查一次，做到账物相符。

3.5.4 行政部负责公司所有办公设备的日常维修与保养。

3.6 办公设备的报废

3.6.1 报废审核。对于各部门提交的报废设备清单，行政部人员要认真审核，确认不能再次利用后，经行政部、财务部负责人签字后方可作报废处理。

3.6.2 对决定报废的办公设备，行政部应做好登记，在报废处理册上写清用品名称、价格、数量及报废处理的其他有关事项。

3.6.3 报废品由行政部集中存放、集中处理，不得随意丢弃。

拟定		审核		审批	

12-05　行政费用管理制度

××公司标准文件		××有限公司 行政费用管理制度	文件编号××-××-××	
版次	A/O		页次	第×页

1.目的

为了加强公司行政费用管理，维护公司良好的经营秩序，特制定本制度。

2.适用范围

适用于公司各类行政费用审批、报销等管理。

3.管理规定

3.1 差旅费管理

3.1.1 交通费：业务人员出差期间交通费实报实销。凡乘坐出租车的要在发票后注明起止地、事由，经主管本部门副经理、财务审批人签字后方可报销。凡因私乘车费用均由本人承担。

3.1.2 使用交通工具的规定：应根据具体情况选择快速、经济的交通工具。

3.1.3 市内交通费：业务人员在市内外出办事，需提前通知行政部安排公务车。在无法安排公务车的情况下，经主管领导同意可以乘坐出租车。

3.1.4 住宿费：在宾馆住宿期间，不允许签单消费。长途电话可实报实销，但必须取得宾馆的明细单，否则不予报销。在不影响业务的前提下，出差可以借宿，但无论住宾馆还是借宿，必须保障公司与出差人员的联系畅通快捷。

3.1.5 差旅补助：员工出差每日差旅补助____元。经批准参加各种学习班会议并集中食宿的员工，学习班会议期间每人每天补助____元。员工市内外出办事，确需在外边用餐的，经行政部批准，可按每人每次____元的标准报销餐费，超出部分自理。

3.1.6 关于出差到机场、火车站接送的规定：员工去机场或火车站，公司派公务车接送。在无法安排公务车的情况下，可以乘坐出租汽车，实报实销。

3.2 邮电通信费用管理

3.2.1 传递工具的使用，应在保证业务及时、安全、准确得到处理的前提下，分轻重缓急，选用费用最低的方式。传递方式一般包括：普通邮件、快递、电话、传真、电子邮件等。所有对外传递均由行政部统一办理，并登记存档。

3.2.2 业务人员出差期间，业务联系发生的邮电通信费用，根据明细单实报实销。

3.2.3 电话费。因业务需要使用国际长途电话时，须填写长途电话申请单，在注明部门、时间、通话国家及单位、业务内容、通话人并经部门负责人签字后方可使用。否则费用自理。

3.3 商务费用管理

公司打印机、复印机、传真机等办公设备，由行政部统一管理。任何人不得打印、复印与公司业务无关的资料。

3.4 宴请与宴请标准

由于业务需要宴请客户，须填写"招待费审批表"，注明宴请事由，邀请人数、单位、姓名、职务以及我方陪同人员姓名、人数和用餐标准等，由公司总经理审批。

3.5 宣传品及礼品

公司宣传品及礼品，由行政部统一定做、购置，并由行政部统一负责管理，要建立领用批准制度，并立账管理。

3.6 特殊情况处理办法

白条原则上不予报销。特殊情况使用白条的，要有充分的理由，并有两人签字证明，部门经理及财务部经理签字，报公司总经理审批。

3.7 补充说明

以上规定及费用标准，公司每位员工要自觉遵守，各级领导及财务部门要按规定严格把关，监督执行。凡为公司增加效益、节省开支者，公司给予一定的奖励。对弄虚作假者，一经查出，严肃处理。

拟定		审核		审批	

12-06　印信使用管理制度

××公司标准文件		××有限公司 印信使用管理制度	文件编号××-××-××	
版次	A/0		页次	第×页

1.目的

为了规范印信的使用，明确印信的管理与使用责任，防止误用印信给公司带来不良影响及经济损失，结合公司的具体情况，特制定本制度。

2.适用范围

适用于对公司所有类型印信的管理。

3.管理规定

3.1 印信的种类

本制度所称的印信包括印鉴、职章、部门章、职衔签字章及公司介绍信。

3.1.1 印鉴：公司向主管机关登记的公司印章或指定的业务专用章，如合同专用章、财务专用章等。

3.1.2 职章：刻有公司董事长或总经理职衔的章。

3.1.3 部门章：刻有公司部门名称的印章。

3.1.4 职衔签字章：刻有总经理职衔及签名的印信。

3.1.5 公司介绍信：加盖公司印章的有关介绍文件。

3.2 印信的使用权限与管理部门

3.2.1 印信使用必须经过总经理批准或授权，没经总经理批准或授权，任何人不能使用印信。

3.2.2 公司的印信由行政部负责管理，并由总经理授权人监印和保管印信。

3.3 印信的使用管理规定

3.3.1 经总经理签署的相关公文（文件、合同），由监印人直接用印。

3.3.2 文件需要用印时，发起部门或发起人应将填写后的"用印申请单"和相关文件报总经理，经总经理批准后，由总经理授权的监印人取件用印。

3.3.3 由公司总经理亲自拟订的、但不需总经理署名的文件，需经总经理在文件副本上签字，监印人在正副本上盖章，副本存档。

3.3.4 监印人除于文件上用印外，还应于"用印申请单"上加盖所使用的印章，并将"用印申请单"与文件同时存档。

3.3.5 已签署、加盖公章的文件需废除并重新签署时，原件需由总经理做作废批示，同时由监印人填写"文件发放回收登记表"，全数收回原文件并记录，由监印人与用印发起人共同销毁。之后，新修改的文件，需重新履行用印审批手续。

3.3.6 公司原则上不允许开空白介绍信，如因工作需要或其他特殊情况确需开具时，必须经行政部经理签字批准方可开出。持空白介绍信外出工作回来必须向公司汇报其介绍信用途，未使用的必须交回。

3.3.7 公司所有需要盖印信的文件、介绍信等都需统一编号登记，以备查询。

3.3.8 印章一律不许在空白的纸张上加盖，特殊情况下需经总经理批准，在纸张上印章附近写明附注。

3.3.9 印信一律不许带出公司，因工作需要必须带出时，要经总经理同意，并办理完备手续方可带出，且当日下班前必须交还公司监印人。

3.4 责任

3.4.1 监印人应妥善保管好印信，如遗失印信或失误用印，一切后果由监印人全权负责。

3.4.2 监印人对未经申请或未被批准的文件，不得擅自用印，违者严肃处理。

3.4.3 印信遗失时除立即向公司报告外，还应依法公告作废。

若由于印信使用失误或因印信被盗用或滥用而造成公司损失，公司除依法追究经济责任外，对故意营私舞弊且情节特别严重者，追究刑事责任。

拟定		审核		审批	

12-07　证照管理制度

××公司标准文件		××有限公司 证照管理制度	文件编号××-××-××	
版次	A/0		页次	第×页

1.目的

为加强公司的证照管理，确保证照在公司经营管理活动中被安全、有效、合法地使用，特制定本制度。

2.适用范围

适用于公司各类证照的管理。

3.管理规定

3.1 证照的申（换）领

3.1.1 公司企业类证照的申（换）领工作由公司企业发展部负责，财务类证照的申（换）领工作由公司财务管理部负责，产权（房屋和土地）类证照的申（换）领工作由公司办公室负责，社保类证照的申（换）领工作由公司人力资源部负责。其他类证照的申（换）领工作由公司相关证照的归口管理部门负责。

3.1.2 公司证照申办成功后，须及时向上级证照归口管理部门报备。报备单位应填写证照报备表，并同报备的证照电子扫描件或复印件一并上报。

3.2 证照的变更、延期、维护

3.2.1 公司企业类证照的变更、延期、维护工作由公司企业发展部负责，财务类证照的变更、延期、维护工作由公司财务管理部负责，产权（房屋和土地）类证照的变更、延期、维护工作由公司办公室负责，社保类证照的变更、延期、维护工作由公司人力资源部负责。其他类证照的变更、延期、维护工作由公司相关证照归口管理部门负责。

3.2.2 公司证照变更、延期、维护工作完成后，须及时向上级证照归口管理部门报备。报备单位应填写证照报备表，并同报备的证照电子扫描件或复印件一并上报。

3.3 证照的日常管理

3.3.1 公司企业发展部负责公司企业类证照的登记、备案、年报、保管、领取与移交、统计汇总等日常管理工作，与颁发公司相应证照的部门和机构进行沟通联络，并指导所属分公司相应证照的申（换）领、变更、保管、登记、备案、年报等工作。公司企业类证照正本由企业发展部保管，副本由市场开发部保管，公司名称变更通知书原件由市场开发部保管。

公司财务管理部负责财务类证照的登记、备案、年报、保管、领取与移交、统计汇总等日常管理工作，与颁发公司相应证照的部门和机构进行沟通联络，并指导所属分公司相应证照的申（换）领、变更、保管、登记、备案、年报等工作。

公司办公室负责产权（房屋和土地）类证照的登记、备案、年报、保管、领取与移交、统计汇总等日常管理工作，与颁发公司相应证照的部门和机构进行沟通联络，并指导所属分公司相应证照的申（换）领、变更、保管、登记、备案、年报等工作。

公司人力资源部负责社保类证照的登记、备案、年报、保管、领取与移交、统计汇总等日常管理工作，与颁发公司相应证照的部门和机构进行沟通联络，并指导所属分公司相应证照的申（换）领、变更、保管、登记、备案、年报等工作。

公司其他类证照管理归口部门负责相关类证照的登记、备案、年报、保管、领取与移交、统计汇总等日常管理工作，与颁发公司相应证照的部门和机构进行沟通联络，并指导所属分公司相应证照的申（换）领、变更、保管、登记、备案、年报等工作。

3.3.2 公司各类证照管理部门应设有专人负责证照的日常管理，确保证照的安全、合法、有效，确保证照上所载内容与实际保持一致，并建立证照清单和流转交接登记簿，规范管理流程。

3.4 证照的使用

3.4.1 为防范风险，公司证照原件（含正本、副本）原则上不能对外提供或使用。因业务需要必须对外提供原件时，必须严格履行借用审批手续，并确保妥善使用，按时归还。

3.4.2 公司各部门如因业务需要，须对外提供公司证照原件、复印件、电子扫描件时，需由借用部门到相应证照归口管理部门填写"证照借阅登记表"，方能办理借用手续。

3.4.3 公司所属各项目如因业务需要，必须对外提供公司证照原件、复印件、电子扫描件时，需由所属项目借用部门填写"证照借用申请单"，经借用项目负责人审批签字并加盖所属项目公章，将扫描件报公司相应证照归口管理部门审批后，方能办理借用手续。

3.4.4 公司证照原件、复印件、电子扫描件必须在规定范围和借用期限内使用。证照原件使用完毕后，应立即归还并办理相应归还手续。若未能按时归还，必须提交书面材料加以说明。证照的电子扫描件使用完毕后应立即删除，不得擅自留存、使用和外借。未经授权审批，任何部门、单位和个人不得使用、转借、复印公司证照原件、复印件和电子扫描件。

3.4.5 证照管理责任人应确保证照借用、归还登记的及时性和完整性，并及时追踪证照使用情况。证照借用部门、单位和个人应妥善使用和保管证照，应确保证照的安全性、完整性和整洁性。

3.5 证照的补办

3.5.1 借用部门、项目和个人将公司证照原件遗失或损毁的，应于两日内呈书面报告（加盖部门或单位公章）至公司证照归口管理部门，公司证照归口管理部门应及时进行相应处理（登报挂失、声明作废等）和补办。

公司企业类证照的补办工作由公司企业发展部负责，财务类证照的补办工作由公司财务管理部负责，产权（房屋和土地）类证照的补办工作由公司办公室负责，社保类证照的补办工作由公司人力资源部负责。其他类证照的补办工作由公司相关证照归口管理部门负责。

3.5.2 公司证照原件若遗失或损毁时，应及时向上级证照归口管理部门上报，并应按照单位有关规定给予有关责任人处罚。

3.6 证照的注销和作废

3.6.1 证照需注销和作废的，各证照归口管理部门应及时办理。公司企业类证照的注销和作废工作由公司企业发展部负责，财务类证照的注销和作废工作由公司财务管理部负责，产权（房屋和土地）类证照的注销和作废工作由公司办公室负责，社保类证照的注销和作废工作由公司人力资源部负责。其他类证照的注销和作废工作由公司相关证照归口管理部门负责。

证照注销和作废工作完成后，公司相关证照归口管理部门应及时对注销和作废工作进行备案和通报，不得继续使用。其他持有已注销证照复印件和电子扫描件的部门、单位和个人应及时进行销毁或删除，不得继续使用。

如因工作需要必须使用已注销和作废的证照原件、电子扫描件和复印件的，应按3.5的相关规定办理手续。

3.6.2 公司证照注销和作废工作完成后，须及时向上级证照归口管理部门报备。报备单位应填写证照报备表，并同相关备案文件一并上报。

3.7 罚则

对违反本办法规定的部门、项目和人员，公司将视情况给予相应处罚。一般违反的，公司将给予口头警告、书面警告或通报批评；发生下列行为之一的，对相关部门、单位给予2000～10000元的处罚，对相关人员给予500～1000元的处罚，并由其负责承担补办证照等弥补损失的相关费用；构成犯罪的，移交司法机关处理。

（1）损毁证照的、损毁证照不报告或延迟报告的。

（2）遗失证照的、遗失证照不报告或延迟报告的。

（3）出租、出借、转让证照的。

（4）冒用、盗用、伪造、变造、涂改证照的。

（5）因管理不善造成其他严重后果或恶劣影响的。

拟定		审核		审批	

12-08　员工宿舍管理制度

××公司标准文件		××有限公司 **员工宿舍管理制度**	文件编号×× - ×× - ××	
版次	A/0		页次	第×页

1.目的

为加强本公司员工宿舍管理，维护宿舍秩序，特制定本制度。

2.适用范围

适用于本公司所有员工宿舍的管理。

3.管理规定

3.1 定义

本制度所指宿舍，均为本公司免费提供给员工住宿的场所。

3.2 宿舍申请

3.2.1 申请资格。

（1）本公司正式任职员工。

（2）家住外地或上下班交通不方便的员工。

3.2.2 申请手续。

（1）申请住宿的员工应先填写"住宿申请单"。

（2）申请单呈部门主管核准。

（3）凭部门主管核准的申请单向行政部办理住宿登记手续。

（4）行政部依规定为申请者分配宿舍房间。

（5）部门主管可携带直系家属申请住宿，但须总经理同意。

3.2.3 宿舍分配。

（1）住宿员工房间分配，以"同部门同住"为原则。

（2）宿舍房间统一分配，不得自行调换。若要调换须提出申请，经宿舍管理员同意方可调换。

3.3 管理人员

3.3.1 宿舍管理员。

宿舍管理员为本公司宿舍直接管理者，由行政部选派。

3.3.2 职责。

（1）住宿员工房间分配。

（2）住宿员工生活起居管理。

（3）宿舍门禁安全管理，灾害防范管理。

（4）其他宿舍管理业务。

3.4 日常管理规定

3.4.1 外宿管理。

（1）住宿员工除出差、节假日、休假、请假外，如需外宿应向宿舍管理员登记报备。

（2）如在外需临时外宿，应打电话向宿舍管理员报备。

3.4.2 访客管理。

（1）宿舍会客时间一律在下班时间范围内。

（2）会客一律在规定地点。

（3）本公司宿舍不得让访客任意留宿。

3.4.3 电话接听。

（1）宿舍电话只能接听，不得打出。

（2）打电话应长话短说，以免影响他人。

3.5 卫生管理

3.5.1 保持房间及公共场所的整齐、清洁，住宿人员轮流打扫宿舍卫生。

3.5.2 垃圾应集中放置，不得随意丢弃。

3.5.3 每半年应进行一次大扫除。

3.5.4 禁止饲养宠物，以保持清洁卫生。

3.6 安全管理

3.6.1 不得携带易燃易爆物品及其他危险物品进入宿舍。

3.6.2 随时注意进入宿舍的陌生人员。

3.6.3 离开房间应关闭电器设备及门窗。

3.7 退宿管理

3.7.1 退宿时间。

（1）住宿员工离职时。

（2）住宿员工违反宿舍管理制度被勒令退宿者。

（3）其他必要事由。

3.7.2 退宿手续。

（1）住宿员工退宿时，应填写"退宿申请单"。

（2）住宿员工应将住宿区卫生整理清洁，退还借用公司的物品、设备，会同宿舍管理员清点查核无误，并在"退宿申请单"上签名。

（3）"退宿申请单"送行政部核查并保存。

拟定		审核		审批	

12-09　员工食堂管理制度

××公司标准文件		××有限公司 员工食堂管理制度	文件编号××-××-××	
版次	A/0		页次	第×页

1.目的

为方便员工，体现公司对员工的关心，公司特设立员工食堂，为提高员工工作餐服务质量，特制定本制度。

2.适用范围

本制度适用于公司员工食堂的管理。

3.管理规定

3.1 员工餐的标准

3.1.1 员工餐的标准包含餐食规格和餐食费用标准。

3.1.2 员工餐的费用标准原则上每年调整一次，于每年年底由行政部提出调整方案，经相关领导审核，报总经理批示后执行。

3.1.3 目前公司员工餐费标准。

早餐：＿＿＿元/顿，午餐：＿＿＿元/顿，晚餐：＿＿＿元/顿。

3.2 员工餐的费用及质量控制

（1）员工餐由公司聘请的专职厨师负责生产制作，公司行政部安排负责人进行原料采购。行政部应建立每日采购明细账，以随时备核。

（2）公司对餐费实行目标控制和据实报销相结合的方式，即根据实际采购金额进行报销，但报销总额不得超过餐费标准。报销时需提供实际票据。

（3）行政部每月应定期针对采购情况进行一次抽查，了解并核实进货的数量和质量。

3.3 用餐时间、地点及方式

3.3.1 就餐时间及地点。

（1）员工早餐的用餐时间为＿＿：＿＿—＿＿：＿＿；午餐时间为＿＿：＿＿—＿＿：＿＿；晚餐时间为＿＿：＿＿—＿＿：＿＿。门卫值班人员可提前＿＿分钟到食堂用餐。

（2）用餐地点：员工食堂一楼。公司所有员工都须在食堂就餐地点就餐，严禁在办公场所用餐，严禁把饭菜带出公司外。

3.3.2 用餐方式。

（1）员工享用员工餐，每月底由行政部依照工作日数向各部门员工发放就餐卡，员工凭餐卡到员工食堂用餐。

（2）来访人员如需享用员工餐，应经部门负责人同意后到行政部领取餐票。

（3）员工应依次排队就餐。

3.4 食堂卫生基本要求

3.4.1 食堂在加工食品时，要做到生进熟出。

3.4.2 食堂必须配备防蝇、防尘、通风、废弃物存放、清洗消毒、洗手设施。

3.4.3 食堂工作人员应按有关规定取得健康证后上岗，做好个人卫生，不留长指甲，不涂指甲油，不戴饰物，上岗前和便后应洗净双手，操作时穿戴清洁白色工作衣帽，不得吸烟。

3.4.4 管理人员必须每天进行食品质量验收工作，并做好记录。

3.4.5 腐败变质，油脂酸败，霉变、生虫、污秽、混有异物或感官性状异常的食品不得加工供应。熟食品和生食品分开存放。

3.4.6 食品必须烧熟煮透，供应的熟食品应在备餐间内存放和供应，不得供应生食水产品、生冷拌菜和改刀的熟食卤味。

3.4.7 食品分类、分架、隔墙离地存放，做好先进先用。

3.4.8 接触食品的容器、工具，用后应及时清洗干净，妥善保管。接触生、熟食品的容器和工具要有明显标识，严格分开。盛放熟食品容器和食具应经有效的消毒。

3.4.9 经常保持食堂和餐厅的环境整洁，清洁用工具不得与食品同池清洗。垃圾箱和泔水桶要加盖，并定期清理。

3.5 食品卫生检查标准

3.5.1 仓库。

（1）定型包装食品按类别品种上架，堆放整齐，食品与非食品不得混放。

（2）食品进出做到先进先出，易坏先用。

3.5.2 灶面。

（1）每日炒菜结束后，作料桶加盖，工器具放置有序。

（2）灶面周围墙砖保持清洁，油烟机、地面不留污垢及油垢。

3.5.3 工作间。

（1）保持蒸饭板、消毒箱、淘箩、蒸饭工作台、水池等用品整洁。

（2）熟食板、餐具每餐消毒（半小时以上），保持地面清洁。

3.5.4 餐厅。

（1）餐厅内做到五无：无鼠、无蟑螂、无蜘蛛、无蛛网、无寄生虫。

（2）做好餐厅内桌椅、地面、门窗整洁，地面无垃圾、无积灰、无痰迹。

3.5.5 个人卫生。

（1）个人做到四勤：勤洗手和剪指甲；勤理发；勤洗澡；勤换衣服和工作服。

（2）开始工作前，上厕所后，处理被污染物后，从事与食品生产无关的其他活动后，应洗手。

3.6 食堂人员上岗

3.6.1 食堂工作人员，必须是能严格按照卫生要求做好食品卫生的人员，必须认真学习我国卫生法的相关法律规范。

3.6.2 食堂人员必须是个人卫生习惯好，讲究卫生的人员。

3.6.3 食堂人员上岗前必须将手洗净，穿戴清洁的工作衣帽。

3.6.4 食堂人员必须是健康、无传染病者，每年按照防疫部门要求进行定期体检，取得健康证后方可上岗。

3.7 食堂消毒

3.7.1 食堂工作人员进入食堂前必须更衣、戴帽。

3.7.2 食堂所用的熟食餐具不得外借。

3.7.3 生熟食具严格分开，不得混用。

3.7.4 熟食餐具每天用餐后必须全部进行消毒。

3.7.5 厨房间门窗勤关，杜绝有害昆虫进入。

3.8 食堂清洁卫生制度

3.8.1 食堂必须坚持每天一小扫，每周一大扫，有脏随时扫。

3.8.2 每次用餐后必须对食堂餐具进行清洗、消毒。

3.8.3 清洗食品必须按照初洗、精洗、清洗过程严格分开，未清洗的食品不得进厨房。

3.8.4 食堂内根据现有的防蝇蚊设施，进一步加强灭蚊蝇措施，做好消灭蚊蝇、蟑螂、老鼠等有害动物。

3.8.5 非食堂有关人员，禁止进入食堂。

3.8.6 工作人员要树立服务意识，对员工态度要热情、周到、友好，不急、不躁、不烦，不能与员工发生任何争吵。

3.9 食堂进货

3.9.1 不得采购、加工、销售腐烂变质、假冒伪劣、不经检疫、有毒的食品，如发现从严处罚并追究经营单位及当事人的责任，并由其承担一切后果。

3.9.2 禁止购进掺假、伪造、影响营养卫生的食品。

3.9.3 禁止采购超过保质期限的食品。

3.9.4 病死、毒死或者死因不明的禽、畜、兽、水产动物及其制品禁止进货。

3.9.5 购进货物，根据用量情况，坚持适量、勤购、保持新鲜的原则。

3.9.6 食品由专人按需采购，专人验收食物的质和量，不符合卫生要求的食品坚决退换。

3.9.7 食品验收后入库，专人保管。

拟定		审核		审批	

12-10 保密管理制度

××公司标准文件		××有限公司 保密管理制度	文件编号××-×××-××	
版次	A/O		页次	第×页

1.目的

为保守公司秘密，维护公司权益，特制定本制度。

2.适用范围

适用于对公司一切保密事务的管理。

3.管理规定

3.1 公司秘密是关系到公司的权利和利益，依照特定程序确定，在一定时间内只限一定范围人员知悉的事项。

3.2 公司附属组织和分支机构以及职员都有保守公司秘密的义务。

3.3 公司保密工作，实行既确保秘密又便利工作的方针。

3.4 对保守、保护公司秘密及改进保密技术、措施等方面成绩显著的部门或者职员实施奖励。

3.5 公司秘密事项

3.5.1 公司重大决策中的事项。

3.5.2 公司尚未付诸实施的经营战略、经营方向、经营规划、经营项目及经营决策。

3.5.3 公司内部掌握的合同、协议、合作意向书、可行性研究报告及主要会议记录。

3.5.4 公司财务预决算及各类财务报表、统计报表。

3.5.5 公司所掌握的尚未进入市场或尚未公开的各类信息。

3.5.6 公司职员的档案、薪资待遇、劳务性收入及相关信息。

3.5.7 其他经公司确定具有保密的事项。

3.5.8 一般性决定、决议、通告、通知、行政管理资料等内部文件不属于保密范畴。

3.6 公司秘密的密级分为"绝密""机密""秘密"三级。绝密是重要的公司秘密，泄露会使公司权力和权益遭受到特别严重的损失。机密是重要的公司秘密，泄露会使公司的权力和权益遭受到严重的损失。秘密是一般公司的秘密，泄露会使公司的权力和权益受到损害。

3.7 对于公司密级的确定

3.7.1 公司经营发展中，直接影响公司权益的重要决策文件资料为绝密级。

3.7.2 公司的规划、财务报表、统计资料、重要会议纪要、公司经营情况视为机密级。

3.7.3 公司档案、合同、协议、员工福利待遇尚未进入市场或尚未公开的各类信息为秘密级。

3.8 属于公司的秘密文件、资料，应当依据规定标明密级，并确定保存期限，保密期满，自动解密。

3.9 保密措施

3.9.1 属于公司的秘密文件、资料和其他物品的制作、收发、传递、使用、复制、摘抄、保存和销毁，由行政部或主管副总经理委托专人执行。采用电脑技术存储、处理、传递的公司秘密由有关操作人员进行保密处理。

3.9.2 对于有密级的文件、资料或其他物品，必须采取以下保密措施。

（1）非经总经理或主管副总经理的签批，不得复制和摘抄。

（2）收发、传递和外出携带，由指定人员担任，并采取必要的安全措施。

（3）在设备完善的保险装置中保存。

3.9.3 属于公司秘密的设备或者重要的商业信息，由公司指定的专门部门负责，并采取相应的保密措施。

3.9.4 在对外交往合作中，需要提供公司秘密事项的应当事先报请总经理签批。

3.9.5 具有属于公司秘密内容的会议和其他活动，主办部门应采取保密措施。

（1）选择具备保密措施的场所。

（2）根据工作需要，限定参加会议的人员范围，对参加涉及秘密事项会议的人员予以指定。

（3）依照保密规定使用会议设备和管理会议文件。

（4）确定会议内容是否传达及传达范围。

3.9.6 不准在私人交往和通讯中泄露公司秘密，不准在公共场所谈论公司秘密，不准通过其他方式传递公司秘密。

3.9.7 公司工作人员发现公司秘密已经泄露或者可能泄露时，应立即采取补救措施并及时报备行政部，行政部接到报告，应立即做出处理。

拟定		审核		审批	

12-11 信息安全管理制度

××公司标准文件		××有限公司 信息安全管理制度	文件编号××-××-××	
版次	A/0		页次	第×页

1.目的

为了加强公司信息安全管理，特制定本制度。

2.适用范围

适用于公司所有形式的信息安全管理。

3.管理规定

3.1 公司每一位员工都有保守公司信息安全秘密防止泄密的责任，任何人不得向公司以外的任何单位或个人泄露公司技术和商业机密，如因学术交流或论文发表涉及公司技术或商业机密，应提前向公司汇报，获得批准同意后，方能以认可的形式对外发布。

3.2 定期对公司重要信息包括软件代码进行备份，管理人员实施备份操作时必须有两人在场，备份完成后，立即封存保管。

3.3 存放备份数据的载体包括U盘、移动硬盘、光盘和纸质，所有备份载体必须明确标识备份内容和时间，并实行异地存放。

3.4 计算机重要信息资料和数据存储载体的存放、运输安全和保密由公司指定的专人负责，保证存储载体的物理安全。

3.5 任何非应用性业务数据的使用及存放数据的设备或载体的调拨、转让废弃或销毁，必须严格按照程序进行逐级审批，以保证备份数据安全完整。

3.6 数据恢复前，必须对原环境的数据进行备份，防止有用数据的丢失。数据恢复过程中要严格按照数据恢复手册执行，出现问题时由技术部门进行现场技术支持。数据恢复后，必须进行验证、确认，确保数据恢复的完整性和可用性。

3.7 数据清理前必须对数据进行备份，在确认备份正确后方可进行清理操作。历次清理前的备份数据要根据备份策略进行定期保存或者永久保存，并确保可以随时使用。数据清理的实施应避开业务高峰期、避免对联机业务运行造成影响。

3.8 需要长期保存的数据，数据管理部门须与相关部门指定转存方案，根据转存方案的查询、使用方法要在载体有效期内进行转存，防止存储载体过期失效，通过有效的查询、使用方法保证数据的完整性和可用性。转存的数据必须有详细的文档记录。

3.9 非本公司技术人员对本公司的设备、系统等进行维修、维护时，必须由本公司相关技术人员现场全程监督。计算机设备送外维修，须经设备管理机构负责人批准。送修前，需将设备存储载体内的应用软件和数据等涉及经营管理的部分备份后删除，并进行登记。对于修复的设备，设备维修人员应对设备进行验收、病毒检测和登记。

3.10　管理部门应对报废设备中存有的程序、数据资料进行备份后清除，并妥善处理废弃无用的资料和载体，防止泄密。

3.11　由公司指定专人负责计算机病毒的防范工作，建立本公司的计算机病毒防治管理制度，经常进行计算机病毒检查，发现病毒及时清除。

拟定		审核		审批	

12-12　公司卫生管理制度

××公司标准文件		××有限公司公司卫生管理制度	文件编号××-××-××	
版次	A/0		页次	第×页

1.目的

为创造一个舒适、优美、整洁的工作环境，树立公司的良好形象，特制定本制度。

2.适用范围

适用于公司卫生管理。

3.管理规定

3.1　公共区域的卫生由保洁员负责，公司员工不许乱扔垃圾、乱吐口痰、任意在墙上或者办公桌上乱涂乱画乱贴，违者罚款＿＿＿ ~ ＿＿＿元不等，若被罚超过三次应扣除本月奖金的＿＿＿%。

3.2　各部门办公室的卫生，由各部门负责日常保洁。各办公室内成员负责保持文件柜内外无浮尘，并且文件摆放要整齐；每个员工负责自己办公区域的卫生，做到办公桌上无浮尘，物品摆放整齐，水具无茶锈、水垢，桌椅摆放端正。

3.3　公司卫生间管理制度。卫生间管理是公司管理水平和员工文明素质的综合体现，为树立良好的公司形象，创造一个干净、卫生的工作环境，规定如下。

3.3.1　公司卫生间管理由专人负责，公司员工只需保证设施完好，标识醒目。

3.3.2　便后及时冲洗；做到手纸入篓，当天清理；便池内严禁丢弃报纸和杂物，以免造成管道堵塞，违者发现一次罚款＿＿＿元。

3.3.3　卫生间墙壁上严禁乱写乱画，对故意损坏卫生设施者，将根据情节轻重罚款＿＿＿ ~ ＿＿＿元。

3.4　卫生清理标准

3.4.1　门窗（玻璃、窗台、窗棂）、楼梯扶手上无浮尘；地面无污物、污水、浮土；四周墙壁及其附属物、装饰品无蜘蛛网、浮尘。

3.4.2　照明灯、电风扇、空调、镜子上无浮尘、污迹。

　　3.4.3 定时打扫卫生间，全天保洁，通风良好，做到各种设施干净无污垢，地面无积水、无痰迹、无异味、无蝇蛆和烟头，一处不合格罚款____元。保持上下水道畅通，无跑、冒、滴、漏现象，如有损坏要及时通知行政部门。

　　3.4.4 卫生洁具做到清洁，无水迹，无浮尘，无头发，无锈斑，无异味；墙面四角保持干燥，无蛛网；地面无脚印，无杂物。一处不合格罚款____元。

　　3.5 说明

　　3.5.1 凡本公司卫生事宜，除另有规定外，悉依本制度行之。

　　3.5.2 本公司卫生事宜，全体人员，须切实遵行。

　　3.5.3 凡新进员工必须熟知本制度相关内容。

拟定		审核		审批	

第 *13* 章　财务管理制度

本章导读

- 预算管理制度
- 会计核算制度
- 应收账款管理制度
- 内部稽核管理制度
- 财产清查管理制度
- 会计档案管理制度

13-01　预算管理制度

××公司标准文件		××有限公司 预算管理制度	文件编号×× − ×× − ××	
版次	A/0		页次	第×页

1.目的

为加强公司的预算管理，特制定本制度。

2.适用范围

适用于公司的预算管理。

3.管理规定

3.1　定义

3.1.1　预算：指以价值形式对公司生产经营和财务活动所作的具体安排。

3.1.2　预算管理：指对预算的编制、审批、执行、控制、调整、考核及监督等管理方式的总称。

3.2　预算管理的范围与内容

3.2.1　公司所有涉及价值形式的经营管理活动，都应纳入预算管理范围，明确预算目标，执行预算控制。

3.2.2　公司预算管理应当以提高经济效益为目标，以财务管理为核心，以资金管理为重点，全面控制公司经济活动。

3.2.3　公司预算管理的内容。

公司预算管理的内容包括以下几方面。

（1）损益预算。损益预算是反映预算期内利润目标及其构成要素的财务安排，包括销售收入预算、成本支出预算、投资收益预算、财务费用预算、营业外收支预算和所得税预算。

（2）资本性收支预算。资本性收支预算反映了预算期内资本性来源及资本性支出的财务安排，主要包括资本性收入预算和资本性支出预算。

（3）现金流量预算。现金流量预算反映预算期内现金流入、现金流出及其利用状况的财务安排，包括经营活动产生的现金流量预算、投资活动产生的现金流量预算和筹资活动产生的现金流量预算。

3.3 预算的编制与审批

3.3.1 公司预算编制的主要依据。

（1）国家有关政策法规和公司有关规章制度。

（2）公司经营发展战略和目标。

3.3.2 公司预算的编制程序。

（1）确定公司预算年度的经营目标。

（2）财务部根据公司预算年度的经营目标，于每年＿＿＿月初制定印发公司预算编制纲要，确定公司下一年度预算编制的原则和要求。

（3）公司各预算责任部门按照统一格式，编制本部门归口管理业务的下一年度预算建议，于每年＿＿＿月＿＿＿日前报送财务部。

（4）财务部对各预算责任部门提交的预算建议方案进行初审、汇总和平衡，并就平衡过程中发现的问题进行充分协调，提出初步调整的建议，在此基础上提出公司下一年度预算草案，于＿＿＿月＿＿＿日前报公司预算管理委员会审查。

3.3.3 公司预算的审批程序。

（1）公司预算管理委员会应于＿＿＿月＿＿＿日前召开预算管理委员会会议，审查公司下一年度预算草案。对未能通过预算管理委员会审查的项目，有关预算责任部门应进行调整。

（2）经公司预算管理委员会审查后的预算草案，应于＿＿＿月＿＿＿日前报总经理，总经理在＿＿＿月＿＿＿日前审批预算。

（3）公司预算草案经总经理审批后，由财务部下达公司各预算责任部门执行。

3.4 预算的执行与控制

3.4.1 公司预算一经批准下达，即具有指令性，各预算责任部门必须认真组织实施。

3.4.2 各预算责任部门应会同财务部将年度预算分解为季度预算或月度预算，原则上在每季度初＿＿＿日内或月度初＿＿＿日内下达，以确保年度预算目标的实现。

3.4.3 预算内资金的安排。

（1）预算内资金的安排需提供以下文件或凭证。

①预算责任部门下达的计划或签署的审查意见。

②合同正本或其他具有法律效力的文件。

③填写准确的"付款凭单"。

④按照财务制度要求需要提供的其他有关凭证。

（2）预算内资金安排的程序：由资金使用单位或预算责任部门填写"付款凭单"，并附相关文件、合同或资料，送财务部审核，按公司授权的审批权限审批后，办理安排手续。

（3）预算内资金支出，由财务部根据资金的周转情况和项目进度情况安排。合同或法律文件规定支付时间的，按规定的时间支付。

（4）公司原则上不出借资金。

3.5 预算监督检查

预算监督检查主要包括以下内容。

3.5.1 预算是否符合国家财经法规和公司各项预算管理规定。

3.5.2 各项财务收支是否全部纳入公司预算管理。

3.5.3 预算资金是否按规定程序安排和存放。

3.5.4 预算资金是否切实按照预算规定使用。

3.5.5 各预算责任部门的内部控制机制是否健全。

拟定		审核		审批	

13-02　会计核算制度

××公司标准文件		××有限公司 **会计核算制度**	文件编号××-××-××	
版次	A/0		页次	第×页

1.目的

为规范公司会计核算和财务管理工作，根据《中华人民共和国会计法》《企业财务通则》和《企业会计准则》，结合公司具体情况，制定本制度。

2.适用范围

适用于本公司的会计核算工作。

3.管理规定

3.1 宗旨

公司会计核算应严格遵守相关财经纪律，以提高经济效益、壮大企业经济实力、圆满完成各项工作任务为宗旨，努力增收节支，勤俭节约，制止铺张浪费，杜绝一切不必要的开支，降低消耗，增加积累。

3.2 会计核算原则

3.2.1 会计核算以人民币为记账本位币，采用借贷复式记账法。按会计期间分期结算账目和编制会计报表，会计年度为公历1月1日起至12月31日止。

3.2.2 会计核算以权责发生制为基础，收入与其相关的成本、费用应当相互配比。应当合理划分收益性支出与资本性支出，以正确地计算企业当期损益。应当遵循谨慎性要求，合理核算可能发生的损失和费用。

3.2.3 会计核算以实际发生的会计事项为依据，准确、及时、真实、全面地核算收入、成本、费用及其他经营业务事项，反映资产、负债及股东权益。

3.2.4 各项财产物资应当按取得时的实际成本或有关协议（投资投入）计价，除另有规定外，不得调整其账面价值。

3.2.5 会计处理方法前后各期应当一致，除另有规定外，不得随意变更。

3.3 机构设置与人员配备

3.3.1 公司设财务管理部，财务人员根据公司业务进行配置。财务管理部部长协助财务副总完成会计核算和财务管理工作。

3.3.2 财务人员应认真执行岗位责任制，各司其职，互相配合，如实反映和严格监督各项经济活动。记账、算账、报账必须做到手续完备、内容真实、数字准确、账目清楚、日清月结、及时报账。

3.3.3 财务人员在办理会计事项中，必须坚持原则、照章办事。对于违反财经纪律和财务制度的事项，应当说明理由并拒绝办理，及时向总经理报告。

3.4 资金核算管理

3.4.1 财务管理部要加强对资产、资金、现金及费用开支的管理。减少损失、杜绝浪费，良好运用、提高效益。

3.4.2 银行账户的开设和使用必须遵守银行的规定。银行账户只供本单位经营业务收支结算使用，严禁借本单位账户供外单位或个人使用，严禁为外单位或个人代收代支、转账套现。

银行账户印鉴的使用实行分管并用制，即财务章由财务负责人保管，法人章由法人代表保管，不准由一人统一保管使用。印鉴保管人临时出差由印鉴保管人委托他人代管。银行账户往来应逐笔登记入账，不准多笔汇总，也不准以收抵支记账。按月、按时（月末最后工作日）与银行对账单核对，未达收支，应逐笔调节平衡并编制银行存款余额调节表。

3.4.3 库存现金不得超过限额，不得以白条抵作现金。现金收支做到日清月结，确保库存现金的账面余款与实际库存额相符，银行存款余款与银行对账单相符，现金、银行日记账数额分别与现金、银行存款总账数额相符。

3.4.4 严格现金收支管理，不准坐支现金。

3.4.5 严格资金使用审批手续。会计人员对一切审批手续不完备的资金使用事项，都有权且必须拒绝办理。

3.5 固定资产核算

3.5.1 具备下列条件之一的有形资产应纳入固定资产核算。

3.5.1.1 使用期限在1年以上的房屋、建筑物、机器、机械、运输工具和其他与经营有关的设备、器具、工具等。

3.5.1.2 不属于经营主要设备的物品，单位价值在＿＿＿＿＿元以上，并且使用期限超过1年的。具体可分为三大类：

——房屋、建筑物；

——办公设备（如计算机、复印机、传真机等）；

——交通运输工具。

3.5.2 各类固定资产的折旧年限。

3.5.2.1 房屋、建筑物，20～30年。

3.5.2.2 交通运输工具，5～8年。

3.5.2.3 其余，2～5年。

3.5.3 购入的固定资产的计价原则。

以进价加运输、装卸、包装、保险等费用作为计价原则。需安装的固定资产，还应包括安装费用。作为投资的固定资产应以投资协议约定的价格为原价。

3.5.4 固定资产要做到有账、有卡，账实相符。

财务部门负责固定资产的价值核算与管理。财务部门应建立固定资产明细账。固定资产必须由财务部会同办公室每年进行一次盘点，对盘盈、盘亏、报废的固定资产的计价，必须严格审查，按规定经批准后，于年度决算时处理完毕。

3.5.5 固定资产的折旧方法。

公司对固定资产折旧采用平均年限法按月计提折旧记入成本费用科目。

3.6 项目决算

3.6.1 财务管理部应根据批复的立项文件，设置会计明细科目和项目资金支付台账。

3.6.2 根据合同约定，公司将支付的工程款、建设费用、设备款等先行作为预付账款核算，并协同工程管理、计划合同部门对资金支付进度进行控制，保证资金支付匹配工程进度。

3.6.3 项目竣工后，应经政府相关部门审计，按审计（结算）后的金额结转项目成本，并进行财务决算。

3.7 财务收支审批

3.7.1 公司财务收支以资金使用效益为根本，量入为出，实行预算管理。

3.7.2 公司各项费用实行层层审批制度，即各部门负责人提出资金支付的合理性意见，经公司分管领导审核、总经理审批。个别重大事项需经经理办公室或董事会讨论通过，财务负责人根据财务管理制度对已审批的支付款项从合法性、准确性方面加以核准。

3.7.3 财务管理部每月必须将公司的财务收支情况和预算的执行情况向总经理报告。

3.8 财务报告与财务分析

3.8.1 财务报告类型。

财务报告分为月报告和年报告。月报告包括财务快报、资产负债表、利润表、资金报表、经费使用报表、资金拨付计划、政府性资金使用报表和项目建设进度资金拨付台账等；年报告包括资产负债表、利润表、现金流量表等财政部、国资委规定的财务决算报表。

3.8.2 财务情况说明书的主要内容。

3.8.2.1 业务经营情况、资金增减及周转情况、财务收支情况等。

3.8.2.2 财务会计核算方法变动情况及原因，对本期或下期财务状况有重大影响的事项；资产负债表日后事项以及为正确理解财务报表需要说明的事项。

3.8.3 财务分析。

财务分析是公司财务管理的重要组成部分，财务管理部应对公司经营状况和经营成果进行总结、评价和考核，通过对财务活动进行分析，促进增收节支，充分发挥资金效能。通过对财务活动不同方案和经济效益的比较，为领导或有关部门的决策提供依据。

3.8.4 财务报告编制完成时间。

月度财务报告应在下月10日前编制完成，年度财务报告应根据财政部、国资委要求编制完成。

3.9 会计档案管理

3.9.1 财务管理部应设置专人对会计档案、工程合同、融资资料等会计资料进行管理。

3.9.2 会计凭证应按月、按编号装订成册，标明月份、季度、年起止、编号、单据张数，由有关人员（包括制证、审核、记账、主管）签名盖章，装订后移送专人保管，分类填制目录。

3.9.3 会计档案不得携带外出，凡查阅、复制、摘录档案，须经财务负责人批准。

3.9.4 会计档案的销毁按照有关会计档案管理办法执行。

拟定		审核		审批	

13-03　应收账款管理制度

××公司标准文件		××有限公司 应收账款管理制度	文件编号××-××-××	
版次	A/0		页次	第×页

1.目的

为保证公司能最大限度地利用客户信用，拓展市场促进公司产品的销售，同时又能以最小的坏账损失代价来保证公司资金安全，防范经营风险，并尽可能地缩短应收账款占用资金的时间，加快企业资金周转，提高企业资金的使用效率，特制定本制度。

2.适用范围

适用于本公司发出产品赊销所产生的应收账款和公司经营中发生的各类债权。具体包括应收销货款、预付账款和其他应收款三个方面的内容。

3.管理部门

应收账款的管理部门为公司的财务部门和业务部门。财务部门负责数据传递和信息反馈；业务部门负责客户的联系和款项催收。财务部门和业务部门共同负责客户信用额度的确定。

4.管理规定

4.1 客户资信管理制度

4.1.1 信息管理基础工作的建立。

4.1.1.1 此项工作由业务部门完成，公司业务部应在收集整理的基础上建立客户信息档案，一式两份，由业务经理复核签字后一份保存于公司总经理办公室，另一份保存于公司业务部，业务经理为该档案的最终责任人。

4.1.1.2 客户信息档案包括以下几方面。

（1）客户基础资料：有关客户最基本的原始资料，包括客户的名称、地址、电话、所有者、经营管理者、法人代表及他们的个人性格、兴趣、爱好、家庭、学历、年龄、能力、经历背景、与本公司交往的时间、业务种类等。这些资料是客户管理的起点和基础，由负责产品市场销售的业务人员通过对客户的访问收集而来。

（2）客户特征：主要包括市场区域、销售能力、发展潜力、经营观念、经营方向、经营政策和经营特点等。

（3）业务状况：包括客户的销售实绩、市场份额、市场竞争力和市场地位、与竞争者的关系及与本公司的业务关系和合作情况。

（4）交易现状：主要包括客户的销售活动现状、存在问题、公司战略、未来展望及市场形象、声誉、财务状况、信用状况等。

4.1.2 客户的基础信息资料。

由负责各区域、片区的业务员负责收集。凡与本公司交易次数在两次以上，且单次交易额达到1万元人民币以上的客户均为资料收集的对象，时间期限为达到上述交易额第二次交易后的1月内完成并交业务经理汇总建档。

4.1.3 信息的保管。

客户的信息资料为公司的重要档案，所有经管人员须妥善保管，不得遗失。公司相关岗位人员调整和离职时，该资料的移交为工作交接的主要部分。凡资料交接不清的，不予办理离岗、离职手续。

4.1.4 信息的更新或补充。

客户的信息资料应由业务员根据他在与相关客户的交往中所了解的情况，随时汇总整理后交业务经理定期予以更新或补充。

4.1.5 客户资信额度。

4.1.5.1 对客户资信额度实行定期确定制，由负责各市场区域的业务主管、业务经理、财务经理，在总经理（或主管市场的副总经理）的统筹部署下成立公司市场管理委员会，市场管理委员会按季度对客户的资信额度、信用期限进行一次确定。

4.1.5.2 在业务人员跟踪调查、记录相关信息资料的基础上市场管理委员会对市场客户的资信状况和销售能力进行分析、研究，确定每个客户可以享有的信用额度和信用期限，建立"信用额度、期限表"，业务部门和财务部门各备存一份。

4.1.5.3 初期信用额度的确定应遵循保守原则，根据过去与该客户的交往情况（是否按期回款）、客户净资产情况（经济实力如何）以及客户有没有对外提供担保或者与其他企业之间有没有法律上的债务关系（潜在或有负债）等因素进行确定。初次赊销信用的新客户信用度通常确定为正常信用额度和信用期限的50%。如新客户确实资信状况良好，须提高信用额度和延长信用期限，必须经市场管理委员会形成一致意见报请总经理批准。

4.1.5.4 客户的信用额度和信用期限原则上每季度进行一次复核和调整。公司市场管理委员会应根据业务人员反馈的有关客户的经营状况、付款情况随时予以跟踪调整。

4.2 产品赊销的管理

4.2.1 在市场开拓和产品销售中，凡利用信用额度赊销的，必须由经办业务员先填写赊销"请批单"，由业务经理严格按照预先为每个客户评定的信用限额签批后，仓库管理部门方可凭单办理发货手续。

4.2.2 财务部门内主管应收账款的会计每10天对照"信用额度期限表"核对一次债权性应收账款的回款和结算情况，严格监督每笔账款的回收和结算。超过信用期限10日仍未回款的，应及时通知主管的财务经理，由财务经理汇总信息并及时通知业务部门立即联系客户清收。

4.2.3 凡前次赊销未在约定时间结算的，除在特殊情况下客户能提供可靠的资金担保外，一律不再发货和赊销。

4.2.4 业务员在签订合同和组织发货时，都必须根据客户的信用等级和授信额度来决定销售方式。所有签发赊销的销售合同都必须经主管业务经理签字后方可盖章发出。

4.2.5 对信用额度在＿＿元以上，信用期限在3个月以上的客户，业务经理每年应走访不少于一次；信用额度在＿＿元以上，信用期限在3个月以上的，除业务经理走访外，主管市场的副总经理（在有可能的情况下总经理）每年必须走访一次以上。在客户走访过程中，应重新评估客户信用等级的合理性并结合客户的经营状况、交易状况及时调整信用等级。

4.3 应收账款监控制度

4.3.1 财务部门应于下月前5日前提供一份当月尚未收款的"应收账款账龄明细表"，提交给业务部门、主管市场的副总经理。由相关业务人员核对无误后报经主管及总经理批准进行账款回收工作。

4.3.2 业务部门应严格对照"信用额度表"和财务部门报来的"应收账款账龄明细表"，及时核对、跟踪赊销客户的回款情况，对未按期结算回款的客户及时与他们进行联络，并反馈信息给主管副总经理。

4.3.3 业务人员在与客户签订合同或协议书时，应按照"信用额度表"中对应客户的信用额度和期限约定单次销售金额和结算期限，并在期限内负责经手相关账款的催收。如超过信用期限者，按以下规定处理。

4.3.3.1 超过1～10日时，由经办人上报部门经理，并电话催收。

4.3.3.2 超过11～30日时，由部门经理上报主管副总经理，派员上门催收，并扣经办人该票金额＿＿%的计奖成绩。

4.3.3.3 超过31～90日时，并经催收无效的，由业务主管报总经理批准后作个案处理（如提请公司法律顾问考虑通过法院起诉等催收方式），并扣经办人该票金额＿＿%的计奖成绩。

4.3.4 财务部门应于下月前5日前向业务部门、主管市场的副总经理（总经理）提供一份当月尚未收款的"应收账款账龄明细表"，该表由相关业务人员核对后报经主管市场的副总经理（总经理）批准后进行账款回收工作。

4.3.5 业务员在外出收账前要仔细核对客户欠款的准确性，不可到客户处才发现数据差错，损害公司形象。外出前需预先安排好路线，经业务主管同意后才可出去收款；款项收回时业务员需整理已收的账款，并填写"应收账款回款明细表"。若有折扣时需在授权范围内执行，并书面陈述原因，由业务经理签字后及时向财务缴纳相关款项并销账。

4.3.6 清收账款由业务部门统一安排路线和客户，并确定返回时间。业务员在外清收账款时，每到一客户处，无论是否清结完毕，均需随时向业务经理电话汇报工作进度和行程。任何人不得借机办理私事。

4.3.7 业务员收账时应收取现金或票据。收取银行票据时应注意开票日期、票据抬头及其金额是否准确无误，如有差错应及时联系退票并重新办理。收汇票时需检查客户在汇票背面的签名，并与银行确认汇票的真伪；为汇票背书时要注意背书是否清楚，注意一次背书时背书印章是否与汇票抬头一致，背书印章是否为发票印章。

4.3.8 收取的汇票金额大于应收账款时非经业务经理同意，现场不得以现金找还客户，而应作为暂收款收回，并抵扣下次账款。

4.3.9 收款时客户现场反映价格、交货期限、质量、运输问题，若在业务权限内可立即同意。若在权限外需立即汇报主管，并在3个工作日内给客户答复。如属价格调整，回公司应立即填写"价格调整表"，告知相关部门并在相关资料中做好记录。

4.3.10 业务人员在销售产品和清收账款时不得有下列行为，一经发现，一律予以开除，并限期补正或赔偿，严重者移交司法部门处理。

4.3.10.1 收款不报或积压收款。

4.3.10.2 退货不报或积压退货。

4.3.10.3 转售不依规定或转售图利。

4.4 坏账管理制度

4.4.1 业务人员对自己经手的赊销业务的账款回收全权负责，为此，应定期或不定期地对客户进行访问（电话或上门访问，每季度不得少于两次）。访问客户时，如发现客户有异常现象，应自发现问题之日起1日内填写"问题客户报告单"，并对应采取的措施提出建议，或视情况填写"坏账申请书"呈请批准，由业务主管审查后提出处理意见。凡确定为坏账的须报经主管市场的副总经理（总经理）批准后按相关财务规定处理。

4.4.2 业务人员因疏于访问（未依公司规定的次数，按期访问客户），未能及时掌握客户的情况变化并及时通知公司，致公司蒙受损失时，业务人员应赔偿该项损失25%以上的金额。

4.4.3 业务部门应全盘掌握公司所有客户的信用状况及业务往来情况。对于所有的逾期应收账款，应由各个经办人将未收款的理由，详细陈述于"账龄分析表"的备注栏上，以供公司参考。对大额的逾期应收账款应特别书面说明，并提出清收建议，否则，此类账款将来因故无法收回形成呆账时，业务人员应负责赔偿____%以上的金额。

4.4.4 业务员发现发生坏账的可能性时应争取时间速报业务主管，及时采取补救措施。如客户有其他财产可供作抵价时，征得客户同意立即协商抵价物价值，妥为处理以避免更大损失发生。但不得在没有担保的情况下，再次向该客户发货，否则，相关损失由业务员负责全额赔偿。

4.4.5 "坏账申请书"填写一式三份，有关客户的名称、号码、负责人姓名、营业地址、电话号码等，均应一一填写清楚，并将申请理由、账款不能收回的原因等，做简明扼要的叙述，经业务部门经理批准后，连同账单或差额票据转交业务主管处理。

4.4.6 凡发生坏账的，应查明原因。如属业务人员责任心不强造成的，在当月计算业务人员销售成绩时，应按坏账金额的____%先予扣减业务员的业务提成。

4.5 应收账款交接制度

4.5.1 业务人员调换岗位、离职时，必须将经手的应收账款进行交接。凡业务人员调岗，必须先办理包括应收账款在内的工作交接。交接未完成的，不得离岗；交接不清的，责任由交者负责；交接清楚后，责任由接替者负责。凡离职的，应在30日前向公司提出申请，批准后办理交接手续，未办理交接手续而自行离开者，其薪资和离职补贴不予发放，由此给公司造成损失的，将依法追究其法律责任。离职交接以最后在交接单上批示的生效日期为准，在生效日期前要完成交接。若交接不清又离职时，仍将依照法律程序追究当事人的责任。

4.5.2 业务员提出离职后须把经手的应收账款全部收回或取得客户付款的承诺担保。若在1个月内未能全部收回或未取得客户付款承诺担保，就不予办理离职手续。

4.5.3 离职业务员经手的坏账理赔事宜如已取得客户的书面确认，则不影响离职手续的办理，其追诉工作由接替人员接办。理赔不因经手人的离职而无效。

4.5.4 "离职移交清单"至少一式三份，由移交人、接交人核对内容无误后双方签字，并由监交人签字，移交人保存一份，接交人一份，公司档案存留一份。

4.5.5 业务人员接交时，应与客户核对账单，遇有疑问或账目不清时应立即向主管反映，未立即呈报、有意代为隐瞒者应与离职人员同负全部责任。

4.5.6 公司各级人员移交时，应与完成移交手续并经主管认可后，方可发放该移交人员最后任职月份的薪金。未经主管同意而自行发放的，由出纳人员负责。

4.5.7 业务人员办理交接时由业务主管监督。移交时发现有贪污公款，短缺物品、现金、票据或其他凭证者，除限期赔还外，情节严重时依法追诉民、刑事责任。

4.5.8 应收账款在交接后1个月内应全部逐一核对，无异议的账款由接交人负责接手清收。财务部应随时对客户办理通讯或实地对账，以确定业务人员手中账单的真实性。交接前应核对全部账目报表，有关交接项目概以"交接清单"为准。交接清单经交、接、监三方签署盖章即视为完成交接，日后若发现账目不符由接交人负责。

拟定		审核		审批	

13-04　内部稽核管理制度

××公司标准文件		××有限公司 内部稽核管理制度	文件编号××-××-××	
版次	A/0		页次	第×页

1.目的

为建立经常性防错纠弊的机制，及时发现和处理财务管理、会计核算过程中出现的各种不良情况与问题，特制定本制度。

2.适用范围

适用于各项财务工作的内部稽核管理。

3.管理规定

3.1　定义

内部稽核是在财务部内部设置稽核岗位，依据国家财经法规和公司财务会计制度，系统地检查、复核各项财务收支的合法性、合理性和会计处理的正确性，并对稽核中发现的问题及时进行处理的内部监督机制。包括对各项财务收支的事前、事中审查和对其他会计资料的事后复核。

3.2　内部稽核人员的基本职责

内部稽核人员的基本职责有以下几个方面。

3.2.1　财务部为内部稽核主管部门。稽核人员负责审查经总经理批准的财务收支计划、销售经营计划、投资计划、固定资产购置计划、资金筹集和使用计划、利润分配计划的执行情况，发现问题应及时向公司领导反映，并提出改进设想、办法及措施，对计划指标的调整提出意见和建议。

3.2.2　稽核人员负责审查各项费用开支是否按标准执行以及有无超标准、超范围的开支。正确核算成本费用，严格划清成本界限。

3.2.3　稽核人员负责审查财务部各项规章制度的贯彻执行情况，对违反规定的现象和工作中的疏漏应及时指出，并提出改正意见和建议。

3.2.4　稽核人员可随时对报表、明细账进行调阅、检查，对数字的真实性、计算的准确性、内容的完整性进行询问。

3.2.5　稽核人员负责审核账务处理是否符合会计制度的规定，是否符合公司经营管理的需要，是否能真实、全面反映公司实际经营情况。

3.2.6　稽核人员负责审核会计人员每月是否对自己负责的科目进行自查、分析，如有入账错误或异常变动，是否及时查找原因，及时调整更正。

3.3　稽核内容

3.3.1　会计凭证稽核。

稽核人员审核会计人员制作的会计凭证是否经过不同岗位会计人员进行复核、

签章。会计凭证稽核的主要内容如下。

（1）原始凭证的稽核。

原始凭证包括自制的入库单、出库单、调拨单、报销付款单据、回款单据、收入单据、销售小票，以及从外部门取得的发票或收据等。

①审核自制的原始凭证格式是否符合公司会计核算制度的规定，所反映的经济业务是否合乎公司的财务规定，凭证填写日期与经济业务发生日期是否相符，单据是否齐全、数据是否准确、是否签批通过。

②审核各种原始凭证内容是否完整、是否列明接受部门名称，凭证的内容是否真实，品名、数量、单价是否填写齐全，金额计算是否准确。如有更改，是否有原经手人签字证明。

③凡须填写大、小写金额的原始凭证，审核大、小写金额是否一致。购买实物的原始凭证是否有验收证明（即入库单）。支付款项的原始凭证是否有收款部门或收款人证明或签字。报销凭证的审批手续是否完备、是否经授权审批人签字同意。

④如果原始凭证遗失或未取得原始凭证，由原填制部门出具证明作为原始凭证或出具由两个以上经办人员签字证明的原始凭证，审核出具证明的内容是否合法、是否经查实无重复支付现象。

⑤审核自制的原始凭证是否有凭证名称、填制日期、收款人名称、付款人名称、部门经理或总经理及经手人签字，金额计算须准确、大小写齐全并格式正确。对外开具的原始凭证是否盖有公章及经手人签章。

⑥对不合理、不合法或伪造、变造的原始凭证应严厉查处，按《公司规章制度》的规定进行处理。票据按《票据管理制度》的规定进行填制。

（2）记账凭证的稽核。

①审核记账凭证所附原始凭证是否齐全，内容是否与经济内容相符。对于需单独保管的重要原始凭证或文件，以及数量较多、不便附在记账凭证后面的原始凭证，是否在记账凭证上注明或留复印件等。

②审核记账凭证的制作是否规范，会计科目使用是否准确，借贷方向是否正确。

③审核记账凭证与原始凭证日期是否超过十天，内容、金额是否一致，摘要是否言简意赅，文理通顺，符合要求。

④审核记账凭证的制单、复核，财务部经理是否签名盖章；收付款凭证是否有经手人及出纳签名盖章；附件张数是否如实填写。

⑤对调整账目的凭证，要审核调整依据是否充足、金额是否准确。摘要中简要说明调账原因，是否有相关附件。

3.3.2 总账及报表的稽核。

稽核人员应核查会计人员是否每月核对报表、总账、明细账；发现不符或错漏，是否通知相关人员进行更正；是否能保证会计报表真实、准确、完整、及时。

3.3.3 财产物资的稽核。

（1）定期检查现金及银行存款日记账。

稽核人员应定期核查现金及银行存款日记账，采用实地盘点法，检查库存现金实存数与日记账余额是否相符，有无"白条抵库"、现金收付不入账等现象。检查银行存款日记账与银行对账单是否相符，如未达账项是否填制银行存款余额调节表，未达账项是否查明原因，有无违反银行结算规定的现象。

（2）参与财务物资清查盘点。

①稽核人员每年应至少参与两次财产物资清查盘点，监督财产清查过程，核对清查盘点表。

②检查各项财产物资的管理是否按规定执行，是否发现账账不符、账实不符现象，并了解原因。

③对发生的盘盈、盘亏、报废、毁损等情况，要查明原因，并按规定程序报批后，进行账务处理，参照《固定资产管理制度》的规定执行。

3.3.4 会计档案的稽核。

（1）稽核人员应每月检查会计档案。

①检查会计凭证、账簿、报表及其他会计资料是否按规定定期整理，装订成册，立卷归档。

②检查会计档案是否专人管理，是否按分类顺序编号，建立目录。

③检查会计凭证、账簿、报表封面填写是否完整，有无档案调阅、移交、销毁登记，手续是否齐全。

（2）稽核人员应每月检查会计电算化工作。

①检查是否按规定备份保管，是否有严格的硬软件管理规定并认真执行，是否符合安全保密要求。

②稽核项目标准参照《会计档案管理制度》中的相应规定。

3.3.5 资金筹集及运用的稽核。

稽核人员应检查每一份资金贷款合同，对贷款银行、金额、利率、期限、贷款条件等进行审核，并审核资金的运用是否符合公司资金管理规定，每季度检查一次是否按期还贷等。

3.3.6 关于协助内部稽核人员工作的要求。

（1）各部门对稽核人员的审计工作应给予支持、协助。

（2）稽核人员在进行稽核工作时，可以根据需要，审阅有关文件，检查指定的会计资料，发现问题可向有关部门和个人进行调查，索取证明材料；对违反公司规章制度的部门和个人提出纠正、改进意见和措施；对严重失职，造成公司重大经济损失的部门和个人，可向公司领导提出处理意见或建议；对检查工作中发现的重大问题要及时向领导反映，避免造成更大损失；对干扰、阻挠、拒绝稽核人员工作的部门和个人，由公司人力资源部依照《公司规章制度》中相应规定予以处置。

拟定		审核		审批	

13-05　财产清查管理制度

××公司标准文件		××有限公司 财产清查管理制度	文件编号××-××-××	
版次	A/0		页次	第×页

1.目的

为加强公司财产管理，通过对实物、现金的实地盘点，银行存款和往来款项的核对，确定公司资产实有数额，保证财产安全，特制定本制度。

2.适用范围

适用于公司各项财产的清查工作。

3.管理规定

3.1　权责

本公司的财产清查工作由财务部负责，相关的财产使用部门配合清查。

3.2　财产清查的范围

公司财产清查的范围包括所有的财产物资、债权、债务。具体包括如下几个方面。

3.2.1　固定资产。含生产用固定资产、封存固定资产、出租固定资产、租入固定资产等。

3.2.2　库存现金、油价证券、银行存款。

3.2.3　应收、应付款项。含应收账款、其他应收款、预付账款及应付账款、其他应付款、预收账款等。

3.3　财产清查的时间与组织

3.3.1　财产清查的时间。

（1）公司应定期或不定期进行财产清查。每年至少进行一次全面的大清查工作。

（2）遇部门撤销、合并、分立、改制、改变隶属关系时，必须对财产物资、债权、债务进行盘点清查，并编制清查报表。

（3）人员调动时，必须对调动人员所保管的财产物资、经办的债权债务进行清查。

（4）部门负责人更换时，必须对部门的财产物资进行清查。

3.3.2　财产清查的组织。

（1）日常的财产清查工作由财务部根据需要灵活安排，由财务部直接与相关部门联系，安排清查。

（2）全公司进行财产普查时，成立领导小组具体指导清查工作，以便清查工作有组织有步骤地进行。领导小组由公司负责人和财务部、行政部、其他职能部门的有关人员组成。

（3）在进行财产清查的过程中，各有关部门要主动配合，积极做好各方面的准备工作。财产物资保管人员，对已经发生的经济业务，应做到全部登记入账；对所保管的财产物资，应整理清楚，排列整齐，挂好标签，标明品种、规格和结存数量，以便盘点清查。财务部门应将有关账目登记齐全，核对清楚，做好记录，确保计算完整、准确，保证账账、账证相符。

3.4　财产清查的内容

3.4.1　固定资产清查工作由财务部、行政部等相关职能部门和使用部门共同配合进行。具体程序如下。

（1）由财务部核对固定资产账册和卡片，做到报表与总分类账一致，总分类账余额与明细分类账余额一致，明细分类账余额与固定资产卡片金额之和一致。

（2）由财务部和使用部门核对固定资产台账（履历簿）和卡片，保证一致。

（3）财务部负责组织使用部门进行固定资产盘点清查，以卡对物，以物对卡，保证相互一致；对固定资产的使用状况、使用状态进行核实。对闲置、封存、使用率不高等情况分别注明并进行登记、统计。对移动使用的固定资产要做到经常轮流盘点，重点抽查，确保卡物相符。

3.4.2　货币资金、有价证券的清查包括库存现金、银行存款、有价证券的清查。清查方法有实地盘点和与开户银行对账。具体方法如下。

（1）库存现金、有价证券清查。

①一般采用实地盘点的方法来确定实存数，然后与现金日记账、有关会计账簿余额进行核实，以查明账实是否相符。

②库存现金清查时，出纳人员必须在场，不允许以借条、收据等白条抵库。

③财务部经理每月抽查不少于____次。根据清查结果编制现金、有价证券清查结果报告表，并在现金日记账余额栏外盖章。

（2）银行存款清查。

①一般采用与开户银行对账的方法，将公司记账的银行结算单据逐笔与开户银行对账单核对，以查明是否相符。

②对双方记账时间不一致产生的"未达账项"，造成双方余额有差异的应编制银行存款余额调节表进行调整。

③财务部经理每月抽查不少于____次，并在银行存款日记账余额栏外盖章。

3.4.3　债权、债务往来款项清查包括各种应收、应付款项。清查方法采用与债权债务部门或个人对账的方法，并要求双方进行书面确认。除了做到账账相符以外，还应查明双方有无发生争议的款项，以及可能无法收回的款项，以便及时采取措施，避免和减少坏账损失。特别是经办人员调离时，应及时处理。

3.5 财产清查结果的处理与考核

3.5.1 对在财产清查过程中发现的资产盘盈、盘亏、毁损、报废等，应当分情况进行处理和考核。

3.5.2 由财产清查小组核对盘盈、盘亏、报废等结果，查明原因，分清责任。分别填制"固定资产盘盈、盘亏理由书""固定资产报废申请单""材质鉴定书"等，并报上级有关部门批准列销。

3.5.3 由于事故责任造成的损失，应根据责任确认损失承担部门，由事故责任承担部门负责给予补偿。

3.5.4 由于人为因素造成的损失，应由个人承担经济、行政或法律责任。

拟定		审核		审批	

13-06 会计档案管理制度

××公司标准文件		××有限公司 会计档案管理制度	文件编号××-××-××	
版次	A/O		页次	第×页

1.目的

为加强公司会计档案的科学管理，使会计档案规范化、系统化，特制定本制度。

2.适用范围

适用于财务部所有会计档案的管理。

3.管理规定

3.1 会计档案范围

包含会计凭证、会计账簿、会计报表以及其他会计核算资料等四个部分。

3.1.1 会计凭证。

会计凭证是记录经济活动、明确经济责任的书面证明。它包括自制原始凭证、外来原始凭证、原始凭证汇总表、记账凭证、记账凭证汇总表、银行存款（借款）对账单、银行存款余额调节表等。

3.1.2 会计账簿。

会计账簿是由一定格式、相互联结的账页组成，以会计凭证为依据，全面、连续、系统地记录各项经济业务的簿籍。它包括按会计科目设置的总分类账、各类明细分类账、现金日记账、银行存款日记账以及辅助记账备查簿等。

3.1.3 会计报表。

会计报表是反映公司财务状况和经营成果的总结性书面文件，有主要财务指标快报，月、季度会计报表，中期、年度会计报表。包括资产负债表、损益表、现金流量表、会计报表附表、附注、财务情况说明书等。

3.1.4 其他会计核算资料。

其他会计核算资料属于经济业务范畴，包括与会计核算、会计监督紧密相关的，由财务部门负责办理的有关数据资料。如经济合同、财务数据统计资料、财务清查汇总资料、核定资金定额的数据资料、会计档案移交清册、会计档案保管清册、会计档案销毁清册等。会计电算化存贮在磁盘上的会计数据、程序文件及其他会计资料均应视同会计档案管理。

3.2 会计档案的保管

3.2.1 会计档案的保管要求。

（1）会计档案室应选择在干燥防水的地方，并远离易燃品堆放地，周围应备有防火器材。

（2）会计档案应放在专用的铁皮档案柜里，按顺序码放整齐，以便查找。

（3）会计档案室内应经常保持清洁卫生，以防虫蛀、防鼠咬。

（4）会计档案室应保持通风透光，并有适当的空间、通道和查阅的地方，以便查阅，并防止潮湿。

（5）设置归档登记簿、档案目录登记簿、档案借阅登记簿，严防毁坏、损失、散失和泄密。

（6）会计电算化档案的保管要注意防盗、防磁等。

3.2.2 档案保管期限。

（1）原始凭证、记账凭证、汇总凭证____年。

（2）银行存款余额调节表和银行对账单____年。

（3）日记账____年，其中：现金和银行存款日记账____年。

（4）明细账、总账、辅助账____年。

（5）固定资产报废清理后固定资产卡片及清单保管____年。

（6）主要财务指标报表（包括文字分析）____年。

（7）月、季度会计报表（包括文字分析）____年。

（8）年度会计报表（包括文字分析）永久。

（9）会计档案保管清册及销毁清册永久。

（10）主要财务会计文件、合同、协议永久。

3.3 会计档案的借阅

3.3.1 会计档案为财务部门所使用，原则上不得借出，有特殊需要须经部门领导、财务负责人批准。

3.3.2 外部借阅会计档案时，应持有公司正式介绍信，经会计主管人员或部门领导批准后，方可办理借阅手续。借阅人应认真填写档案借阅登记簿，将借阅人姓名、日期、数量、内容、归期等情况登记清楚。

3.3.3　本部门人员需要使用档案资料时，在登记报批后由档案管理人员陪同翻阅或者复印。

3.3.4　借阅会计档案人员不得在案卷中乱画、标记、拆散原卷册，也不得涂改抽换、携带外出或复制原件（如有特殊情况，须经领导批准后方能携带外出或复制原件）。

拟定		审核		审批	

第14章 生产安全管理制度

本章导读

- 安全管理教育制度
- 安全检查与隐患整改制度
- 消防设备设施安全管理规定
- 劳动防护用品管理办法
- 职工职业健康检查管理办法
- 安全（消防）应急准备与响应程序
- 工伤与事故调查处理程序

14-01 安全管理教育制度

××公司标准文件		××有限公司 安全管理教育制度	文件编号×× - ×× - ××	
版次	A/0		页次	第×页

1.目的

为规范安全教育工作，帮助全体职工正确认识和掌握安全常识，提高职工的安全意识和生产技术水平，使职工能够认真地遵守公司有关安全生产的规章制度，保证实现安全生产，特制定本制度。

2.适用范围

适用于公司及各部门的安全教育工作。

3.管理规定

（1）各部门必须制订出当年的安全教育计划，并指定专人负责实施、检查和总结。

（2）安全教育必须坚持总经理牵头，分级负责（一把手负责制），全员参与，齐抓共管，充分利用工会活动的机会，利用网络、板报、标语、图展、录像等多种形式，组织开展安全教育。

（3）各部门应根据生产性质及技术设备，选用不同工种、工序的安全操作规程或作业指导书，作为安全教育的主要内容。

（4）对新录用的职工，分配工作前必须进行三级安全教育。三级安全教育的内容主要包括以下几方面。

①公司级安全教育，由安全管理委员会或其委托和指定的部门人员（有安全培训资格）负责。内容主要包括：宣讲有关安全生产法律、法规、安全制度，介绍本公司

的生产性质、特点、环境、健康与安全状况，讲解历年来的典型事故案例等，告诉每位员工的安全权利和义务并填写三级教育登记表，由教育人和受教育人分别在登记表上签字、盖章。

②部门级安全教育。由部门经理或其委托人（有安全培训资格）负责向新员工讲解部门的生产性质、特点、环境、健康与安全状况，所从事工种、岗位的安全技术操作规程和岗位责任制及安全注意事项，特别要介绍部门历年来发生的典型事故情况，以提高安全意识，使员工自觉遵守安全纪律。教育人和受教育人分别在三级教育登记表上签字、盖章。特殊工种岗前培训考核合格后，试卷应妥善保存。

③班组岗位安全教育。由班组长负责向新职工讲解班组安全生产情况、机械设备及工具的操作知识和使用方法以及生产过程中的具体要求、本工种和岗位的安全操作规程等，教育后由教育人和受教育人在三级教育登记表上签字、盖章。

④对于技术和行政管理人员，主要应进行安全生产、劳动保护、政策法令、安全技术知识和安全生产工作经验教训等教育，只进行到二级教育。

（5）各部门都必须建立安全活动日，班前班后会上检查安全生产情况，对员工进行经常性教育；并可根据不同的时期，进行各种各样的安全生产宣传、教育、竞赛活动，其主要内容如下。

①总结近期安全工作情况，找出存在的问题，提出近期安全生产工作中应逐一解决的问题。

②检查有关安全生产规章制度和措施的贯彻落实情况。

③分析查找部门、班组安全事故的隐患，并制定整改措施。

④表扬安全方面先进的人和事，总结推广安全工作的先进经验。

（6）公司必须定期对安全教育活动进行检查，要做到会前有安排，参加有签到，发言有记录，缺席有补课，会后有汇报。

拟定		审核		审批	

14-02　安全检查与隐患整改制度

××公司标准文件		××有限公司 安全检查与隐患整改制度	文件编号××-××-××	
版次	A/0		页次	第×页

1.目的

为建立良好的工作环境，及时发现生产中的不安全因素，迅速消除事故隐患、防止事故发生，改善员工劳动条件，特制定本制度。

2.适用范围

适用于公司所有级别的安全检查。

3.职责

3.1 安全办

负责组织全公司进行安全检查，下发专业性的安全检查计划和整改通知书。

3.2 维修部

负责专业性检查的实施。

3.3 各部门

负责本部门的安全检查和消防器材的检查，负责对发现的隐患及时予以整改。

4.内容

4.1 检查类别

4.1.1 公司级检查。

（1）由公司安委会组织相关部门人员参加，每月在全公司范围内进行一次安全检查，平时组织不定期的抽查。对于新完成的工艺项目、特殊设备投产以及厂房改建等再进行特殊安全检查。

（2）安全办对全公司进行定期和不定期的安全检查。

4.1.2 车间检查。由车间主任组织主管及部门安全员对本车间定期进行安全检查。

4.1.3 班组检查。由班组长组织本班组人员对本班组的设备进行周期性的检查。

4.1.4 机动巡查。由保安部保安员对全公司进行周期性的巡查。

4.1.5 专业检查。由维修部主管及领班、相关技术人员负责对全厂特种设备、特种作业、电气、危险仓电气设备等进行专业性的安全检查。电梯、压力容器、行车等特种设备由维修保养公司负责定期安全检查和年审，维修部负责日常运行检查。

4.2 检查频次

4.2.1 日常检查。针对日常工作中的场所环境进行检查。

（1）安委会每月组织各部门对全公司进行一次大检查。

（2）安全办人员每天对全公司进行一次大检查。

（3）各车间每周对本车间进行一次大检查。

（4）各班组每天对本班组区域进行交接班前后与工作中的日常性检查。

4.2.2 季节性检查。根据季节特点，为保障安全生产所进行的检查。

（1）在每年6月份雷雨季节到来之前由维修部对全公司生产设备、建筑物进行一次全公司检查。

（2）气象预报台风到来之前，由安全办组织相关人员对全公司进行一次大检查。

（3）台风雷雨季节前由维修部对防雷装置进行一次检测检查。

4.2.3 节假日检查。节假日前的安全生产综合检查即是在节假日放假前由安全办组织人员对全公司进行一次安全检查。

4.2.4　机动检查。对厂区范围内的消防安全进行定期巡查。

（1）公司机动检查组在工厂正常上班时间必须每1小时对全厂巡查一次。

（2）工厂夜间下班锁门后及节假日放假期间，必须每4个小时巡查一次，并做好检查记录。

4.2.5　专业性检查。针对特种作业、特种设备、特殊场所进行的检查。

（1）维修部每年两次对本厂的电气线路进行检查。

（2）各部门每年一次对设备安全进行检查或由使用部门委托外部供货商进行检查。

（3）维修部对公司内的特种设备（机动叉车、储气罐、电梯、行车等）按照检测周期每年请检测机构进行一次检测。

（4）公司内的防雷装置由维修部向防雷检测所申请检测，每年至少一次。

4.2.6　不定期检查。对在运行中的机械设备、消防安全设施、作业中的人员、动火施工作业等不定期进行全厂性的安全检查。

（1）该项检查由厂安全办负责，对全厂范围进行不定期检查。

（2）部门、车间安全员对本部门（车间）生产中的安全情况进行不定期的检查。

4.3　检查范围及内容

4.3.1　安全管理机构和安全管理人员：查安委会、安全办和安全小组是否正常运转，安全主任、安全员是否能顺利开展安全工作（查会议记录、安全文件及安全报告）。

4.3.2　安全生产责任制：查各部门、各级管理员和员工是否明确自身安全职责，是否履行自身的安全职责（查文件资料、现场提问）。

4.3.3　安全操作规程：查是否建立各岗位安全操作规程或操作指引，员工对操作程序和要求是否明确（提问或查培训记录），员工是否有违章操作的行为现象（查现场或记录）。

4.3.4　安全检查：查是否建立了各级安全检查组，各检查组是否按公司检查制度进行安全检查，是否及时落实安全整改（查整改记录）。

4.3.5　安全宣传教育：一查新入厂员工是否接受了厂级与岗前培训（查培训内容和记录）。二查特种作业人员是否持有效操作证上岗（查证件）。三查是否开展安全宣传教育活动（查活动记录）。

4.3.6　用电安全。

（1）各种电气设备档案是否齐全（查图纸数据、运行使用记录、保养维修记录、故障处理记录）。

（2）电气线路敷设是否规范，有无乱拉乱接现象存在。

（3）绝缘导线外皮有无破损、老化现象。

（4）临时线路电源线是否采用完整的、带保护线的多股铜芯橡皮护套软电缆或护套软线。

（5）漏电保护装置、开关等是否完整有效，指示是否正确，是否使用带保护接零极的插座（单相三孔、三相四孔）。

（6）保险丝是否按额定值选用，是否有用"非保险丝"代替的状况。

（7）是否存在直接将导线插在插座上使用的现象。

（8）有无接零或接地，保护接零或接地是否完好（接地电阻不大于4欧姆，保护接零线重复接地电阻不大于10欧姆）。

（9）用电设备的绝缘电阻值是否符合规定，有无定期检查记录。

（10）移动电气设备和手持电动工具是否装设漏电保护器，是否做到"一机一闸一漏"（一台用电设备必须配备专用的开关和漏电保护器）。

（11）移动电气设备和手持电动工具的防护罩、盖、手柄及开关是否完好可靠、有无松动破损。

4.3.7 机械设备。

（1）是否建立机械设备及各种保护装置的使用管理制度，现场设备前是否张贴安全操作规程或操作指引。

（2）是否定期开展机械设备及各种保护装置的安全检查和维修保养（查检查和维修保养记录）。

（3）是否进行机械设备安全运行检查交接班记录（查记录）。

（4）机械操作员是否经过培训并持有合格上岗证（现场抽查和检查培训记录相结合）。

（5）冲压机等危险设备是否按规定配备安全防护装置，其防护装置是否可靠有效。

（6）机械设备及其运动（转动）部件、传动（传输）装置是否安装防护装置，或是否采取其他有效的防护措施。

4.3.8 作业环境。

（1）通风、照明、噪声是否符合作业要求，通风、照明、屏蔽设备、设施是否完好。

（2）生产材料、半成品、成品和废料等有无乱堆乱放现象，过道和安全出口是否通畅。

（3）生产区域地面是否平坦、整洁，功能区划分是否恰当。

（4）作业台面设置和摆设是否合理，是否阻碍员工作业和紧急情况下的疏散行动。

4.4 安全隐患的整改及处理

4.4.1 通过检查发现安全隐患后，实时向安全责任部门及安全责任人下发"隐患整改通知书"。

4.4.2 安全责任部门及安全责任人在接到检查组的"隐患整改通知书"后，必须及时对存在的安全隐患予以整改。

4.4.3 检查组于整改期限到期后跟踪整改结果，责任部门没按要求整改或拒绝整改的，将依据公司《安全生产奖惩制度》对相关安全责任人予以处罚。

拟定		审核		审批	

14-03　消防设备设施安全管理规定

××公司标准文件	××有限公司 消防设备设施安全管理规定	文件编号××-××-××	
版次	A/0		页次	第×页

1.目的

为了保护公司消防设备设施的完好，确保消防设备设施能够有效运行，特制定本规定。

2.适用范围

适用于本公司消防设备设施的安全管理。

3.定义

3.1　消防设备设施

公司内用于消防的一切设备和设施，包括消防水系统（含消防泵自动供水系统）、各种灭火器材、火灾报警系统、消防通道及其附属设备（如应急灯、疏散指示灯和疏散指示图等）。

3.2　行政区划

公司各部门的实际使用区域（如生产部的生产区）及其附属区域（如生产部为生产提供服务的区域）被划定为该部门的行政区划，以便于公司的各种管理（包括消防设备设施的安全管理）。

4.职责

4.1　安全管理委员会（以下简称安委会）

负责本规定的制定和批准，负责每月的消防评估检查。

4.2　安全主管部门——工程部

负责消防设备设施的监督管理，负责本规定的编制和修订，编制和修订后的草案交安委会讨论、审批后执行。

4.3　行政部

负责公司内的行政区域划分，负责本部门责任区内的消防设备设施的日常保养工作，负责宣传本规定中相关内容。

4.4　其他部门

做好本部门行政区划内的消防设备设施的日常保养工作并宣传本规定中相关内容。

5.管理规定

5.1　消防设备设施用途

消防设备设施禁止用于非消防用途，特殊情况要向安委会申请异常使用许可证。

5.2　消防设备设施的日常管理规定

工程部的专职安全管理人员每日进行日常安全巡查，及时发现、记录、处理、整改消防安全隐患。关于消防"物的不安全状态"和"人的不安全行为"规定如下。

5.2.1 发现"物的不安全状态"。

（1）立即记录并作紧急处理，对超过工作能力的，应立即通知工程部维修人员作紧急处理。（对危及重大消防安全且本公司不能处理的情况，立即拨打"119"寻求支援。）

（2）通知工程维修人员修缮，使之恢复预定的消防功能。安全管理人员验收并记录。相关记录在每月安委会进行消防评估检查时交安委会备案，保存在安委会的常任理事处，即安全主任处。

（3）同时安全管理组还监督检查各部门消防设备设施的维护情况。

5.2.2 发现"人的不安全行为"。

（1）发现有消防设备设施被异常使用或人为破坏情况，立即记录并向所属部门发调查通知单。

（2）发现人为破坏或异常使用消防设备设施的，立即制止并记录。

（3）调查结果显示或现场发现"人的不安全行为"的，报请安全主任和安委会批准，给予相应处罚，详见《消防、安全违章违规处罚规定》。

5.3 各部门消防设备设施的日常维护

5.3.1 各部门对其所属行政区划内的消防设备设施有日常维护义务，应保证该辖区的消防设备设施的清洁、整洁和有效，不得损坏和防止其他人员破坏。

5.3.2 各部门每日设定该行政区划的维护和监督人员，每周由部门安全分管人员填报"消防设备设施状况表"，并留档。

5.3.3 调查本行政区划消防设备设施的异常使用情况和人为破坏情况，形成结果报工程部安管人员处理解决。

5.4 安委会消防评估检查

5.4.1 安委会确定每月消防评估检查的人员、分组、时间、地点的方案。

5.4.2 按照预定方案和消防安全检查要求落实各项安全检查。

5.4.3 形成安全检查报告。

5.4.4 将检查中发现的问题下发至各部门整改，消除消防安全隐患并宣传，交安委会常任理事部门——工程部安管组督促执行。

5.4.5 对安全检查报告的整改必须在下次安委会消防评估检查前一周完成并形成整改报告。

5.5 记录保存

5.5.1 《消防设备设施管理规定》中的记录，有效保存期为3年。当其有与其他程序共用且规定相冲突的记录项时，执行最长保存期限的要求。

5.5.2 记录超时限后，可以自行处理。

拟定		审核		审批	

14-04 劳动防护用品管理办法

××公司标准文件		××有限公司 劳动防护用品管理办法	文件编号××-××-××	
版次	A/0		页次	第×页

1.目的

为了合理发放职工个人劳动防护用品，使劳动保护用品真正起到保护职工安全和健康的目的，保障生产工作顺利进行，特制定本办法。

2.适用范围

适用于公司劳动防护用品的计划、采购、保管、发放等工作以及检查与考核等管理工作。

3.职责

（1）综合管理部是全厂劳保用品管理工作的归口部门，主要负责劳保用品管理制度及发放标准的制定，费用预算与控制，劳保用品计划的制订，劳保用品的采购、费用结算、质量监督、使用情况监督等。同时审批公用劳保用品的发放、借用、报损，负责厂服、工装的选样、订购等。

（2）财务部根据国家、上级的有关规定，对劳保用品的采购、发放、管理等方面进行财务监督和财务审计。

（3）公司工会组织是劳动防护用品管理的监督机构。

4.管理内容与要求

4.1 劳保用品的分类、配发和使用

4.1.1 根据劳保用品用途和价值分为大宗类防护品和小额易耗类劳保用品。大宗劳保用品指各类防护服、雨具、价格较贵的特种防护用品；小额易耗类劳保用品指各类定期发放的防护鞋、防护帽、防护眼镜、耳塞、毛巾、手套、口罩、洗涤用品等。

4.1.2 劳保用品是企业免费发放给职工的，用于职工在生产劳动过程中保证人身安全和身心健康的一种辅助防护用品。临时聘用人员和公司正式员工同等享受公司发放的劳保用品。

4.1.3 防护服的面料一律为全棉制品。特殊岗位、工种需用其他面料的，需求部门应向综合管理部提出书面申请，并报公司分管领导批准。

4.1.4 特殊防护品如安全帽、绝缘护品、防射线护品、防毒面具、防尘口罩、防护镜、耳塞等，必须采用符合国家标准且经省级及以上有关部门鉴定合格的产品。

4.1.5 职工进入生产现场，必须穿戴符合现场安全卫生要求的个人防护用品。

4.1.6 职工个人防护用品的发放，必须按照《公司职工个人劳动防护用品发放标准》执行。因生产、工作情况变化，需要调整劳保用品发放标准时，由需求部门向综合管理部提出书面申请，经审核批准后发放。

4.1.7 为便于更换洗涤，新进厂人员首次发放工作服时，可一次发放两套。

4.1.8 职工调换岗位、工种，应按新岗位、工种标准发放劳保用品。防护用品的使用期限按新老岗位、工种的发放标准折算后确定新的发放时间，以后则按新岗位、工种标准发放。

4.1.9 职工因调出、辞职、辞退等原因离开公司时，应将所发放的个人劳动防护用品缴回。职工退休时发放的劳保用品可不收回。

4.1.10 除必需的劳动防护用品（如安全帽、手套、口罩、工作服等）由公司统一购买发放外，其他的防护用品（如洗涤用品、毛巾等）可发放货币由员工自行购买（公司正式员工享受此待遇）。

4.2 劳保用品遗失、损坏的赔偿

4.2.1 除安全帽外，职工个人领用的劳动防护用品在规定的使用时间内遗失或损坏一般不予补发，对于特种防护用品在规定的使用期内遗失或损坏需重新领用的，须经部门证明、综合管理部审批后补发，并按使用期折算作价赔款。

职工个人使用的安全帽，使用期满后一律以旧换新；在规定的使用期内因本人原因遗失或损坏需重新领用的按使用期折算作价赔款后予以补发；因特殊情况遗失或损坏需重新领用的，经部门证明、综合管理部审批后补发。

作价赔款计算方法如下。

$$赔款金额 = \frac{规定使用时间（月数）- 已使用时间（月数）}{规定使用时间（月数）} \times 采购价格 \times 80\%$$

4.2.2 集体、职工个人（包括临时劳务工）借用的劳保用品遗失或损坏，经部门证明、综合管理部审批后，根据物品的新旧程度按原价的30% ~ 100%赔款；对无故不还或故意损坏者，按原价赔款；因抢修、抢险、救灾等特殊原因遗失或损坏，经部门证明、综合管理部审批后，予以报损，不作赔款。

4.3 劳保用品费用计划

根据公司预算管理办法，每年第四季度由综合管理部根据职工劳保用品的到期情况及下一年总体安排，提出下一年的劳保用品总费用预算，报公司领导批准。该费用由综合管理部归口管理。

4.4 劳保用品的采购

4.4.1 涉及安全、卫生的劳动防护用品必须到国家、省、市劳动部门批准的护品定点生产企业和定点劳动防护用品经营企业购买。购买时要验明定点企业生产许可证和劳动防护用品质量检验合格证（以下简称"两证"）。

4.4.2 对于特种劳动防护用品，由需求部门提出申请，综合管理部征求部门意见后选型采购。

4.4.3 采购一般劳保用品，如毛巾、手套、洗涤用品等，应选择信誉好、生产能力大、质量有保证、市场上有一定知名度的企业或经销商。绝不允许到产品质量得不到保证的生产经营单位采购。

4.4.4 实行比质、比价采购。除独家生产的企业外，必须选择两家以上的企业进行比较，比价格、比质量、比售后服务。

4.4.5 对大宗类劳动防护用品或年需求量大的低值易耗品，逐步推行公开招投标采购或选择供货单位，具体根据公司有关规定执行。

4.4.6 公司采购的劳保用品，在结算时，结算的价格不得超过市场零售价。

4.4.7 加强采购的财务、审计管理。财务部、公司审计人员要参与采购全过程的财务监督管理与审计。

4.5 劳保用品的验收、发放

4.5.1 劳保用品购入后要进行验收。大批量的要进行抽样验收，抽验率不低于1%，不合格的劳动防护用品不得发放给员工。涉及安全、卫生的护品要检查其"两证"，无"两证"的一律不得购入。

4.5.2 对定期发放的劳保用品，发放时应做好职工个人领用记录。

4.5.3 领用部门按提出的质量标准进行领用验收，不符合质量要求或无"两证"的，应拒绝领用，并及时向综合管理部分管负责人报告。职工个人在领用劳保用品时更要注意质量检查，特别是涉及安全、卫生的劳动防护用品，必须查验有无"两证"，如不符合要求，可拒绝领用并及时向综合管理部分管负责人报告。

4.5.4 集体、职工个人领用的劳保用品，在使用前发现有质量问题可及时提出退换。

4.5.5 对职工退回的不合格劳保用品应及时与采购人员联系，及时退回给供货商。如不能退回不合格的劳保用品，综合管理部有权在结算费用时扣除不合格劳保用品的费用。

拟定		审核		审批	

14-05 职工职业健康检查管理办法

××公司标准文件		××有限公司 职工职业健康检查管理办法	文件编号×－××－××	
版次	A/0		页次	第×页
1.目的 　为了预防、控制和消除职业病危害，防治职业病，加强职业健康监护管理，保护劳动者健康，特制定本办法。				

2.适用范围

适用于本公司职工的职业健康体检。

3.职责

3.1 行政部

组织进行职工职业健康体检。

3.2 人力资源部

协助行政部建立健全职工职业健康档案。

4.定义

职业病：指劳动者在职业活动中，因接触粉尘、放射性物质和其他有毒有害物质等而引起的疾病。

5.管理内容

（1）行政部每年对公司职业性危害岗位进行评估并公布。

①行政部每年12月份对全公司职业性危害的岗位进行评估，并编制"职业性危害岗位一览表"。

②新增或变更职业危害岗位时，行政部对"职业性危害岗位一览表"进行及时变更。

③"职业性危害岗位一览表"如发生变更，须经职业安全健康管理者代表核准，并向全公司公示。

（2）职业健康检查。

①上岗前检查。

a.在新进员工确定岗位之后，由人力资源部及时将员工名册告知行政部，由行政部根据"职业性危害岗位一览表"确定需参加上岗前体检人员名单，并出具体检证明。

b.员工本人在收到体检证明后15个工作日内自行至体检机构进行体检，并自行取回体检报告。以上体检费用先自行支付。

c.逾期未参加体检的，公司不予录用。

d.经职业病体检合格者，公司予以录用，并签订职业危害岗位合同。相关的职业病体检费用在上岗6个月后由部门助理凭发票至财务部报销；体检不合格者，公司将优先予以换岗，亦可不予录用，相关的职业病体检费用由职工自行承担。

②在岗期间检查。

a.在职业病危害岗位工作的职工，距上岗前体检满1年后，接触粉尘岗位的职工，距上岗前体检满2年后，由公司组织至体检机构进行上岗期间的职业病体检。

b.根据"职业性危害岗位一览表"，由行政部确定当年度进行在岗体检的人员，并于每年年初制定当年度体检计划。

c.依据年度体检计划，由行政部每月组织体检。体检费用由行政部统一请款支付。

d.员工体检报告，由行政部统一归档备案。

③离岗时体检。

a.从事职业性危害岗位的员工离职时，若距上次体检已满3个月，须进行离岗体检。距上次体检未满3个月的，以上次体检报告结果作为离职体检的数据。

b.员工提出离职申请，经本部门主管核准后，由部门主管确认其岗位是否属于职业性危害岗位。如发现属于职业性危害岗位，应通知行政部，由行政部出具体检证明，员工本人凭体检证明自行至体检机构进行体检。体检费用先由员工本人支付。

c.为防止未参加体检而离职的现象发生，员工离职单须经行政部签字确认。行政部签字确认后，于离职单上标注体检结果，体检报告由行政部存盘备案。

d.经体检合格者，凭体检合格报告办理离职手续，并将体检发票附于离职单之后，其体检费用将在薪资中补发。未进行离岗时职业病体检者，不予办理离职手续。

④应急性检查。

a.员工发生岗位异动时，由部门主管对员工异动岗位进行确认，当发现新的职业性危害因素时，联络行政部出具体检证明，由员工本人于15个工作日内自行至体检机构进行体检。体检程序参照上岗前检查。

b.体检合格者，予以办理调岗。体检合格报告附于异动申请单之后，由人力资源部存盘备案。体检不合格者，不予办理调岗。

c.员工疑似患有职业病时，由行政部及部门主管陪同进行职业病体检。体检费用先自行承担。当体检结果确认患有职业病时，凭体检发票报销费用，体检费用由公司承担，否则费用自行承担。

d.以上体检结果应由行政部及时通知员工本人。员工须在体检报告上签字确认，必要时，员工可复印体检报告。

（3）发现职业禁忌或者有与所从事职业相关的健康损害的劳动者，应及时调离原工作岗位，并妥善安置。对需要复查和医学观察的劳动者，按照体检机构要求的时间，安排其进行复查和医学观察。

①体检机构出具的体检报告结果，分为正常、异常但与工作无关、异常且与工作有关三种情形。

②公司只承担与工作有关的体检异常人员的医疗。根据体检机构的建议，对体检异常人员进行妥善安置。

（4）发现职业病患者或疑似职业病患者，应立即向卫生行政部门报告，并按照体检机构的要求安排员工进行职业病诊断或者医学观察。

（5）对从事职业危害岗位的员工，由行政部建立员工名册，并对其体检状况进行记录。

拟定		审核		审批	

14-06 安全（消防）应急准备与响应程序

××公司标准文件		××有限公司 安全（消防）应急准备与响应程序	文件编号×× - ××-××	
版次	A/0		页次	第×页

1.目的

为做好日常生产的安全防范工作，确保在意外火灾事故、台风、地震等情况发生时，能够有组织地开展抢救、撤离工作，使灾害降至最低程度，特制定本程序。

2.适用范围

适用于本公司厂区及员工宿舍。

3.定义

3.1 应急准备与响应

为了有效地处理意外紧急事故（如火灾、化学品泄漏、台风、地震等）所做的准备（包括程序准备、设备器材准备和演练）以及事故发生时的动作反应。

3.2 应急控制中心

公司为了在紧急情况下能有效地处理紧急事故而建立的指挥、调度、通信和应急处理设备设施存放的中心控制室及机构的统称。

3.3 吸油

所有的液体化学品，在安全上统称为"油"，也称"化工油"。利用吸油材料处理这类泄漏的化学品，统称为吸油。

3.4 堵漏

所有的液体化学品，在人们控制之外的所有外流情况，统称为泄漏。对这类违背人们意愿的非正常泄漏进行处理，使正在泄漏的化学品容器恢复稳定状态的过程叫堵漏。

4.管理规定

4.1 安全组别、级别及功能

4.1.1 公司安全分为生产安全和消防安全两大类。安全组别按部门划分为行政部、生产部、品管部、物控部、储运部五个组别，分别承担本部门的生产安全和消防安全责任。

4.1.2 安全级别按公司行政级别划分为总指挥、副总指挥、安全专员、安全组长、安全副组长、安全员六个级别，确保生产安全和消防安全工作顺利执行并使上下协调沟通顺畅。

4.1.3 应急控制中心：总指挥1人，副总指挥1人，安全专员1人，指挥成员5人。

4.1.4 警戒、通信组：公司警戒通信员为各部门主管、主管助理及保安部全体人员。

4.1.5 应急处理组：由总指挥、副总指挥、安全专员及各部门主管和行政人事管理人员担任。

4.1.6 疏散组：由各部门主管及主管助理担任。

4.1.7 安全检查组：由副总指挥、安全专员、各部门主管及主管助理组成。

4.1.8　安全事项处理优先级：任何安全事项发生时，在处理问题的决定权上，以现场管理人员为团队，以《安全管理委员会组织结构图》中规定的行政级别为准。

4.2　培训和能力

4.2.1　应急控制中心成员：总指挥1人，由总经理担任，具有决策能力；副总指挥1人，由有应急处理经验的5S主任担任；安全专员1人，由有应急处理能力的5S副主任担任。指挥成员5人由部门安全组长担任，协同副总指挥做好应急处理调度工作，要具有调度经验和执行力。

4.2.2　警戒、通信组成员：公司警戒、通信员为各部门安全组长及保安部全体人员。具有在演习和应急处理过程中的警戒和通信工作能力。

4.2.3　应急处理组：由各部门安全组长担任，组员有电工、木工。有生产安全事故处理的能力，有现场灭火（初期火灾）、堵漏、抢救等指挥工作的能力。

4.2.4　疏散组成员：由各部门副安全组长担任，负责生产安全事故的协助处理，负责现场路线的指引和疏散人员的清点统计工作。具有协调处理、执行上级指令的能力。

4.2.5　安全检查员：由副总指挥、安全专员、各部门安全组长及副组长担任。负责日常的生产安全和消防安全检查，应急处理过程中，承担现场指挥小组与应急控制中心的指令传递，协助现场指挥，组织应急处理的各方事宜。具有识别消防安全隐患的能力和现场协调能力。

4.3　组织功能与任务

4.3.1　应急控制中心。

（1）出现生产安全事故时，负责指挥及救助工作。

（2）在重大火灾或事故发生时，统筹管理指挥中心，下达指令。应急控制中心是重大责任的稽查部门。

4.3.2　警戒、通信组。

（1）负责公司内部报警后的警戒、通信工作，内部报警（按警铃）后，应急控制中心的值班保安通知总指挥，安全组长维持现场秩序以免其他员工误入，视情势决定是否拨打"119"火警电话。

（2）负责对外紧急报警及求援工作，对内紧急通知员工疏散及采取应急措施，联络内外情势，通知救援工作。

（3）保安负责引导消防车及消防队员，迅速打开各通道疏散口，维持秩序。

4.3.3　应急处理组。

（1）当发生生产安全事故时，安全组长立即通知行政部和安全专员派车。

（2）安全组长听到火灾报警后，立即指导安全副组长指挥人员疏散。

（3）当发生生产安全事故时，安全组长立即携带消防工具迅速赶到现场，或利用就近的消防设施，有组织、有计划地迅速开展扑救行动。

（4）当发生生产安全事故时，电工负责截断电源和驳接消火栓水喉。

（5）对其他意外事故，如台风，行政安全组长要做好预防台风袭击的工作，在台风到来前，通报台风来袭的时间、强度等情况；检查各部门有无做好固定、掩蔽等防范措施；通知保安限制台风期间的人员走动。

4.3.4 疏散组。

（1）负责人员疏散、避难指导及现场秩序维持，保持通道畅通。

（2）警示疏散人员关闭电源，避免火灾带电，增加灭火难度。

4.3.5 安全检查组：见4.2.5。

4.4 生产安全措施、消防安全措施及消防器材配置

4.4.1 各安全组长根据本部门的生产（作业）特点，针对具有安全隐患的工序、设备、操作等做相应的指引和粘贴警示标语。

4.4.2 各生产作业防护用品及创可贴、红药水等放置于行政部由文控保管。

4.4.3 进行不定期的生产安全检查和定期的消防安全检查及消防演习。

4.4.4 消火栓、灭火器，分设在公司各楼层、宿舍。

4.4.5 各消防通道出口见公司消防通道图。

4.4.6 消火栓、灭火器、警铃、应急灯分布状况见公司消防设备分布图。

4.4.7 消防逃生标志见各楼层的"安全出口"标志及地面上的黄色箭头。

4.5 程序

4.5.1 日常维护。

（1）全员参与安全管理。各部门安全组长负责每日巡视，并培训教育本部门所有员工，全员参与安全管理，发现安全隐患及时上报。

（2）不定期检查。依据4.1.7的规定，组成安全检查组，不定期进行生产和消防安全检查，每月至少两次。

（3）定期检查。各部门安全检查组长，指定人员定期对本部门所管理的区域进行定期检查。时间见"灭火器消火栓设施检查表"。

4.5.2 生产安全问题处理程序。

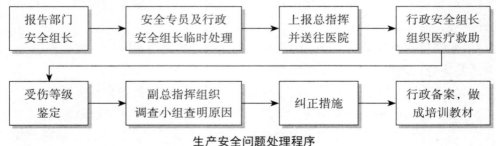

生产安全问题处理程序

（1）当出现工伤事件时，附近的同事要立即上报本部门安全组长，部门安全组长

立即上报行政安全组长和安全专员。

（2）安全专员及行政组长立即进行初步的消毒处理，情况严重的立即上报总指挥，同时安全专员立即派车或拨打"120"叫救护车将伤员送往医院。

（3）行政安全组长组织医疗救助（公司或医保），确保伤员得到及时的治疗，同事按照有关规定收集相关的证明材料和资料。

（4）如果受伤情况严重，行政安全组长需按照法律程序，确保伤员得到有效的伤残等级鉴定。

（5）任何情况的生产安全事故，副总指挥都要组织安全专员、行政安全组长和部门组长，组成生产安全事故调查小组进行安全事故调查。

（6）针对调查的情况进行原因分析，采取纠正措施。

（7）事件结束后行政部对整个过程进行备案，并做成安全培训教材。

4.5.3 消防程序。

消防程序

（1）发生火情，火灾现场员工首先击碎自动报警器玻璃，启动自动报警系统（拉警铃），应急控制中心的值班保安立即通知公司总指挥启动该程序，并通知各楼层有关部门，告知事发地点。安全组长立即指挥安全副组长疏散员工。同时安全组长视火情（着火面积、可燃物情况、周围物品情况）报告总指挥决定是进行初期扑灭还是要拨打"119"火警电话。非工作时间发现火警时，发现人员立即通知值班门卫，值班门卫向总指挥报告火情，厂内安全组长立即组织人员进行消防自救。

（2）电工负责截断电源和驳接消火栓水喉，并和木工一起参与消防自救，扑灭初期火灾。

（3）危险品仓库发生火情时，无论火势大小，发现人员立即拨打"119"火警电话，然后再拨打厂内24小时值班电话，由门卫报告给总指挥。

（4）部门安全副组长按公司疏散路线图疏散员工，组织员工统一在公司指定安全区域列队集合（严禁自行返回宿舍或在其他场所逗留），公司安全区域设于公司正前大门外，各部门安全副组长负责清点本部门人数，记录并逐级上报至现场副总指挥处，发现人数不符时立即上报本部门安全组长及行政部进行人员确定，以便及时进行搜救工作。

（5）灭火结束后，保护现场，等待公司应急控制中心或消防部门进行事故调查、取证。

（6）行政部安全组长做好各项记录并保存。

4.5.4 消防演习。

（1）消防演习每年进行两次，程序按4.5.3流程执行。听到报警后，各组成员及时到位，部门安全组长指挥副组长疏散人员，在指定地点集合，清点人数。演习具体时间以公司通知或广播为准。

（2）演习前要做好各项准备工作，包括消防培训、器材准备、方案制定、职责分配和其他演习事项。

（3）演习时，副总指挥负责指挥整个过程，总指挥和安全专员负责演习的巡查和评估工作。

（4）行政部安全组长做好各项记录并保存。

4.5.5 台风、地震事故处理程序。

（1）公司在接到并核实台风的侵袭预报后，启动该程序。行政部安全组长在规定的时间内将情况通报到各部门安全组长，组织应急处理人员实施紧急行动，关窗闭门，固定和掩蔽危险物品和悬浮物品，实施电力管制和动火管制，划定警戒时间和区域，进行宣传教育，禁止台风期间无故走动。

（2）台风结束后，由总指挥宣布命令关闭程序，做好各项记录并保存。

4.5.6 全体人员应注意事项。

（1）当某部门发生灾害时，该部门全体人员应保持镇定，按警铃，切电源，并迅速担负起抢救工作，灾害现场有危险品、易燃品时应及时搬离（危险品、易燃品在火源附近2米内，不允许搬离），立即进行初期火灾扑救，不可袖手旁观等待消防人员前来抢救，延误时机。

（2）除参与扑救的工作人员外，其余人员应迅速离开现场，以免妨碍抢救工作的进行。公司未设逃生电梯，在疏散期间，严禁乘坐电梯。

（3）公司组织实施消防器材演习及疏散演习时，应全员参与，不得无故不参加。凡纳入编组消防队员的，在灾害发生时无故不参与抢救或逃避者，各部门主管应报上级处理。对构成犯罪的，移送司法机关依法追究刑事责任。

（4）应保留灾害现场的完整实况，为事故调查提供灾害的原始资料，同时也避免保险公司理赔纠纷的发生。

（5）公司应急控制中心负责生产安全和消防安全的事故调查及整改工作。必要时还会请消防部门介入进行消防调查。

（6）公司内部应急联系电话。略。

（7）市消防应急处理中心电话。火警电话：119；急救中心电话：120；气象咨询电话：117；交通应急处理电话：122。

拟定		审核		审批	

14-07　工伤与事故调查处理程序

××公司标准文件		××有限公司 工伤与事故调查处理程序	文件编号××-××-××	
版次	A/0		页次	第×页

1.目的

对各种安全、消防以及工伤事故进行调查处理，规范事故报告、调查和处理的程序，保障安全生产的顺利进行。

2.适用范围

适用于本公司各工厂。

3.定义

3.1　事故

个人或集体在为实现某一目的而进行的活动过程中，突然发生的与人的意志相反的情况，迫使原来的行为暂时地或永久地停下来的事件。

3.2　工伤事故

企业或个体经营者的职工在生产劳动过程中发生的人身伤害和急性中毒的事故。

3.3　火灾事故

企业或个体经营者的职工在生产劳动过程中发生的意外着火造成人员伤亡和经济损失的事故。

4.职责

4.1　安全管理委员会职责

4.1.1　负责制定并修订《工伤与事故调查处理程序》，并须经安全管理委员会全体委员审核通过。

4.1.2　负责事故的调查、取证、原因分析，跟踪事故处理和整改措施。

4.1.3　负责重伤以上事故的对外联络和上报。

4.2　人力资源部/行政部职责

4.2.1　人力资源部负责工伤人员的保险理赔。

4.2.2　行政部负责重大伤亡事故商业保险金的理赔。

4.3　工会职责

协助安全管理委员会进行事故的调查、取证、原因分析和处理。

4.4　财务部职责

4.4.1　负责工伤员工的社保理赔金的收入和发放。

4.4.2　协助人力资源部和行政部办理社会保险金和重大伤亡事故商业保险金的理赔。

4.5　其他部门（发生事故的部门）职责

4.5.1　负责紧急救护受伤员工，火灾时第一时间紧急组织人员疏散，小型初期火灾第一时间组织灭火。

4.5.2 负责保护事故现场，将现场情况及时上报安全委员会（特殊情况除外）并逐级上报到本部门的主管和经理。

4.5.3 负责本部门工伤人员的送医和手续办理，准备住院医疗和护理资金。

4.5.4 协助安全委员会或上级主管部门进行事故调查。

4.5.5 负责整改措施的制定和实施。

4.5.6 针对事故进行经验和教训的总结，认真检讨。

5.管理规定

5.1 资质

事故调查处理的责任部门是安全管理委员会、工会、人力资源部、行政部及其他相关部门（发生事故的部门）。

5.2 事故处理

5.2.1 工伤事故的处理。

当有人员受伤时，立即通知医务人员进行救治；有人员受重伤时，通知运输部安排车辆立即将伤员送往医院抢救。对致使人员受伤的机械或工作现场进行保护，便于相关部门的调查、取证。

5.2.2 火灾事故的处理。

（1）发生火灾时，发现火灾人员应立即敲响火灾报警铃，并关闭电源。各部门负责人（经理、主管）负责本部门人员的疏散，义务消防队员进行灭火与抢救行动。对于初期火灾，发现火灾人员就近利用灭火器将火扑灭。火灾扑灭后保护现场并协助相关部门对事故进行调查、取证，然后清理现场。参见公司的《安全（消防）应急准备与响应程序》。

（2）化学品泄漏事故处理，比照火灾事故处理程序进行，但要注意这类事故处理的特殊性，做好相应的个人防护，参见公司的《安全（消防）应急准备与响应程序》。

5.2.3 其他事故的处理。

（1）交通事故：发生交通事故时，车辆驾驶人应当立即停车，保护现场。造成人身伤亡的，应当立即抢救受伤人员，并迅速报告值勤的交通警察或公安机关交通管理部门。

（2）中毒事故：当发现有人员中毒时，立即送往医务室救治。情况紧急时，立即通知运输部安排车辆将中毒人员送往医院抢救。

5.3 事故报告

5.3.1 工伤事故报告。

（1）正常班白班：必须在4小时内上报到安全委员会。

（2）正常班晚班：轻伤在12小时内上报到安全委员会；重伤以上级，在4小时内上报至安全委员会。

（3）节假日期间：轻伤在节假日后的第一个工作日4小时内上报到安全委员会；

重伤以上级，在4小时内上报至安全委员会。

5.3.2 火灾事故报告。

（1）立即上报到安全委员会。

（2）对重大火灾事故和特大火灾事故，安全委员会接到报案后与行政部联系，立即通报到相关政府主管部门——市消防局、安全生产监督管理局、环保局和其他相关部门。

（3）化学品泄漏事故比照火灾事故进行报告，根据本公司的实际情况，灵活运用。

5.3.3 其他事故报告。

（1）交通事故报告。

厂区内交通事故，立即报告安全委员会、人力资源部和行政部。出现死亡及更严重后果的事故，立即通知交通主管部门——交通局和安全主管部门——安全生产监督管理局。

厂区外的交通事故，由交通主管部门处理、受害人所在的部门，在接到通知后4小时内上报到安全委员会、人力资源部和行政部，以便上报工伤。

（2）中毒事故报告。

急性中毒事故和食物中毒事故，立即上报安全委员会、人力资源部、行政部和工会，以便及时抢救。对急性中毒事故要报工伤。

慢性职业中毒（或职业病、疑似职业病），应在发现的24小时内，上报安全委员会。

5.4 事故调查和处理

5.4.1 工伤事故调查和处理。

（1）在接到工伤事故报告后，重伤及以下级，按照事故调查和处理的原则和方法，由安全委员会、工会组织进行调查，安全委员会可以单独组织人员调查。在5个工作日内，作出正式事故调查报告（含事故原因、责任确定、责任人处理建议和纠正预防措施建议）。处理结果在安全委员会备案。

（2）3人以上重伤事故和死亡事故的调查由政府主管部门负责，安全委员会、行政部和工会协助调查，事故部门配合调查。正式事故调查报告由政府主管部门根据其调查程序和时限执行。政府主管部门下发的正式事故调查报告正本保存在安全委员会。

5.4.2 火灾事故调查和处理。

（1）在接到火灾事故报告后，一般火灾事故，按照事故调查和处理的原则和方法，由安全委员会组织行政部和工会进行调查，对小火灾事故安全委员会可以单独组织人员调查。安全委员会在5个工作日内，作出正式事故调查报告（含事故原因、责任确定、责任人处理建议和纠正预防措施建议）。处理结果在安全委员会备案。

（2）对重大火灾事故和特大火灾事故，由政府主管部门——市消防局组织安全生产监督管理局、环保局和其他相关部门进行调查。安全委员会、行政部和工会协助调查，事故部门配合调查。正式事故调查报告由政府主管部门根据其调查程序和时限执行。政府主管部门下发的正式事故调查报告正本保存在安全委员会。

（3）化学品泄漏事故的调查和处理比照火灾事故进行，根据本公司的实际情况，对没有重大泄漏事故，可以不履行第（1）项的程序调查和处理。安全委员会在5个工作日内，作出正式事故调查报告。处理结果在安全委员会备案。

5.4.3 其他事故调查和处理。

在接到事故报告后，按下表所列要求进行处理。

其他事故调查和处理要求

事故类别		调查和处理
交通事故	厂区内交通事故	（1）对非死亡事故，由安全委员会组织人力资源部和工会负责处理。也可由安全委员会单独处理。安全委员会在5个工作日内，出正式事故调查报告。处理结果在安全委员会备案 （2）对死亡及更严重后果的事故，立即通知交通主管部门——交通局和安全主管部门——安全生产监督管理局，由安全生产监督管理局组织交通主管部门和其他相关部门处理。政府主管部门下发的正式事故调查报告正本保存在安全委员会
	厂区外交通事故	由交通主管部门处理，处理结果由行政部转交安全委员会保存
中毒事故	急性中毒事故和食物中毒事故	由安全委员会组织人力资源部、行政部和工会调查和处理，也可由安全委员会单独调查和处理。安全委员会在5个工作日内，出正式事故调查报告。处理结果在安全委员会保存
	慢性职业中毒（或职业病或疑似职业病）	由安全委员会组织人力资源部和工会处理。安全委员会在5个工作日内，出正式事故调查报告。处理结果在安全委员会保存

拟定		审核		审批	

第15章 法务管理制度

本章导读

- 法律纠纷管理制度
- 法律纠纷证据管理制度
- 法律事务调研管理制度
- 法律事务档案管理制度
- 合同法律监督管理制度
- 公司诉讼代理人管理制度

15-01 法律纠纷管理制度

××公司标准文件		××有限公司 法律纠纷管理制度	文件编号××-××-××	
版次	A/0		页次	第×页

1.目的

为加强公司法律纠纷管理，规范公司经营行为，维护公司合法权益，特制定本制度。

2.适用范围

适用于公司所有类型的法律纠纷管理。

3.管理规定

3.1 定义

本制度所称的纠纷，是指公司具有下列情形之一导致发生或可能发生的诉讼、仲裁或调解处理的纠纷。

3.1.1 因合同关系引起的经济纠纷。

3.1.2 因侵权行为引起的民事纠纷。

3.1.3 因行政机关的具体行政行为引起的行政纠纷。

3.1.4 因劳动关系引起的劳动争议纠纷。

3.1.5 其他法律纠纷。

3.2 法律纠纷管理机构及职责

公司法律事务管理机构设在公司行政部，对公司法律纠纷实行统一管理。其主要职责如下。

3.2.1 建立、健全公司法律纠纷管理的规章制度。

3.2.2 受公司法定代表人的委托处理法律纠纷。

3.2.3 办理与处理纠纷相关的委托手续。需外聘律师的，办理外聘律师的有关手续。

3.3 公司各部门负责协助处理法律纠纷。

3.3.1 发生或可能发生的法律纠纷，立即以书面形式向公司行政部报告并按要求提交有关材料。

3.3.2 配合调查取证。

3.3.3 配合参加诉讼或非诉讼活动。

3.3.4 提供与纠纷有关的全部材料，并对所提供材料的及时性、完整性和真实性负责。

3.4 法律纠纷办理程序

3.4.1 公司行政部收到有关法律文书或接到公司各部门报送的法律纠纷报告后，按以下程序进行。

（1）直接收到有关法律纠纷文书、材料，应通知有关部门，有关部门应及时向其主管领导汇报，在接到通知两日内以书面形式向公司行政部说明案件的相关情况，并到公司行政部办理法律纠纷登记手续。

（2）收到有关部门提交的有关案件情况说明材料后，及时向公司法定代表人和总经理汇报法律纠纷情况，并向法定代表人提出法律纠纷案件处理方案和建议。

（3）根据有关部门案件汇报情况，提出证据清单，有关部门在收到证据清单五日内向公司行政部提交有关证据材料。向公司行政部移交的证据材料不完整、不充分的，公司行政部可要求其在限定的期限内补充完整。

（4）根据案件情况提出委托公司法律事务人员、外聘律师或其他人员参加仲裁、诉讼活动的建议，由公司法定代表人决定委托代理人参加仲裁、诉讼等相关活动。

（5）根据法定代表人的委托办理有关授权委托手续。

（6）根据案件情况向公司各部门调取与法律纠纷相关的各类证据材料，各部门和相关人员应当支持与配合。

（7）将法律纠纷处理结果报告公司法定代表人、总经理。

（8）整理法律纠纷材料并归档。

3.4.2 有关部门收到法律纠纷文书、材料或可能发生法律纠纷的有关函件、材料后，应立即向其主管领导汇报，同时向公司行政部报告。

有关部门在两日内以书面形式向公司行政部说明案件的相关情况并移交文书、材料，并到公司行政部办理法律纠纷登记手续。

3.4.3 通过仲裁方式处理的纠纷，以仲裁委员会下发的裁决书或调解书为结案依据。代理人接到裁决书、调解书后，应及时报送公司行政部，由公司行政部上报公司法定代表人。

3.4.4 通过诉讼方式处理的纠纷，以人民法院的判决书、裁定书或调解书为结案依据。代理人接到判决书、裁定书或调解书后，应及时报送公司行政部，由公司行政部上报公司法定代表人。

3.4.5 对已经产生法律效力的裁决书、裁定书、判决书和调解书，有关部门应当自觉执行或配合法院执行。

3.5 奖励与惩罚

3.5.1 公司行政部对公司法律纠纷管理工作进行检查和考核，考核结果纳入公司绩效考核体系。

3.5.2 有下列情形之一的，视情节轻重和损失大小，对直接责任者追究经济责任和行政责任。情节严重构成犯罪的，移送司法机关处理。

（1）由于领导失察或个人的失职、渎职或其他的违法行为导致纠纷发生并造成经济损失的。

（2）由于有关部门或个人未能妥善保管、保存有关证据造成重大损失的。

（3）纠纷发生后，有关部门未及时报告，造成超过诉讼时效或法律规定的有关期限给公司造成经济损失的。

（4）在纠纷发生后，有关部门擅自处理或隐瞒不报的。

拟定		审核		审批	

15-02 法律纠纷证据管理制度

××公司标准文件		××有限公司 **法律纠纷证据管理制度**	文件编号×× - ×× - ××	
版次	A/0		页次	第×页

1.目的

为进一步规范法律纠纷证据的收集和管理程序，特制定本制度。

2.适用范围

适用于公司所有法律纠纷证据的管理。

3.管理规定

3.1 法律纠纷证据的范围

3.1.1 合同及附件，补充协议，当事人签字、盖章的会议纪要。

3.1.2 合同的变更记录、双方签订的协议、同案件相关的有关函件及传真。

3.1.3 履行合同、协议的各种交付凭证，包括发货单、提货单、入库单、托运单、款项支付存根、结算单据等。

3.1.4 履行合同、协议过程中当事人的签字凭证，如对账单等。

3.1.5 有关行政机关或第三方能证明客观事实的文书或单据。

3.1.6 有关单位作出的鉴定结论、检验报告、勘验笔录等。

3.1.7 照片、音频、视频、资料。

3.1.8 其他票据、单证等有关证据材料。

3.2 证据收集程序

3.2.1 行政部根据法律纠纷的性质和案情，集体讨论确定拟收集证据的目录。

3.2.2 证据目录中涉及的所有证据必须在法院确定的举证期限内收集完成，如实在无法收集完成的，应向法院提交延期举证申请书。

3.2.3 涉及已经移交公司办公室档案科的证据，根据复印、借用档案的相关规定在举证期限起始日起3日内办理复印、借用手续后复印或借用。

3.2.4 涉及其他单位协助取得的证据材料，在举证期限起始日起3日内，将起诉或应诉材料复印后连同协助举证通知书一并交付协助取证的相关单位。协助举证通知书应明确证据材料清单和交付行政部的期限，交付行政部的期限不超过法院确定的举证期限起始日10日。

3.2.5 对需要法院收集的证据，行政部应在举证期限起始日起10日内向法院递交举证申请书。

3.2.6 涉及需要到其他单位调取的证据，行政部应在举证期限起始日起10日内调取。

3.2.7 证据移交的，应同相关单位办理移交手续。

3.3 证据的使用和判断

3.3.1 法律事务人员负责将所有证据进行分类识别、整理。

3.3.2 法律事务主管从以下方面对证据进行认真审查和判断：证据的来源，证据的形成和制作，证据形成的时间、地点和周围环境，证据的种类，证据的内容和形式，证据要证明的事实及其与本案的关联性，证据间的关系，证据提供者的基本情况，证据提供者与本案的关系，证据的合法和客观性，证据的证明力，等。

3.3.3 法律事务主管编制拟提交法院的证据目录，拟提交法院的证据应当复印后进行统一编号，证据名称和编号同证据目录要一致。证据复印件要加盖公司印章。

3.3.4 将证据原件、证据复印件、证据目录一同提交法院，经法院审核证据原件同复印件的一致性后，留存证据复印件，原件待正式开庭时递交。

3.3.5 正式开庭时，必须携带原件。如有证人，证人要出庭作证，开庭前，要对证人进行模拟询问。

3.3.6 法庭质证时用证据原件质证。

3.3.7 庭审结束但尚未判决前，证据仍由行政部保管。

3.4 证据的保管和归还

3.4.1 证据待庭审结束后2日内归还原单位，二审需要继续使用的证据，可以暂由行政部保管，但超过归还日期30日的，应先予归还，使用时重新办理借用手续。

3.4.2 证据材料由法律事务人员进行保管和归档。

拟定		审核		审批	

15-03 法律事务调研管理制度

××公司标准文件		××有限公司 法律事务调研管理制度	文件编号××-××-××	
版次	A/0		页次	第×页

1.目的

为进一步完善法律事务调研程序，加强法律事务调研管理，特制定本制度。

2.适用范围

适用于公司一切法律事务的调研管理。

3.管理规定

3.1 调研范围

合同签订、合同执行情况、法律风险防范、授权委托事项完成情况以及同本科室相关联的业务情况。

3.2 调研议题的确定

每季度末，行政部通过会议讨论形式，选取近期需要进行调查研究的事项，确定调研课题和调研日程。

3.3 调研方式

通过走访现场管理人员、到现场实地调查的方式，掌握相关信息，并针对存在的问题，进行深入研究。

3.4 调研结果

调研结束后，行政部在三日内进行内部研讨，形成调研报告，报送部门领导。同时，就调研中涉及的法律事务问题，形成法律意见书下发给相关单位。

3.5 归档留存

行政部对调研信息资料和调研报告归档留存。

拟定		审核		审批	

15-04　法律事务档案管理制度

××公司标准文件		××有限公司 **法律事务档案管理制度**	文件编号××－××－××	
版次	A/0		页次	第×页

1.目的

为加强公司法律事务档案管理工作，确保法律事务内部档案的安全性和便利性，特制定本制度。

2.适用范围

适用于公司所有法律事务档案的管理。

3.管理规定

3.1　法律事务档案归档范围

3.1.1　双方股东发布的法律事务相关规章制度。

3.1.2　公司发布的法律事务相关规章制度。

3.1.3　合同管理类档案。

（1）合同审签表。

（2）资质文件。

（3）自行承办的合同。

（4）合同签订履行情况汇总表。

3.1.4　招标管理类档案。

（1）招标、议标材料。

（2）招标文件审查登记表。

（3）重大招标项目相关材料复印件。

3.1.5　诉讼类档案。

（1）法律纠纷证据材料。

（2）诉讼案卷材料。

3.1.6　授权委托类档案。

定期授权、专项授权、授权委托书签收单、授权委托书申请单。

3.1.7　其他档案。

（1）法定代表人身份证复印件。

（2）新颁布的法律法规清单。

3.1.8　领导安排的重要材料的保管、归档。

主要包括公司基本管理制度，董事会、股东会会议通知、决议、会议记录等材料，董事、监事的工商登记备案相关资料。

3.1.9　需要保管、归档的其他资料。

3.2　公司档案归档要求

属于公司档案且需要移交公司档案室的，要严格按照《公司档案管理办法》的规定执行，并办理相关的移交手续。

3.3　公司档案的借阅、复印、使用

3.3.1　领导安排保管的重要资料，由所安排保管的领导签字后方可借阅、复印、使用。

3.3.2　法定代表人身份证复印件，需公司法定代表人本人签字、公司办公室主任签字后方可复印、使用。

3.3.3　授权委托书的对外使用根据其相关规定执行。

3.3.4　法律事务自行承办的合同的复印、使用，经办公室领导签字后可复印、使用。

拟定		审核		审批	

15-05　合同法律监督管理制度

××公司标准文件		××有限公司 合同法律监督管理制度	文件编号××-××-××	
版次	A/0		页次	第×页

1.目的

为了规范公司合同的法律监督管理工作，维护公司合法权益，履行行政部职责，特制定本规定。

2.适用范围

适用于公司所有类型合同的监督管理。

3.管理规定

3.1　合同监督职责

3.1.1　对合同的签订、履行情况进行检查。

3.1.2　对合同签订、履行过程中存在的各种违法问题进行纠正，提出处理建议。

3.2　监督的方式

3.2.1　不定期对合同的执行情况进行检查，出具合同检查情况书面报告。

3.2.2　每月对上月合同签订、履行情况进行调查，出具合同签订、履行情况报表。

3.2.3　对合同履行情况检查中发现的问题及时出具法律意见书。

3.3　具体措施和方法

3.3.1　合同的检查。

（1）每年不少于两次对合同的签订、执行情况进行检查并出具合同检查报告。

（2）合同检查报告应当明确说明所抽查合同的基本情况，合同执行中存在的问题，解决的建议。

（3）合同检查的对象主要为合同承办单位和合同执行单位。检查的内容主要是合同签订、到货、检验、工作程序、质量管理和索赔等。

（4）合同检查可以同合同管理部门、财务部门联合进行。

3.3.2 合同签订、履行情况月度调查。

（1）时间：每月3日前对次月的合同签订、履行情况进行调查，并于5日前出具合同签订、履行情况报表。

（2）合同签订、履行情况月度调查范围为合同的承办单位。

（3）调查内容：当月内合同签订情况、生效数量、到货情况、入库情况、采购方式以及价格确定依据。

拟定		审核		审批	

15-06　公司诉讼代理人管理制度

××公司标准文件		××有限公司	文件编号××-××-××	
版次	A/0	**公司诉讼代理人管理制度**	页次	第×页

1. 目的

为了确保代表公司办理诉讼案件的代理人依法履行职责，规范诉讼代理人办理公司诉讼业务的行为，特制定本制度。

2. 适用范围

适用于公司人员作为公司代理人参与诉讼案件的管理。

3. 管理规定

3.1 基本规定

3.1.1 公司诉讼代理人在办理诉讼案件过程中，应当按照法定代表人授权的范围和权限，诚实守信，勤勉尽责，忠实地维护公司的利益。

3.1.2 公司诉讼代理人应当保守国家机密、商业秘密及个人隐私。

3.2 出庭准备

3.2.1 公司诉讼代理人在举证期限内要将诉讼案件的委托代理手续及时提交法院。授权委托书应载明委托人、受托人、案由、代理权限和审级并由法定代表人签字，公司盖章。

3.2.2 公司诉讼代理人要认真整理证据，编制证据目录，遵守举证时限，按对方当事人人数和法院需要确定证据份数并提交。要按时到达开庭地点，保证准时出庭。

3.3 参加庭审

3.3.1 要求诉讼代理人遵守法庭规则和法庭纪律。首次发言应说明出庭身份。

3.3.2 公司诉讼代理人为特别授权的唯一代理人的，陈述起诉、答辩意见时应观点明确、清晰全面。举证、质证应围绕证据的合法性、真实性和关联性有针对性地发表意见。

庭审辩论中应围绕争议焦点，运用证据和法律进行论证，重点突出，观点鲜明。及时掌握庭审变化情况，对新的辩论焦点进行针对性的答辩。休庭后认真阅读庭审笔录，需要补正的及时申请补正。应有书面代理意见或辩护意见，并提交人民法院。

3.3.3 尊重审判人员，若非审判人员明显违反法定程序，不得当庭评论庭审活动，对于庭审中存在的问题，可在休庭后提出。

3.4 庭审礼仪

3.4.1 公司诉讼代理人应有良好的文化修养和风度，尊重其他诉讼参与人，不得有不恰当的、过激的言辞和行为。

3.4.2 出庭应穿着职业装，出庭服装应当保持清洁、平整、不破损。出庭时男同志不留披肩长发，女同志不施浓妆，不佩戴过分醒目的饰物。使用语言规范、文明、准确。

3.4.3 严禁酒后参加庭审。庭审中坐姿端正，仪表端庄，集中精力，专注庭审。不得使用通信工具，不得随意进出法庭。

拟定		审核		审批	

第 3 部分

公司管理表格

第 3 部分
148 张表格
请扫码下载使用

　　管理表格是指企业开展管理活动所留下的记录，是用以证明管理体系有效运行的客观证据。管理记录可以为各项管理事务提供符合要求及有效运作的证据，具有可追溯性。根据管理记录企业可采取纠正和预防措施。

　　本部分共分为如下11章。

· 管理表格的设计与管理
· 研发管理表格
· 生产管理表格
· 营销管理表格
· 采购管理表格
· 质量管理表格
· 人力资源管理表格
· 行政后勤管理表格
· 财务管理表格
· 生产安全管理表格
· 法务管理表格

第16章 管理表格的设计与管理

本章导读

- 管理表格的分类
- 管理表格的设计
- 管理表格的管理
- 公司管理模块及表格概览

管理表格是指对企业已经进行过的管理活动所留下的记录，是用以证明管理体系有效运行的客观证据。

16-01　管理表格的分类

（一）依用途分

管理表格依用途来划分有以下种类，如表16-1所示。

表16-1　依用途分的表格种类

序号	类别	示例	说明
1	通知用	如会议通知单、改善通知单、检测设备校正通知单等	这类表格属于单向沟通，通常应用于公开公众事务
2	申请用	如请购单、报废申请单等	这类表格属于双向沟通，往往用于日后相关数据的统计
3	会签用	如领料单、纠正措施处理单、设计变更通知单、离职申请单等	这类表格属于多向沟通，涉及多个部门，具有知会、审批等多项功能。凡权责相关的部门主管都可能涉及且需经过授权人员的批准才能被认可
4	记录用	各种检验记录，如进料检验记录；各种测试记录，如寿命试验记录；各种生产相关记录，如生产日报表等	这类表格大都直接或间接影响产品质量，应系统地保存和管理，保证在规定的、合理的保存期限内能够随时、迅速被调阅
5	统计用	各种日报表、周报表和月报表，如生产月报表；各种财务报表，如资产负债表等	这类报表可使管理层迅速了解业绩状况与趋势
6	参照用	如包装配件对照表、生产出货计划表等	这类表格通常展示在所需的工作现场，以便于工作人员参考或参照

（二）依页数分

管理表格依页数来划分有以下种类，如表16-2所示。

表16-2　依页数分的表格种类

序号	类别	说明
1	单页	表格只有一页，所有的项目都记录在同一页内
2	复页	管理表格有多页。这类管理表格又可分为两种 （1）所有内容都相同，分为几联，通常每一联的颜色不同，不同的部门分别留存各自的联单。已事先将各联的保管部门明显地印刷在联单上 （2）内容有部分相同，有部分不同。相同的地方大都在第一次填写时已经完成，而不同的部分则是当联单分发到其他部门后，用来填写后续作业的项目

（三）依功能分

管理表格依功能来划分有以下种类，如表16-3所示。

表16-3　依功能分的表格种类

序号	类别	举例说明
1	人事行政	如出勤记录卡、人事异动单、人员增补申请单、加班申请单、出差申请单、住宿申请表、放行条、会议签到单等
2	设计开发	如设计开发计划表、零件确认表、设计变更通知单、试产通知单、试产总结报告、样品检验报告、工程变更申请单、工程变更通知单、仪器校正通知单等
3	市场营销	如顾客抱怨受理单、顾客管理卡、客户订单、报价单、合约审查记录、产销开会记录等
4	生产管理	如生产通知单、生产月报、返工日报表、生产不良通知单等
5	品质管理	如IQC检验报告、首件检验记录、巡回检查表、成品检验报告、出货检验报告等
6	仓储物料	如领发料单、补料单、不良品处理单、请购单、订购单、询价单、比价单、合格供应商名录、供方业绩评定表等
7	财务管理	如费用报销单、货币资金日报表、现金盘点表等

16-02　管理表格的设计

（一）规格大小的确定

一般A4复印纸大小的管理表格被使用的场所最为广泛，其次是A3。涉及图纸绘制的表格，则不在此限。

（二）表头设置

表头就是表格的名称。表头要切合实际，符合公司内部通则性。如：在来料检验时，应用的记录表可称为"来料检验记录表"；在陈述物料的库存状况与进出记录时，可称为"物料库存管制卡"。

（三）内容项目

一般内容项目的设立，应针对表头名称所划定的应用场所、目的，将最主要想获得的资料优先列出，再将可一同列入的次要项目列出，最后是参考项目。

（四）签名与日期

在设计管理表格时，必须将"制作""审查""批准"等栏位，一同考虑并加以设定。

（五）其他事项

管理表格在初步设计完成后，还须考虑是否有其他功能需要一并设计，如：采用多联式，应显示每联所应分发的单位；若为单联式管理表格，需要将记录所填写内容通知相关单位时，则可再设计"分发单位"的栏位，以便填表人在完成后，可视通知单位的多少分别予以填入，经批准后再复印分发。

16-03 管理表格的管理

（一）填写记录

1.不得使用铅笔书写，重要资料（如日期、数量、金额等）不可使用涂改液或其他修改工具进行修改。

2.字迹应清晰、可辨识。

3.记录的填写应全面而完整。

4.管理表格应保持清洁，不得有缺页或破损。

（二）管理表格的审批

1.管理表格的审批者不能是记录的填写者。

2.与管理表格有关的部门，要有会签记录。

3.审批人员须签名并加注日期。

4.批准后的管理表格为有效文件，不得任意更改。

（三）管理表格的修改

1.管理表格不得使用修正液或其他修改工具涂改，须画线标记，表示该笔资料注销，并在画线附近空白处签名以示负责。

2.管理表格可依制度文件的修改方式，以版本来加以识别。

16-04　公司管理模块及表格概览

本书为企业管理提供了一些实用的表格范本供参考，具体如表16-4所示。

表16-4　实用的管理模块管理表格

序号	管理模块	表格名称
1	研发管理表格	设计开发任务书
		设计开发计划书
		设计信息联络单
		设计开发输入评审报告
		设计开发输出评审报告
		样品检测报告
		设计开发样品验证报告
		产品试产通知单
		产品试产鉴定报告
		设计变更申请单
		工程变更通知单
2	生产管理表格	月生产计划表
		周生产计划表
		日生产计划表
		生产计划变更通知单
		生产排程表
		生产指令单
		生产滞后原因分析表
		生产返工表
		班次产量统计及交接表
		车间流水线班长日常职责确认表
		班前会制度检查记录表
		生产事前检查表
		作业检查表
		现场巡查总结表

序号	管理模块	表格名称
3	营销管理表格	合同评审记录表
		订货明细表
		订单登记表
		___年___月受订统计明细表
		交货通知单
		客户特殊要求通知
		合同修改通知单
		出货单
		出货通知单
		客户退货处理记录
		销售收款计划表
		订货统计表
		销货明细表
4	采购管理表格	采购计划表
		采购预算表
		请购单
		临时采购申请单
		比价、议价记录单
		采购付款汇总表
		潜在供应商推荐表
		供应商资料一览表
		合格供应商名录
		供应商供货情况历史统计表
		A级供应商交货基本状况一览表
		供应商交货状况一览表
		供应商异常处理联络单
5	质量管理表格	现场质量问题记录日报表
		厂内质量信息反馈表
		内部品质信息反馈报告表
		供应商质量统计表

序号	管理模块	表格名称
5	质量管理表格	供应商质量管理检查表
		来料检验通知单
		来料检验履历表
		来料检验报告表
		特采/让步使用申请单
		半成品巡检记录表
		半成品抽查日报表
		待出厂成品检验表
		成品验收单
		成品检验月报表
		出货检验报告
		返修通知单
		品质不良率分析记录表
		产品品质不良原因分析表
6	人力资源管理表格	人力资源需求申请表（增员）
		招聘计划表
		录用决定审批表
		新员工报到手续表
		试用期第____月份综合评估表
		试用员工考核表
		年度培训计划表
		单次培训项目费用预算表
		培训效果评估表
		部门绩效考核表
		绩效面谈记录表
		绩效评估沟通记录表
		员工绩效评估申诉表
		员工绩效改进计划表
		绩效考核结果处理记录表
		员工薪酬登记表
		职务薪金调整申请表
		员工福利金申请表

序号	管理模块	表格名称
7	行政后勤管理表格	用印申请单
		印章使用登记表
		公司证照使用登记表
		收发函件登记表
		收发传真登记表
		文件传阅单
		会议签到表
		办公设备购买申请表
		办公设备报修申请单
		办公用品领用记录表
		出差业务报告书
		公务接待用餐申请表
		员工宿舍入住单
		泄密事件查处工作表
		保密要害部门部位登记表
		内部网络接入申请表
		公司网络问题处理跟踪表
		网络设备申请维护登记表
		公司卫生情况检查表
		区域清洁工作计划表
8	财务管理表格	营业费用预算表
		采购资金支出预算表
		营业外支出预算表
		利息支出预算表
		预算变更申请表
		应收账款登记表
		应收账款账龄分析表
		问题账款报告书
		坏账损失核销申请表
		付款申请单
		应付票据明细表
		记账凭证清单

序号	管理模块	表格名称
8	财务管理表格	财物抽点通知单
		实物盘存清单
		账存实存对比表
		银行存款清查明细表
		有价证券盘点报告表
		债权债务清查报告表
		会计档案保管清册
		会计档案销毁清册
		会计档案保管移交清单
9	生产安全管理表格	新进人员三级安全教育卡
		消防安全检查报表（灭火器）
		消防安全检查报表（消火栓）
		应急灯检查表
		班组安全生产日常检查表
		车间级安全卫生检查记录表
		厂级安全生产检查记录表
		安全隐患整改通知书
		接触职业病危害因素作业人员登记表
		个人防护装备发出记录
		消防演习报告
		工伤事故调查处理报告书
10	法务管理表格	年度法务工作计划表
		公司法人变更申请表
		公司注销登记申请表
		诉讼申请表
		被诉情况统计表
		起诉情况统计表
		诉讼担保申请表

第 *17* 章　研发管理表格

本章导读

- 设计开发任务书
- 设计开发计划书
- 设计信息联络单
- 设计开发输入评审报告
- 设计开发输出评审报告
- 样品检测报告

- 设计开发样品验证报告
- 产品试产通知单
- 产品试产鉴定报告
- 设计变更申请单
- 工程变更通知单

17-01　设计开发任务书

设计开发任务书

No.:　　　　　　　　　　　　　　　　　　　　　　　　　　表格编码:

项目名称		提出部门		承接日期	
型号规格		销售对象		时限要求	天
参考样品	□有　□无	要求样品	PCS	目标成本	元

项目来源: □来源于合同/订单评审结果,"合同/订单评审记录表"的编号为_____。 □来源于市场部市场调查结果,市场调查报告的编号为_____。
相关法律法规、国际/国家/行业标准(需注明文件的名称、编号、版本):
产品功能描述:
主要技术参数及性能指标要求:
外观、结构、尺寸要求:
包装、运输、环境等方面要求:

续表

顾客的特殊要求：	

背景资料综述（一般包括市场需求、竞争对手情况、品质现状、成本等内容）：

审核/日期：   编制/日期：

会签评审：□生产部　　□品管部　　□工程部　　□业务部　　□生技部　　□采购部

部门	评审人/日期	职位	部门	评审人/日期	职位

最终结论：
□同意开发　　□不同意开发
其他（具体说明）：

批准/日期：

注：附件共　　页。

17-02　设计开发计划书

设计开发计划书

No.：   表格编码：

项目名称		承接日期		项目来源	
型号规格		时限要求		设计组长	

主要设计人员组成：

姓名	部门	职位	姓名	部门	职位

资源配置（包括新增或调配的人员、设备、工装及材料经费预算等）：

设计阶段划分及主要内容	责任部门	责任人	计划日期	完成日期
设计开发任务书				
设计开发任务书的评审				
设计开发计划书				
设计开发计划书的审批				

续表

设计阶段划分及主要内容	责任部门	责任人	计划日期	完成日期
设计输入资料的收集、整理				
设计输入评审				
输出初稿文件（方案）				
初稿文件（方案）评审				
样品制作及测试				
样品评审				
样品交客户进行材料认证				
工艺方案确定及文件编制				
检验文件编制				
小批量试产准备				
小批量试产				
试产总结、鉴定				
客户试用				
设计/开发输出正稿文件				
转入批量生产				
备注：				

编制/日期：　　　　　　　审核/日期：　　　　　　　　批准/日期：

注：设计内容可根据实际情况作出改变。

17-03　设计信息联络单

设计信息联络单

发出部门		发出人		发出时间	
接收部门		接收人		接收时间	
要传递的设计开发信息描述：					
接收部门处理意见：					
备注：1.本联络单用于设计开发不同组别或不同相关部门之间的信息联络 　　　2.本单一式三份，发出部门、接收部门各一份，项目负责人一份 　　　3.本单也用于产品定型后，各相关部门提出设计开发更改建议					
批准：　　　　　　　　　　　　　　时间：					

17-04 设计开发输入评审报告

设计开发输入评审报告

项目名称		销售对象		参考样品	□有　□无
型号规格		评审日期		目标成本	＿＿＿元

适用时，以前类似设计提供的信息：

□无类似设计。

□有，则产品的名称、型号为＿＿＿＿＿＿，主要设计人员为＿＿＿＿＿＿。

可以参考的信息有：

相关法律法规、国际/国家/行业标准要求： □符合 □不符合（具体说明） ＿＿＿＿＿＿	产品功能描述： □完整、清楚 □不完整、不清楚（具体说明） ＿＿＿＿＿＿
技术参数及性能指标要求： □完整、清楚 □不完整、不清楚（具体说明） ＿＿＿＿＿＿	外观、结构、尺寸（包括公差）要求： □完整、清楚 □不完整、不清楚（具体说明） ＿＿＿＿＿＿

顾客的特殊要求：

□无

□有（具体说明）＿＿＿＿＿＿

评审说明：针对以上内容打"√"选择，评审设计输入的充分性；针对以下内容评审设计输入的适宜性，打"√"表示评审通过，打"？"表示有建议或疑问。确保设计输入的充分性与适宜性，对其中不完善、含糊或矛盾的要求必须予以澄清和解决

1.□标准符合性　　　　4.□结构合理性　　　　7.□安全性

2.□功能合理性　　　　5.□加工可行性　　　　8.□经济性

3.□采购可行性　　　　6.□可检验性　　　　9.□美观性

存在的问题及改进建议（注明对应的评审内容序号）：

审核人/日期：　　　　　　　　经办人/日期：

会签评审：□生产部　□品管部　□工程部　□业务部　□生技部　□采购部					
部门	评审人/日期	职位	部门	评审人/日期	职位

17-05 设计开发输出评审报告

设计开发输出评审报告

□初步设计输出　　□正式设计输出　　□设计更改输出

项目名称		销售对象		参考样品	□有　□无
型号规格		评审日期		目标成本	_____元

设计输出完整性评审（初步设计输出评审 A、B 项，正式设计输出评审 A、B、C、D 项）：

A.□产品技术规范　□产品尺寸结构图或要求　□电气原理图　□包装、运输要求

B.□材料清单　□材料技术规范　□材料尺寸结构图或要求　□PCB排版图　□PCB拼版图

C.□工艺流程图　□作业指导书　□贴片指引图　□印刷钢网　□工装夹具

D.□产品检验规格、方案　□材料检验规格、方案　□检测工具

评审说明：框内打"√"表示该项设计已输出；框内空白表示该项设计未输出，须补充

相关法律法规、国际/国家/行业标准要求： □满足输入要求 □不满足输入要求（具体说明） _____	产品功能描述： □满足输入要求 □不满足输入要求（具体说明） _____
技术参数及性能指标要求： □满足输入要求 □不满足输入要求（具体说明） _____	外观、结构、尺寸（包括公差）要求： □满足输入要求 □不满足输入要求（具体说明） _____
包装、运输、安全等方面的要求： □满足输入要求 □不满足输入要求（具体说明） _____	顾客的特殊要求： □满足输入要求 □不满足输入要求（具体说明） _____

评审说明：针对以上内容打"√"选择，评审设计输出的充分性；针对以下内容评审设计输出的适宜性，打"√"表示评审通过，打"？"表示有建议或疑问

初步设计输出评审1~9项，正式设计输出评审全部项目：

1.□标准符合性　　2.□功能合理性　　3.□采购可行性　　4.□结构合理性　　5.□加工可行性

6.□可检验性　　7.□安全性　　8.□经济性　　9.□美观性　　10.□操作方便性　　11.□可维修性

12.□防止误用性　　13.□工艺流程合理性　　14.□检测方法合理性　　15.□工装设计可行性

16.□工序能力

存在的问题及改进建议（注明对应的评审内容序号）：

审核人/日期：　　　　　　　　　　　　　经办人/日期：

会签评审：□生产部　□品质部　□工程部　□业务部　□生技部　□采购部

部门	评审人/日期	职位	部门	评审人/日期	职位

注：附件共　　　页。

17-06　样品检测报告

样品检测报告

项目名称			型号规格	
检测单位			检测时间	
检测项目	标准要求		检测结果	检测方法

检测结论：

合格（　　）不合格（　　）

检测员：　　　　　　　　　　批准：

备注：

17-07　设计开发样品验证报告

设计开发样品验证报告

设计样品名称		样品型号/规格	
测试单位名称			
测试样品编号		测试起止时间	

依据的标准或法律法规：

序号	文件编号、版本	标准或法律法规名称	适用章节号

主要试验仪器和设备：

序号	仪器、设备编号	仪器、设备名称	计量有效期

各专项测试报告内容摘要及其与设计输入要求/标准的对照情况:

序号	测试项目	测试数据/结果	设计输入/标准要求	单项结论

设计验证结论:

编制/日期:	审核/日期:	批准/日期:

设计验证结论中改进措施的实施情况:

检查人/日期:

17-08 产品试产通知单

产品试产通知单

产品名称		试产数量		通知部门	
型号规格		试产时间		通知时间	
试产类别	□新品小批量　□设计更改小批量　□新材料　□材料更改　□其他				

试产内容及各部门准备要求:

编制/日期:	审核/日期:	批准/日期:

签收/签阅:

部门	签收人	签收时间	部门	签阅人	签阅时间
生产部					
品管部					
生技部					
工程部					

17-09 产品试产鉴定报告

产品试产鉴定报告

产品名称		投入数量		完成数量	
型号规格		试产时间		不良率/%	
试产类别	□新产品小批量　□设计更改小批量　□新材料　□材料更改　□其他				

评审内容：
工艺方案、工艺流程、工装夹具设计的合理性、可操作性、经济性
检验方法、检验手段、检测仪器的完整性、可操作性、适应性
工序质量控制点设置及工序质量因素分析的正确性
原材料的适用性及供应商工序质量保证能力
产品外观、结构、性能及工序能力满足设计要求的程度等
设计文件、工艺文件、检验文件是否齐全、统一、正确，能否正确指导生产、检验

生产部意见： 担当/日期： 承认/日期：	工程部意见： 担当/日期： 承认/日期：
生技部意见： 担当/日期： 承认/日期：	品质部意见： 担当/日期： 承认/日期：
客户试用意见： 担当/日期： 承认/日期：	鉴定结论： 承认/日期：

鉴定结论中改进措施的实施情况：

验证人/日期：

17-10　设计变更申请单

设计变更申请单

项目名称		提出部门	
型号规格		提出时间	

申请理由（具体说明设计中存在的缺陷及不足或者客户反馈的意见，并提出更改建议）：

申请人/日期：　　　　　　　　　　部门主管/日期：

工程部审查意见：
□不同意。
□同意，则填写"图样及技术文件更改通知单"，通知单编号为_____。

经办人/日期：　　　　　　　　　　部门主管/日期：

评审设计更改的影响：
1.原材料使用：　　　□无　　□有
2.已交付的产品：　　□无　　□有
3.性能：　　　　　　□无　　□有
4.安全性：　　　　　□无　　□有
5.生产过程：　　　　□无　　□有
6.产品其他组成部分：□无　　□有
7.其他：　　　　　　□无　　□有

部门	评审人/日期	部门	评审人/日期	部门	评审人/日期

说明：当设计更改涉及主要技术参数和性能指标的改变（如主要结构、关键尺寸、材质、主要组件的参数等发生改变）或安全及法律法规要求时，均须按《设计和开发控制程序》的要求进行设计评审、设计验证和设计确认，通过后方可实施量产。

17-11　工程变更通知单

工程变更通知单

变更等级	□全数变更　　□立即变更　　□自然变更		变更类型	□主要　　□一般
变更种类	□工艺流程　□外观包装　□新制品　□半成品　□成品　□仓存品			
变更方式	□物料代用　　□客户认可　　□作业变更		制作日期	
变更原因：				
变更内容				
变更前			变更后	
变更适用机种和日期			制品处理	
			库存及半成品共_____，全部变更。 库存及半成品共_____，用完为止。 库存及半成品共_____，返修再用。 其他：	
分发部门：□生产部　　□品管部　　□工程部　　□生技部　　□采购部　　□其他				
会签部门：□生产部　　□品管部　　□工程部　　□采购部　　□生技部				
修改申请人	审核			批准

第18章 生产管理表格

本章导读

- 月生产计划表
- 周生产计划表
- 日生产计划表
- 生产计划变更通知单
- 生产排程表
- 生产指令单
- 生产滞后原因分析表

- 生产返工表
- 班次产量统计及交接表
- 车间流水线班长日常职责确认表
- 班前会制度检查记录表
- 生产事前检查表
- 作业检查表
- 现场巡查总结表

18-01 月生产计划表

月生产计划表

制程名称：   月份：

序号	制令号	客户	产品	生产批量	1	2	3	4	5	6	…	31

核准：   审核：   制表：

18-02　周生产计划表

周生产计划表

月份：　　　　　　　　　　　　　　　　　　　　　　　　　日期：

序号	订单号	工令号	客户名	型号/规格	生产量	计划时程					
合计											

说明：1.依据月生产计划的执行状况修订。

　　　2.依据产品所要求的标准时间制定时程。

　　　3.时程计划栏内注明计划产量。

18-03　日生产计划表

日生产计划表

部门：　　　　　　　　　　　　　　　　　　　　　　　　　日期：

起止时间		产品编号	计划	实绩	差异

18-04　生产计划变更通知单

生产计划变更通知单

日期：　　　　　　　　　　　　　　　　　　　　　　制单人：

发文单位		收文单位	
变更原因：			
变更影响部门：		变更时间：	

原生产计划排程						变更后生产计划排程					
生产批次	生产指令单号	品名	机种	生产数量	交货日期	生产批次	生产指令单号	品名	机种	生产数量	交货日期
各部门配合事项：											

18-05　生产排程表

生产排程表

月份：

序号	订单号	接单日期	品名	规格	数量	交货日期	指令单号

审批：　　　　　　　　　　复核：　　　　　　　　　　　　制表：

18-06　生产指令单

生产指令单

指令日期：
指令部门：
制造部门：　　　　　　　　　　　　　　　　　　　　指令单编号：

制单编号		品名		数量	
客户		原订单编号		交货期	
投产日期		完成日期		实际完成日期	
用料分析					
材料名称					
领用量					
品质检验					

说明：本单一式六联。第一联是备料单，此联交给物料库准备材料；第二联是领料单，用此联向物料库领料；第三联是品检单，产品完成移入下道工序前由品检做检验，合格品盖章（含第四、第五、第六联）；第四联是入库单（或交接单），依此联入库或交接工序；第五联是生产管理联，此联于产品入库或交接后通知生产管理人员，作为进度完成依据；第六联是制造命令单，此联为制造部门存档。

18-07　生产滞后原因分析表

生产滞后原因分析表

时间（月或旬）	生产批数	滞后批数	滞后原因							
			待料	订单更改	效率低	人力不足	设备故障	放假	安排不当	其他
改善措施										

18-08 生产返工表

生产返工表

本厂编号		型号		批号	
返工数量		原流程卡编号		要求完成日期	

返工流程:

流程编写人: 　　　　　　审核人: 　　　　　　日期: 　年　月　日

序号	工序名称	注意事项	返工数量	返工部门	QC盖章	接收数量	接收部门

备注:

18-09 班次产量统计及交接表

班次产量统计及交接表

年　月　日

工段或工序			产品名称		产品编号			
班别	前班移交		本班产量		本班移交		交接签章		
	成品	半成品	成品	半成品	成品	半成品	交	接	质量说明
早班									
中班									
晚班									
说明事项									

复核: 　　　　　　　　　　　　统计人员:

18-10　车间流水线班长日常职责确认表

车间流水线班长日常职责确认表

期间：　　　　　～

序号	日常确认项目	日常确认记录					
		周一	周二	周三	周四	周五	周六
1	提前10分钟到岗，开车间门；换工作服、鞋，佩戴胸卡						
2	开晨会5分钟						
3	全线5S，10分钟						
4	安排当日的生产计划						
5	做好生产看板，更换工艺图、工艺卡片						
6	检查各工作区域，认真按《5S日常清扫点检项目要求》对生产线进行现场管理，对不达标的，予以提出，直到达到点检要求						
7	每天认真执行"员工个人5S考核"，并做好记录上交车间主任						
8	保障生产作业时物流有序，堆放整齐，场地整洁，文明生产						
9	对每个工位进行5S日常点检，并填写《5S清扫区域责任表》						
10	及时处理生产中出现的质量问题，做好质量记录，要求生产线人员按图纸、工艺、标准进行生产						
11	检查当天生产任务完成情况，及时更新生产看板上的产品型号、数量，确保无过期数据						
12	对生产线投入零件要建账，账本要清楚易懂，所有零件要与有关人员当日核对，积极配合车间统计及其他人员工作						
13	对工位牌、物品摆放是否压线、状态标识是否明确进行不定时检查						
14	确保平行光管清洁、完好，零件辅料满足"三定三要素"原则，良品与不良品分开摆放并有明确标识						
15	镜筒按良品与不良品区分摆放于指定区域，不与地面直接接触						
16	工具箱存放定位标识，运用形迹管理，满足"三定三要素"原则，各类工具杂物归类摆放						
17	工作凳椅应保持整洁，工作、非工作状态都应按规定位置摆放						
18	无呆坐、打瞌睡、串岗离岗，无闲谈、吃零食、大声喧哗，不看与工作无关的书籍杂志，保持良好的工作面貌						

序号	日常确认项目	日常确认记录					
		周一	周二	周三	周四	周五	周六
19	热水壶、水杯摆放整齐，保持干净，水杯不得放在工作台上						
20	私人物品不得在线上摆放						
21	公告栏须经常更换，不得有过期公告						
22	流水线上暂放的成品应有明确标识，状态、数量清楚明了						
23	清楚填写产品入库单，当日产品须当日入库						
24	若有异常情况发生及时汇报车间主任，以便使问题得到及时处理						
25	完成当日考勤打卡						
26	检查当日值日情况						
27	每天下班前检查门窗、电、水是否关好，个人物品是否归位						
班长签字确认							
车间主任审核							

18-11　班前会制度检查记录表

班前会制度检查记录表

抽查日期	部门区域	班前会举行情况	礼貌用语宣读情况	检查人	备注

18-12 生产事前检查表

生产事前检查表

生产批号		产品名称		数量		页次	
检查项目	数量	工作负责人		预计完成日	检查记录		完成记录
材料供应问题							
设备、模具、工具问题							
技术问题							

18-13 作业检查表

作业检查表

班别		检查员		日期	
检查事项	检查时间	检查记录			

检查事项	检查时间	1	2	3	4	5	6	7	8	9	10	11	12	13	14	15	16

18-14 现场巡查总结表

现场巡查总结表

车间名称	点检项目				缺点内容	纠正措施	负责人	预定完成日	完成日
	安全	作业环境	整理整顿	其他					

第19章 营销管理表格

本章导读

- 合同评审记录表
- 订货明细表
- 订单登记表
- ____年____月受订统计明细表
- 交货通知单
- 客户特殊要求通知
- 合同修改通知单
- 出货单
- 出货通知单
- 客户退货处理记录
- 销售收款计划表
- 订货统计表
- 销货明细表

19-01 合同评审记录表

合同评审记录表

合同类别：		合同号：	
客户名称：		数量：	
品名规格：		单价：	
技术要求：		交货期：	
		制表：	
		日期：	
技术内容评审：			
	技术部经理：		时间：
物料供应评审：			
	采购部经理：		时间：
交货期评审：			
	生产部经理：		时间：

续表

产品价格、合同的正确性和完整性评审：
市场部经理：   时间：
合同评审结论：
裁定人：   时间：

备注：签字时间必须具体到几时几分。

19-02 订货明细表

订货明细表

订单号码			客户名称（地址）			
品名			Shipping Mark（唛头）			
规格						
批号等级			Shipping to（运至）			
订货数量						
分批交货数量			L/C No.：			
用途			包装		体积	/箱
完成日期			出货日期		年 月 日	

色号	箱数	箱号	毛重净重	尾箱重	色号	箱数	箱号	毛重净重	尾箱重
总计					总计				

备注：

主管：   制表：

19-03　订单登记表

订单登记表

月份：　　　　　　　　　　　　　　　　　　　　　　　　　　　　　　页次：

接单日期	制造单号	客户名称	产品名称	数量	出口条件	单价	金额	预定交货	信用情况		生产日期		装船		押汇日期	运费保险费	退税凭证
									已接单	截止日	自	至	自	至			

19-04　　　　年　　　月受订统计明细表

　　　年　　　月受订统计明细表

制表日期：　　　　　　　　　　　　　　　　　　　　　备注：

机型/客户分类	客户	机型	接单日	预交日	数量	箱容	总计数量（PCS）	总计箱数（CTN）
总计数量（PCS）								
总计箱数（CTN）								

核准：　　　　　　　　　审核：　　　　　　　　　经办：

19-05　交货通知单

交货通知单

贵公司所订购的货品如下：

＿＿＿年＿月＿日

项目	品名	规格	数量	单价	金额

总计人民币　　万　　仟　　佰　　拾　　元整

　　上列货品总计＿＿＿件＿＿＿箱，今日由＿＿＿＿＿奉上敬请查收，如三天内未收到，请即来函示知。

此致＿＿＿＿＿＿＿＿＿

敬启

19-06　客户特殊要求通知

客户特殊要求通知

客户名称：	文件编号：
特殊要求详细描述：	
随附资料：	
作成：　　年　月　日	确认：　　年　月　日
发送：□PMC　□品管部　□注塑部　□喷丝部　□组装部　□五金部　□其他＿＿＿＿＿	

19-07　合同修改通知单

合同修改通知单

客户：	合同号：
产品名称或代号：	
修改原因：	

原来规定：	
修改后规定：	
供方批准：	签名/日期：
客户批准：	签名/日期：
备注：	
生效日期：	业务员：　　　　　　　　　日期：

19-08　出货单

出货单

买方公司：

地址：　　　　　　　　　　　　　　　　　　　　　　　　出货日期：

货品名称	货品号码	规格	数量	单位	单价	总价	备注

审核：　　　　　　　　　　　　　　　　　　　　填表：

19-09　出货通知单

出货通知单

日期：

出货日期：		出货方式：		出货地点：		包装方式：	
产品型号		订单号码	出货数量	库存数量	生产排程数量		不足数量

19-10　客户退货处理记录

客户退货处理记录

客户	品名代号	数量	日期
退货描述： 　　　　　　　　　审核：　　　　　发文人：　　　　　日期：			
品质部处理意见： 　　　　　　　　　　　　　　　签名：　　　　　日期：			
采取措施： 　　　　　　　　　　　　　　　签名：　　　　　日期：			
验证： 　　　　　　　　　审批：　　　　　拟制：　　　　　日期：			

19-11　销售收款计划表

销售收款计划表

负责人：　　　　　　　地区：　　　　　　　　　月份：　　年　月　日

编号	客户	销售预定		前月赊销余额	本月请款预定额	收款预定	到期日	收款日	收款额	备注
		数量	金额							
合计										

种类代表：现金——C；票据——B；先期支票——D

19-12 订货统计表

订货统计表

No.:

企业名称					负责人						
地址					电话						
产品类型	日期	数量	备注	产品类型	日期		数量	备注	产品类型	日期	数量	备注

产品类型			月份价格													合计	备注
			1	2	3	4	5	6	7	8	9	10	11	12		

19-13 销货明细表

销货明细表

客户名称		代理商		制造号码	
商品名称		商品规格		出口条件	
包装规格		交货地点		佣金率	
数量		单价		总价	
制造说明： 包装说明：			预定出口期		
			装车标记		
注意事项：					

第20章 采购管理表格

本章导读

- 采购计划表
- 采购预算表
- 请购单
- 临时采购申请单
- 比价、议价记录单
- 采购付款汇总表
- 潜在供应商推荐表

- 供应商资料一览表
- 合格供应商名录
- 供应商供货情况历史统计表
- A级供应商交货基本状况一览表
- 供应商交货状况一览表
- 供应商异常处理联络单

20-01 采购计划表

采购计划表

序号	名称	规格	物资采购厂家	单位	计划数	库存数	采购数	要求到货日期	备注

20-02 采购预算表

采购预算表

物品名称及规格	单位	单价	生产需用量	本月末计划库存量	上月末库存量	预计采购量	预计采购金额	预计本期支付采购资金	预计支付前欠货款	预计支付本期货款

20-03 请购单

请购单

请购单位：　　　　　　　　　　　　　　　　　　　　　　　　　　年　月　日

料号	品名	规格	单位	数量	需求日期
用途说明					
会计		采购		主管	
备注： 请于需求日前三日填写本单以利作业					

20-04 临时采购申请单

临时采购申请单

申请部门		申购人		申购日期	
申购物资品名				数量	
申购原因：					
审批意见：					
			签名：		年 月 日

20-05 比价、议价记录单

比价、议价记录单

料号			品名			
规格			单位			
厂商名称	原询单价	议价后单价	议价后总价	付款条件	交货日期	交运方式

20-06 采购付款汇总表

采购付款汇总表

工程项目名称：　　　　　　　　　　　时间：　　　　　　　　　　　单位：元

序号	供货单位	材料名称	规格型号	单位	数量	单价	结算金额	退货数量	退货金额	质量罚款	已付款	欠款	备注
材料款总计													

20-07 潜在供应商推荐表

潜在供应商推荐表

公司名称：		联系人：	
详细地址：		邮编：	
主要产品：	电话：		传真：
	电子邮箱：		网址：
	公司性质：		固定资产：
	成立日期：		员工总数：
公司概况：（主要产品生产能力、主要工艺及检测设备等）			
现配套情况：（包括与本公司及本公司以外公司的配套情况）			
推荐理由：			
推荐单位/部门：　　　　推荐人：　　　　联系电话：　　　　日期：			
处理结果：			

编制：　　　　　　　　审核：　　　　　　　　批准：

20-08 供应商资料一览表

供应商资料一览表

年　月　日

公司全称		公司性质	
公司地址			
电话		传真	
法人		联络人	
电子邮箱		网址	
资本总额		产业类别	
交货方式		月均产值	
管理人员		税别	
普通员工人数			
主要加工设备及数量			
主要检测设备及数量			
主要供应产品		生产周期	
日产能		通过认证	
检验标准		出厂电镀标准	

编制：　　　　　　　审核：　　　　　　　批准：

20-09 合格供应商名录

合格供应商名录

合格供应商名称	联系人	手机号码	电子邮箱	微信号码	传真号码

编制：　　　　　　　审核：　　　　　　　批准：

20-10　供应商供货情况历史统计表

供应商供货情况历史统计表

供货名称								
供应商名称								
序号	送货月份	交货期信用记录				交货质量状态记录		其他事项
		合同数量（份）	依时完成数量（份）	尚未完成数量	完成合格率	验收合格（批）	验收不合格（批）	备注

编制：　　　　　　　　　　审核：　　　　　　　　　　　　　批准：

20-11　A级供应商交货基本状况一览表

A级供应商交货基本状况一览表

_____年_____月_____日

序号	供应商名称	所属行业	交货批数	合格批数	特采批数	货退批数	交货评分

20-12　供应商交货状况一览表

供应商交货状况一览表

供应商编号		供应商名称		所属行业	
总交货批次		总交货数量		合格率	
合格批数		特采批数		退货批数	

检验单号	交货日期	料号	名称	规格	交货量	计数分析	计量分析	特检	最后判定

20－13　供应商异常处理联络单

供应商异常处理联络单

自：		至：	
电话：		电子邮箱：	
日期：		编号：	

以下材料，请分析其不良原因，并拟订预防纠正措施及改善计划期限。

料号		品名		验收单号	
交货日期		数量		不良率	
库存不良品		制程在制品		库存良品	

异常现象：

IQC 主管：　　　　　　　　检验员：

异常原因分析（供应商填写）：

确认：　　　　　　　　分析：

预防纠正措施及改善期限（供应商填写）
暂时对策：

永久对策：

审核：　　　　　　　　确认：

改善完成确认：

核准：　　　　　　　　确认：

备注：
1.针对被判定为拒收或特别采用的检验批向供应商发出此联络单。
2.供应商应限期回复

第21章 质量管理表格

本章导读

- 现场质量问题记录日报表
- 厂内质量信息反馈表
- 内部品质信息反馈报告表
- 供应商质量统计表
- 供应商质量管理检查表
- 来料检验通知单
- 来料检验履历表
- 来料检验报告表
- 特采/让步使用申请单

- 半成品巡检记录表
- 半成品抽查日报表
- 待出厂成品检验表
- 成品验收单
- 成品检验月报表
- 出货检验报告
- 返修通知单
- 品质不良率分析记录表
- 产品品质不良原因分析表

21-01 现场质量问题记录日报表

现场质量问题记录日报表

产品型号	件号名称	工序	实际问题	发现人	发现日期	责任单位

记录人：　　　　　　　　　　　　　　　日期：　　年　月　日

21-02　厂内质量信息反馈表

厂内质量信息反馈表

科（车间）： 　　现将以下质量问题通知你们，请组织研究解决，并将处理意见及结果及时反馈				
填表日期		存在问题及要求		
提出单位				
产品、件号				
件名				
解决单位				
要求解决日期		分析：		重要程度：ABC
完成日期				
处理结果				
厂领导或中心审批意见：				
填表单位领导		认可单位	品管科	解决单位
签字		签字	签字	签字

21-03　内部品质信息反馈报告表

内部品质信息反馈报告表

报告编号：

报告部门	质量问题详述： 　　　　　部门主管：　　　　报告人/日期：　　　　报告部门：
直接责任部门	原因解析： 改善方案： 　　　　　　　　　主管：　　　　部门：
间接责任部门	原因解析： 改善方案： 　　　　　　　　　主管：　　　　部门：
QA部意见	对上述解析及改善方案确认： 纠正措施： 　　　　　　　　　主管：　　　　QA：
经理审批	

21-04　供应商质量统计表

供应商质量统计表

供应商	规格	批量	数量	不合格数	不合格率	备注

21-05　供应商质量管理检查表

供应商质量管理检查表

□协作供应商　　□试用供应商　　□原料供应商　　□外协加工厂商　　　　填写日期：

供应商名称		制程是否按规定的标准操作	□是　　□否
供应商的地址电话		制程是否按规定的检查标准检查	□是　　□否
供应的原料、加工名称		制程检查记录是否保存	□是　　□否
经办人员姓名、职称		制程中发现不合格品的处理	
有无质量管理组织表	□有　　□没有	对本企业供料储存情况	
质量管理负责人姓名、职称		产成品检验如何实施	□全检　　□抽检 □不检验
质量管理部门是否独立存在	□是　　□否	被退货时实施措施	□改换包装再送 □等催货急再送回 □全检后再送回
检验人员共____人，其中： 进料验收人员____人，制程检验人员____人 成品检验人员____人，其他人员____人		本企业要求的水平和供应商生产能力比较（供应商的意见）	□要求过高 □要求过低 □要求适中
检验人员是否兼做其他工作	□是　　□否	不良率能否降低	□照规定 □打算降低
对于不良反应是否有人负责处理	□是　　□否	现有接受本企业订购事项进度情况	
进料时，有无检验	□有　　□没有		
检验方式	□全检　　□抽检 □其他	其他	
进料时发现不合格品的处理	□批退　　□选退 □重购　　□照用 □其他	需要本企业协助事项	
进料验收单是否有保存	□是　　□否		

检查人员：

21-06　来料检验通知单

来料检验通知单

通知单编号：　　　　　　　　　　　　　供应商：

被通知部门							
料号	品名	规格	检验项目	标准	检验结果	备注	

主管：　　　　　　　　　　　　　　　　检验员：

21-07　来料检验履历表

来料检验履历表

料号：　　　　　　　　品名：　　　　　　　　供应厂商：

日期	单号	批量	抽样数	不良数	判定结果	检验员	备注

审核：　　　　　　　　　　　　　　　　制表：

21-08　来料检验报告表

来料检验报告表

编号：　　　　　　　　　　　　　　　　填写日期：

材料名称		材料规格		材料数量		
采购单位		采购日期		检验员		
检验记录	检验项目	检验标准	检验结果	合格	不合格	备注	总评： □合格 □不合格

厂长		质量检验主管		科长		检验员	
仓库验收记录			验收数量	□足	□溢交	□短缺	

21-09 特采/让步使用申请单

特采/让步使用申请单

编号：   填写日期：

特采/让步使用类型：□原材料   □成品

客户/供应商		订单号码		批号	
产品名称		图号/版本号		标准/版本	
规格		数量		标识	
责任部门申请描述	质量状况描述				
	申请让步原因				
	申请人			审核	
处理决定	□不准许特采/让步使用　□准许特采/让步使用　□准许改良后使用				
质量管理部门批准	职务			签名	
	职务			签名	
	职务			签名	
	职务			签名	
备注					

21-10 半成品巡检记录表

半成品巡检记录表

产品编号：   品名规格：   模号：   部门（机号）：   员工（工号）：

日期	时间	用料名称	颜色	抽查数量	检验内容记录	通过		其他记录
					外观功能（测试、量度、试装）	是	否	

检查员（QC）：   审核：   批核：   生产部：

CC： □生产部   □其他

21-11　半成品抽查日报表

半成品抽查日报表

报告编号：　　　　生产部门/班组：　　　　机号/组长：　　　　班次：　　　　日期：

生产单编号	产品名称与规格	产品编号	颜色	生产单数量	起止追溯号	生产时间	生产数量	样本数	次品分类			判定结果				缺陷描述
									CR	MAJ	MIN	P	H	S	R	

副本分发：□QC　□生产部　□其他

检查员：　　　　　　批检：　　　　　　生产部：

说明：CR—严重，MAJ—主要，MIN—次要，P—合格，H—冻结，S—拣用/工厂加工，R—退货。

21-12　待出厂成品检验表

待出厂成品检验表

编号：　　　　　　　　　　　　　　　　填写日期：

机型		客户	
规格		数量	
材料		制造号码	

序号	检验项目	不合格箱号							合计	备注
1										
2										
3										
4										

检验判定　□准予出货　□再详细检验　□建议退厂处理　□等业务部门通知装运

21-13　成品验收单

成品验收单

验收单位：　　　　　　　　　　　　　　　　　　　　送验日期：

产品名称及型号	厂牌	订单统一编号	单位	计划生产数量	生产单位	本次送验数

□抽检 □全检	抽样数	可接受质量限AQL		允收量		本次合格数	累计合格数	待入库数	退库数量	不良品签收
		MAJ	MIN	MAJ	MIN					

检验项目	不良品数		不良现象	检验判定印章
	MAJ	MIN		

备注		仓储	签收	品管	认可	核对	承办

说明：MAJ—主要，MIN—次要。

21-14　成品检验月报表

成品检验月报表

　　　　　　　　　　　　　　　　　　　　　　　　　　　　　年　　月　　日

机种	检验批		检验数		不良情形	原因分析	改善对策
	合格	退货	合格	退货			
备注：							

核准：　　　　　　　　品管主管：　　　　　　　　　　制表：

21-15　出货检验报告

出货检验报告

客户		订单		机种		数量	
检查箱号			检查数			日期	

1.主要缺点AQL：　　　　　　　　　　2.次要缺点AQL：

包装说明	1.外箱： A.正唛： B.侧唛：	2.内箱：	落地试验 重量：＿＿千克／箱 数量：＿＿套（台）／箱 箱数：＿＿箱 落下高度：＿＿厘米 落下次数：＿＿次

项次	不良记录	缺点判定			检查项目	检验结果	
		CRI	MAJ	MIN		试验前	试验后
					1.包装的完整性		
					2.包装结构的坚固性		
					3.产品特性检查		
					4.产品结构的检查		
					特殊试验		

判交	□出厂 □返修 □全检	厂长	品管	主管	检验员	备注	

说明：AQL为可接受质量水平的英文缩写。MAJ—主要，MIN—次要，CRI—严重。

21-16 返修通知单

返修通知单

No.：
年　月　日

单位	产品名称	批号	图号	生产数量

不合格内容：
检验员：　　　　　　日期：
产生不合格原因分析：
责任者：　　　　　　日期：
纠正措施：
工艺：　　　　　　日期：
处理意见：
负责人：　　　　　　日期：

操作者		工时		检验者		日期	

21-17 品质不良率分析记录表

品质不良率分析记录表

编号：
填写日期：

品名			件数		供应商	
检验型式	检验项目	入厂数	检验数	不良数	不良率	不良说明及处理

操作者：　　　　　　　　　　经办人：　　　　　　　　　　主管：

21-18 产品品质不良原因分析表

产品品质不良原因分析表

班:　　　　　　　　　　　　　　　　　　　　　　　　　　　　　　填写日期:

工令号码	产品名称规格	检验次数	不良数量记录					不良率

第22章 人力资源管理表格

本章导读

- 人力资源需求申请表（增员）
- 招聘计划表
- 录用决定审批表
- 新员工报到手续表
- 试用期第＿＿月份综合评估表
- 试用员工考核表
- 年度培训计划表
- 单次培训项目费用预算表
- 培训效果评估表

- 部门绩效考核表
- 绩效面谈记录表
- 绩效评估沟通记录表
- 员工绩效评估申诉表
- 员工绩效改进计划表
- 绩效考核结果处理记录表
- 员工薪酬登记表
- 职务薪金调整申请表
- 员工福利金申请表

22-01 人力资源需求申请表（增员）

人力资源需求申请表（增员）

<table>
<tr><td rowspan="3">申请
职位</td><td>职位名称</td><td></td><td>需求人数</td><td></td><td>申请日期</td><td></td></tr>
<tr><td>所属部门</td><td></td><td>现有人数</td><td></td><td>期望到职日期</td><td></td></tr>
<tr><td>联系电话</td><td></td><td>工作地点</td><td></td><td>可相互转换的职位</td><td></td></tr>
<tr><td>申请
理由</td><td colspan="6">A.增设职位：
B.原职位增加人力：
C.储备人力：</td></tr>
<tr><td>职位
信息</td><td colspan="6">工作内容及职责：

</td></tr>
</table>

	性别		年龄		专业			户籍	
任职 要求	1.经验： A.中专学历，＿＿年工作经验 B.大专学历，＿＿年工作经验 C.本科学历，＿＿年工作经验 D.行业背景								
任职 要求	2.培训经历：								
	3.专业知识及技能：								
	4.性格特征：								

部门负责人： 签字： 　年　月　日	人力资源部经理： 签字： 　年　月　日	总经理办公室： 签字： 　年　月　日

实际录用和到位情况（由招聘专员填写）：

签名：　　　　　年　月　日

备注：
1.请提供部门组织结构图、人员分工。
2.本表由总经办签字生效

22-02 招聘计划表

招聘计划表

招聘目标		
职位名称	数量	任职资格
招聘小组成员			
组长		职责	
组员		职责	
招聘方案及时间安排			
招聘职位	招聘步骤	负责人	截止时间
费用预算	
项目	金额（元）
招聘工作时间表	
时间安排	工作内容

总经理办公室意见：

签名：　　　　　　年　月　日

22—03 录用决定审批表

录用决定审批表

应聘人姓名	
拟聘部门	
拟聘级别	
拟聘职位	
面试负责人	
薪资\福利情况 （人力资源部填）	
正式入职日期	
综合评估 （面试负责人填写）	签名：　　　　　年　月　日
人力资源部经理意见	签名：　　　　　年　月　日
总经理意见	签名：　　　　　年　月　日

22-04 新员工报到手续表

新员工报到手续表

事宜			执行人		日期	
＿＿年＿月＿日到办公室报到，试用期至＿＿＿年＿月＿日						
以下工作由办公室负责						
□交验毕业证书、学位证书、身份证、照片并存档			责任人			
□交验其他证书及在简历中提到的证明材料			责任人			
1.	2.	3.				
□交验"与原单位解除劳动关系证明"			责任人			
□填"员工登记表"，签署劳动合同，保密协议			责任人			
□通知办公室办理工作卡等事宜			责任人			
□报到日培训			责任人			
□新员工入公司介绍			责任人			
以下工作由部门与新员工共同完成						
□安排办公位置	新员工		责任人			
□交付必要的办公用品	新员工		责任人			
□如需要，申请电子邮箱	新员工		责任人			
□如需要，填写名片印制申请表	新员工		责任人			
□直接主管介绍本部门和相关部门的同事	新员工		责任人			
□直接主管讲解新员工的工作内容和职责	新员工		责任人			
□直接主管选定指导顾问	新员工		指导顾问			
□入职一周内由主管和新员工共同设定试用期培训考核目标	新员工		上级主管			
□阶段性评估						
第一次：结果		新员工		评估人		
第二次：结果		新员工		评估人		
新员工集训						
□时间		新员工		办公室		
办公室平时访问（电话或其他方式，包括正式及非正式场合）：			□有　□没有			
转正前确认						
体检结果是否可以转正□可以　　　　□不可以						
负责办理人：						
备注： 本表于报到当日交给员工，在转正时附评估表一起存档						

22-05 试用期第____月份综合评估表

试用期第____月份综合评估表

姓名		职位	
部门		试用期限	
员工自评			
直接领导 评语	直接领导签字：　　　　　　年　月　日		
部门经理 评语	部门经理签字：　　　　　　年　月　日		
人力资源部 评语	部门盖章：　　　　　　年　月　日		
分管领导 审核	分管领导签字：　　　　　　年　月　日		

22-06　试用员工考核表

试用员工考核表

姓名		岗位名称	
部门		直属上级	
员工自评（来公司后在遵章守纪、岗位适应程度、工作态度等方面的表现，今后的打算）		签字：　　　　　　　　年　月　日	
部门领导评语（根据考核结果综合评价）		签字：　　　　　　　　年　月　日	
试用期得分			
行为（30分）	能力（40分）	业绩（30分）	总分
遵章守纪（10分）	基础知识（15分）	完成数量（15分）	
责任心（10分）	专业技能（15分）	完成质量（10分）	
协作精神（10分）	经验（10分）	改进度（5分）	
人力资源部意见	签字：　　　　　　　　年　月　日		
主管副总经理意见	签字：　　　　　　　　年　月　日		

22-07　年度培训计划表

年度培训计划表

年　月　日

序号	培训内容	培训对象	培训人数	培训方式	预定时间	培训费用（元）

22-08 单次培训项目费用预算表

单次培训项目费用预算表

培训项目名称：

序号	费用科目	必要性说明	支付对象	费用预算	实际开支	差异	核算人

22-09 培训效果评估表

培训效果评估表

课程名称		任课讲师				
受训人员姓名		部门				
受训人员职务		联系方式				
课程满意度调查		请用√标出你对每个项目的评价				
关于课程	课程目标的明确性	非常满意	满意	一般	较差	
	内容编排的合理性					
	理论知识的系统性					
	课程的趣味性					
	课程的互动性					
关于讲师	理解课程内容					
	把握课程进度					
	语言表达能力					
	关注学员反应					
	鼓励学员参与					
	激发学员兴趣					
	回答学员提问					
关于培训安排	时间安排的合理性					
	现场服务的及时性					
	辅助工具的有效性					
本次培训对自己帮助最大的内容						
课程或讲师应当改进之处						
其他建议						

22-10 部门绩效考核表

部门绩效考核表

部门名称：　　　　　　　　　　考核者：　　　　　　　　　　年　月　日

序号	考核指标	绩效评估标准					权重/%	考核得分	单项得分
		优秀（100分）	良好（80分）	一般（60分）	可接受（40分）	差（0分）			

编制：　　　　　　　　　审核：　　　　　　　　　批准：

22-11 绩效面谈记录表

绩效面谈记录表

谈话日期：＿＿年＿月＿日
员工姓名：＿＿＿＿　　工号：＿＿＿＿　　部门：＿＿＿＿＿　　职位：＿＿＿＿
上级姓名：＿＿＿＿　　职位：＿＿＿＿

1.确认工作目标和任务（讨论职位职责与工作目标完成情况及效果，目标实现与否；双方阐述部门目标与个人目标，并使两者相一致；提出工作建议和意见）：
＿＿＿＿＿＿＿＿＿＿＿＿＿＿＿＿＿＿＿＿＿＿＿＿＿＿＿＿＿＿＿＿＿＿＿＿＿
＿＿＿＿＿＿＿＿＿＿＿＿＿＿＿＿＿＿＿＿＿＿＿＿＿＿＿＿＿＿＿＿＿＿＿＿＿

2.工作评估（对工作进展情况与工作态度、工作方法做出评价，哪些做得好，哪些尚需改进；讨论工作现状及存在的问题）：
＿＿＿＿＿＿＿＿＿＿＿＿＿＿＿＿＿＿＿＿＿＿＿＿＿＿＿＿＿＿＿＿＿＿＿＿＿
＿＿＿＿＿＿＿＿＿＿＿＿＿＿＿＿＿＿＿＿＿＿＿＿＿＿＿＿＿＿＿＿＿＿＿＿＿

3.改进措施（讨论工作优缺点；在此基础上提出改进措施、解决办法与个人发展建议）：
＿＿＿＿＿＿＿＿＿＿＿＿＿＿＿＿＿＿＿＿＿＿＿＿＿＿＿＿＿＿＿＿＿＿＿＿＿
＿＿＿＿＿＿＿＿＿＿＿＿＿＿＿＿＿＿＿＿＿＿＿＿＿＿＿＿＿＿＿＿＿＿＿＿＿

4.补充：
上级签名：＿＿＿＿　　　　被考核员工签名：＿＿＿＿

备注：
　1.此表在进行绩效沟通时，由上级填写，注意填写内容的真实性。
　2.被考核员工分别在"工作绩效考核表"和"面谈记录表"上签名，签名并不代表你同意考核表上的内容，仅表示本次考核上级确曾与你讨论过。
　3.具体沟通内容可根据实际情况适当增删，不必完全拘泥于本表建议的内容与格式

22-12　绩效评估沟通记录表

绩效评估沟通记录表

员工姓名：		部门：		职务：
沟通时间：		沟通地点：		
回顾考核期内工作表现：				
考评综述（讨论存在的问题及其原因，总结取得的成果）：				
考评结论： □杰出，超过职责要求　□优秀　□良好　□尚能达到职位基本要求 □除非尽快改进，否则无法胜任				
工作绩效改进计划：				
员工签名：			考评人签名：	

22-13　员工绩效评估申诉表

员工绩效评估申诉表

姓名		所属部门		职位	
被评估日期		主评估人		上一级主管	
评估结果					
详细描述 申诉理由	申述人签名：　　　　　年　月　日				
调查事实描述	调查人签名：　　　　　年　月　日				
主评人处理 意见	主评人签名：　　　　　年　月　日				
仲裁意见	仲裁人签名：　　　　　年　月　日				

22-14 员工绩效改进计划表

员工绩效改进计划表

姓名			部门			职位	
序号	必须改进的方面 （以优先顺序排序）		要达到的目标	改进的方法		改进的时限	改进监督人

22-15 绩效考核结果处理记录表

绩效考核结果处理记录表

姓名		职位		评估时间	
工资序列		年龄		工龄	
单位		部门			
业绩考核得分		能力评估得分		态度评估得分	
综合考核得分＝业绩得分 × 70%+ 能力得分 × 20%+ 态度得分 × 10%					
绩效考核等级： □A（90 ~ 100分）□B（80 ~ 89分）□C（70 ~ 79分）□D（70分以下）					
考核结果 处理	职位异动		工资序列变动		其他
	被考核者意见	直接主管意见	部门经理意见		人力资源部意见

22-16　员工薪酬登记表

员工薪酬登记表

序号	姓名	年龄	部门	最近调薪时间	月基本工资	月提成	月总工资	银行账号

22-17　职务薪金调整申请表

职务薪金调整申请表

申请人			申请日期	
部门		现职务	拟调整职务	
现薪金标准				
调整原因				
生效日期				
所在部门意见			签字：　　　　　　　　年　月　日	
主管职能部门意见			签字：　　　　　　　　年　月　日	

22-18 员工福利金申请表

员工福利金申请表

申请人姓名		岗位	
进入公司时间		进入岗位时间	
申请事项	申请金额		申请说明
短期残障			
长期残障			
人寿保险			
死亡福利			
探亲费用			
退休费用			
员工储蓄计划费用			
员工福利总计			
部门意见			
人力资源部意见			
财务部意见			
总经理意见			

第23章 行政后勤管理表格

本章导读

23-01 用印申请单

用印申请单

申请单位		申请日期	
用印类别		份数	
文件名称及说明			
印鉴留存	核准		申请人

23-02 印章使用登记表

印章使用登记表

盖章时间	发起人	文件名称及发文号	印章类别	文件份数	批准人	监印人及代行人签字	备注

23-03 公司证照使用登记表

公司证照使用登记表

序号	证照名称	使用人	使用日期	用途	审批人	备注

23-04 收发函件登记表

收发函件登记表

日期	来件（寄送）单位	数量	经办人	收件（寄件）人签名

23-05 收发传真登记表

收发传真登记表

收发传真时间	收发传真内容简记	收发人员	签收（发）人员	备注

23-06　文件传阅单

文件传阅单

文件名称		发文部门	
文件主题		收文日期	
行政部经理意见		签发日期	
日期	传阅者	阅后处理意见	

23-07　会议签到表

会议签到表

时间	___年__月__日__午__时__分			主持人	
地点					
内容					
签　　名					
序号	姓名	部门	序号	姓名	部门

23-08　办公设备购买申请表

办公设备购买申请表

设备名称		型号		用途			
单位		单价		数量		总价	
申请原因说明							
申请部门 部门负责人意见			行政部经理意见				

23-09 办公设备报修申请单

办公设备报修申请单

部门		报修人		报修时间	
设备名称				设备资产编号	
故障现象说明					
部门负责人意见					
行政部意见					

23-10 办公用品领用记录表

办公用品领用记录表

品名	用途	领用数量	领用人	实发数量	保管员	领用日期

23-11 出差业务报告书

出差业务报告书

部门：　　　　　　　　　　姓名：　　　　　　　　　　　　　　　年　月　日

拜访公司名		出发日期	
拜访人员		回来日期	
拜访事由			
出差费用（元）			

23-12　公务接待用餐申请表

公务接待用餐申请表

申请部门		申请日期	
接待单位		用餐日期	
用餐费用预算（元）		用餐人数	
餐别（中、晚餐）		经办人	
拟去酒店（餐馆）			
行政部经理审核		总经理审批	

23-13　员工宿舍入住单

员工宿舍入住单

姓名		部门		房号		床号	
所在部门经理意见	签名：　　　　　　　　　　年　月　日						
行政部经理意见	签名：　　　　　　　　　　年　月　日						
宿舍主管	安排＿＿号房＿＿号床　　签名：　　　　　　　　　　年　月　日						
宿舍管理员	入住时间为＿＿月＿＿日时　　签名：　　　　　　　　　　年　月　日						

23-14　泄密事件查处工作表

泄密事件查处工作表

序号	发生泄密事件时间	发生泄密事件内容	当事人姓名	泄密事件基本情况、采取的补救措施	密级鉴定结果	处理结果

23-15 保密要害部门部位登记表

保密要害部门部位登记表

保密要害部门名称	涉密程度	涉密主要范围	工作人员数量	登记人

保密要害部位名称	涉密程度	涉密主要范围	工作人员数量	批准文号

23-16 内部网络接入申请表

内部网络接入申请表

部门：

申请者姓名（内线）：　　　　　　　　用户登录ID：

职务：　　　　　　　　职级：

网站数据类型：□工作　□学习　□其他：_____

申请上网时间：　　　　　至

申请理由：

申请部门经理意见： 签名/日期：	人力资源部门意见： 签名/日期：
总经理意见： 签名/日期：	管理部门意见： 签名/日期：
备注：员工所上网站及内容，必须与所申请内容相符，如有不相关上网记录，则呈至该部门经理及相关管理部门，并按照公司《网络管理条例》，立即给予取消上网权限处理	

23-17 公司网络问题处理跟踪表

公司网络问题处理跟踪表

网络问题出现时间：		填表人：
问题描述		
原因分析		
处理方案		
处理结果		
预防措施		
执行人	跟踪人	完成时间

23-18 网络设备申请维护登记表

网络设备申请维护登记表

申请人：	部门：	申请时间：
维护需求： 签字： 年 月 日		
处理结果： 签字： 年 月 日		
维护验收： 签字： 年 月 日		
处理人：	协助处理人：	耗时：
备注： 1.本表适用于计算机管理人员对客户端提供的操作系统、管理软件、硬件设备的维护，以及设备外送维修服务。 2.客户端维护由用户验收，外修设备由计算机管理人员验收		

23-19　公司卫生情况检查表

公司卫生情况检查表

年　月　日

检查内容		部门						备注
全面检查	墙壁							
	地面							
	门窗							
	设备							
	管辖区域							
重点检查	卫生间							
	库房							
	餐厅							

备注：此表一式两份，办公室和行政部各存一份。符合要求画"√"，不符合要求画"×"。对不合格项目由检查部门下发整改通知单限期整改

23-20　区域清洁工作计划表

区域清洁工作计划表

部门	区域				
	走道	仓库	空地	公司外部环境	水沟

第24章 财务管理表格

本章导读

- 营业费用预算表
- 采购资金支出预算表
- 营业外支出预算表
- 利息支出预算表
- 预算变更申请表
- 应收账款登记表
- 应收账款账龄分析表
- 问题账款报告书
- 坏账损失核销申请表
- 付款申请单
- 应付票据明细表

- 记账凭证清单
- 财物抽点通知单
- 实物盘存清单
- 账存实存对比表
- 银行存款清查明细表
- 有价证券盘点报告表
- 债权债务清查报告表
- 会计档案保管清册
- 会计档案销毁清册
- 会计档案保管移交清单

24-01 营业费用预算表

营业费用预算表

部门：　　　　　　　　　　单位：万元　　　　　　　　　　年　月　日

序号	预算项目	一季度预算数	二季度预算数	三季度预算数	四季度预算数	本年预算数	上年实际费用	同比±%
一	可控费用							
1	展览费							
2	代销手续费							
3	广告费							
4	业务费							
5	差旅费							
6	其他费							
	小计							

续表

序号	预算项目	一季度预算数	二季度预算数	三季度预算数	四季度预算数	本年预算数	上年实际费用	同比±%
二	不可控费用							
1	工资							
2	福利费							
3	运输费							
4	装卸费							
5	包装费							
6	保险费							
7	其他							
	小计							
	合计							

24-02 采购资金支出预算表

采购资金支出预算表

部门：   单位：万元   年　月　日

序号	项目	上年实际（或预计）	一季度预算	二季度预算	三季度预算	四季度预算	本年预算
1	上年（季）结欠客户应付款						
2	本年（季）采购总额						
3	本年（季）采购资金支出预算						
	其中：易货						
	现汇						
	票据						
	其他						
4	年（季）终结欠客户应付款						

备注：
1.上年（季）结欠应付款指应付账款货方余额与预付账款货方余额之和。
2.本年（季）采购总额为采购预算数量×采购单位单价（含税）

24-03 营业外支出预算表

营业外支出预算表

编制部门：   单位：万元

序号	支出项目	一季度预算数	二季度预算数	三季度预算数	四季度预算数	本年预算数	上年实际（预计）数	同比±%

24-04 利息支出预算表

利息支出预算表

序号	贷款行	贷款金额	贷款日期	还款日期	月利率	利息支出					利息资本化金额	备注
						一季度	二季度	三季度	四季度	小计		

备注：
长、短期借款及单位开出的应付票据分项填列

24-05 预算变更申请表

预算变更申请表

部门：   年　月　日

变更类别	□预算调整　　□预算增加　　□预算削减				
预算科目	细项说明	原核定预算	拟变更内容	调整幅度	申请理由

24-06　应收账款登记表

应收账款登记表

日期		科目	客户名称	账款说明	应收金额	实收金额
月	日					

24-07　应收账款账龄分析表

应收账款账龄分析表

账龄	A公司		B公司		C公司		合计	
	金额	比重/%	金额	比重/%	金额	比重/%	金额	比重/%
折扣期内								
过折扣期但未到期								
过期1 ~ 30天								
过期31 ~ 60天								
过期61 ~ 90天								
过期91 ~ 180天								
过期181天以上								
合计								

24-08　问题账款报告书

问题账款报告书

	客户名称			
基本资料栏	公司地址		电话	
	负责人		联系人	
	开始往来时间		交易项目	
	平均每月交易额		授信额度	
	问题账款金额			
问题账形成原因				
处理意见				
附件明细				

24-09 坏账损失核销申请表

坏账损失核销申请表

年　月　日

客户名称		负责人姓名	
营业地址		电话号码	
申请理由			
不能收回的原因			
营销部意见		签字：　　　　　　　　年　月　日	
财务部意见		签字：　　　　　　　　年　月　日	
总经理意见		签字：　　　　　　　　年　月　日	

24-10 付款申请单

付款申请单

年　月　日

收款单位（人）			代码	
银行信息	开户行			
	账号			
付款方式		转账支付/现金支付/支票支付/电汇/其他		
发票号码				
付款金额		大写：		
		小写：		
到期日		核销借款	借款人： 借款单编号：	
附件数		备注		
总经理	副总经理	部门经理	处室经理	经办人

24-11 应付票据明细表

应付票据明细表

票据类别	票据关系人			合同号	出票日期	票面金额	已计利息	到期日期	利息率	到期应计利息	付息条件备注
	出票人	承兑人	收款人								

备注：
1.票据类别应按商业承兑汇票、银行承兑汇票分别列示。
2.与收款人是否存在关联关系，在"付息条件备注"栏中说明。
3.如果涉及非记账本位币的应付票据，应注明外币金额和折算汇率

24-12 记账凭证清单

记账凭证清单

记账编号	日期	凭证类型	凭证号	摘要	科目编号	科目名称	借方金额	贷方金额

24-13 财物抽点通知单

财物抽点通知单

抽点日期		抽点人员	
被抽点部门			
抽点项目			
注意事项			

24-14　实物盘存清单

实物盘存清单

部门名称			盘点时间			
财产类别			存放地点			
编号	名称	计量单位	数量	单价	金额	备注
盘点人签章			实物保管人签章			

24-15　账存实存对比表

账存实存对比表

部门：　　　　　　　　　　　　　　　　　　　　　　　　　　　年　月　日

编号	名称与规格	计量单位	单价	账存		实存		盘盈		盘亏	
				数量	金额	数量	金额	数量	金额	数量	金额

24-16　银行存款清查明细表

银行存款清查明细表

年　月　日

账户名称	开户银行	账号	清查基准日账面金额1	基准日银行函证余额2	清查变动数		清查数5=1+3-4	损益原因6	备注7
					盘盈3	盘亏4			
合计									

24-17 有价证券盘点报告表

有价证券盘点报告表

名　称	发行年度期别	到期日	每张面值	账面张数	盘点张数	盘点金额	
公司负责人		部门负责人		保管人		盘点人		盘点日期	

24-18 债权债务清查报告表

债权债务清查报告表

总分类账户		明细分类账户		清查结果		核对不符单位及原因					近日到期票据	
名称	金额	名称	金额	核对相符金额	核对不符金额	核对不符单位	未达账项金额	争执款项金额	无法收回	无法支付	应收票据	应付票据
清查人员签章								签章：		年　月　日		
记账员签章								签章：		年　月　日		

24-19 会计档案保管清册

会计档案保管清册

日期	种类	凭证号码	数量编号

24-20　会计档案销毁清册

会计档案销毁清册

序号	类别	题名	起止日期	目录号	案卷号	原期限	已保管期限	页数
财务负责人						签名：		年　月　日
档案负责人						签名：		年　月　日

24-21　会计档案保管移交清单

会计档案保管移交清单

移交人：　　　　　　　　保管人：　　　　　　　　　　　　年　月　日

序号	类别	档案名称及内容	起止日期	数量/本
1	凭证			
2	报表			
3	账簿			
4	其他			

第**25**章　生产安全管理表格

本章导读

- 新进人员三级安全教育卡
- 消防安全检查报表（灭火器）
- 消防安全检查报表（消火栓）
- 应急灯检查表
- 班组安全生产日常检查表
- 车间级安全卫生检查记录表

- 厂级安全生产检查记录表
- 安全隐患整改通知书
- 接触职业病危害因素作业人员登记表
- 个人防护装备发出记录
- 消防演习报告
- 工伤事故调查处理报告书

25-01　新进人员三级安全教育卡

新进人员三级安全教育卡

新进人员三级安全教育卡					代号	
					编号	
姓名		性别		年龄	录用形式	
体检结果			从何处来		省　县（市）乡（街）	
公司级教育 （一级）	教育内容：国家、地方、行业安全健康与环境保护法规、制度、标准；本企业安全工作特点；工程项目安全状况；安全防护知识；典型事故案例；等					
	考试日期				年　月　日	
	考试成绩		阅卷人		安全负责人	
工程公司级教育（二级）	教育内容：本部门工作特点及状况；工种专业安全技术要求；专业工作区域内主要危险作业场所及有毒、有害作业场所的安全要求和环境卫生、文明作业要求					
	考试日期				年　月　日	
	考试成绩		主考人		安全负责人	
班组级教育 （三级）	教育内容：本班组、工种安全施工特点、状况；作业范围所使用工、机具的性能和操作要领；作业环境、危险源的控制措施及个人防护要求、文明作业要求					
	考试日期				年　月　日	
	掌握情况			安全员		

续表

个人态度		
		年　月　日
准上岗人意见	批准人	
备注		

注：调换工种或因故离岗六个月后上班时亦用此表考核

25-02　消防安全检查报表（灭火器）

消防安全检查报表（灭火器）

序号	编号	检查项目（灭火器）				判定结果	备注
		压力	铅封	拉环	喷嘴		
						□合格　□不合格	
						□合格　□不合格	
						□合格　□不合格	
						□合格　□不合格	
						□合格　□不合格	
						□合格　□不合格	

检查：　　　　　　审批人：　　　　　　检查日期：

25-03　消防安全检查报表（消火栓）

消防安全检查报表（消火栓）

序号	编号	检查项目（消火栓）				判定结果	备注
		高压水枪	水带	O形密封胶圈	水阀		
						□合格　□不合格	
						□合格　□不合格	
						□合格　□不合格	
						□合格　□不合格	
						□合格　□不合格	
						□合格　□不合格	

检查：　　　　　　审批人：　　　　　　检查日期：

25-04　应急灯检查表

应急灯检查表

检查项目	编号				
按下测试键查看灯是否亮					
电源线有无破损					
电池是否有效					
是否定期进行放电					
停电时是否处于工作状态					
有无被其他堆积物体遮挡					

检查：　　　　　　　　审批人：　　　　　　　　检查日期：

25-05　班组安全生产日常检查表

班组安全生产日常检查表

检查内容	___日		___日		___日		___日	
	上午	下午	上午	下午	上午	下午	上午	下午
机械操作员是否违反操作规程								
机械危险部位是否有安全防护装置								
机械防护装置是否安全有效								
机械设备是否有操作规程标识								
员工是否按要求佩戴防护用品								
员工是否按要求着装								
员工是否把饮用水和食物带入车间								
货物摆放是否整齐、平稳、不超高								
货物是否堵塞灭火器材和通道								
工作台电线、插头是否有裸露脱落								
测试仪是否有绝缘防护								
员工工位是否被货物或台凳堵塞								
车间照明、通风、温度是否正常								
电源线路、开关掣是否正常								
危险品是否贴有中文标识								
是否用有盖压力瓶装危险液体								

续表

检查内容	___日		___日		___日		___日	
	上午	下午	上午	下午	上午	下午	上午	下午
危险品是否远离火源、热源								
岗位上是否放有过量的危险品								
电烙铁、风筒是否符合安全要求								
员工是否经过岗位安全培训								
员工是否违反工作纪律								

说明：
　　请根据检查情况在"结果"栏内打"√"或"×"，有问题及时整改，并做好记录，如无法整改的要立即向部门主管报告，直到问题解决为止

班组负责人：_____　　　　_____部_____组
检查人：_____　　　　部门安全员：_____

25－06　车间级安全卫生检查记录表

车间级安全卫生检查记录表

检查时间：_____　　　　部门：_____

类型	检查内容	存在问题	限期整改
电气设备	临时配线是否符合安全要求		
	是否有违章使用电器现象		
	电路是否超载		
	电烘箱、电烙铁的使用是否安全		
	电线是否有老化、裸露、脱落现象		
	电源插头、插座是否完好，有无松动		
	电制开关与线路设施是否安全		
	电器线路是否有接触水或其他物质		
消防设施	灭火器、消火栓是否正常并按时检查		
	安全门是否正常开启，有无上锁		
	通道、安全出口和楼梯是否堵塞		
	走火图及通道指示是否清晰明显		
	消防设施是否被堵塞		

类型	检查内容	存在问题	限期整改
危险品管理	危险品是否贴有中文标识		
	危险品是否用有盖压力瓶装好使用		
	危险品是否远离火源、热源		
	危险品的储存、搬运是否安全		
	危险品是否有专人管理		
	危险仓是否有防静电接地设施		
	危险品抽风设施是否正常运行		
机械设备	机械设备是否有操作规程和警示标识		
	是否有安全装置且安全可靠		
	机械操作员是否按要求佩戴防护用品		
	机械设备是否定期维修保养且有记录		
	设备是否保持整洁，无油污和杂物		
环境卫生	地面是否有油污或水迹		
	车间天花板、门窗、台面是否整洁		
	粉尘、噪声区是否有警示提示		
	员工是否正确佩戴防护用品		
	台面设置是否合理，对员工工作或紧急疏散有无妨碍，台凳有无损坏		
	车间或仓库是否有足够的照明和通风		
	车间是否有超标粉尘或有毒气体		
	员工饮水设施是否干净、卫生		
	厂房墙壁是否出现裂缝，天花板是否有脱落		
	急救箱内药品是否齐全且与清单相符		
	是否配备了专职急救员管理药箱		
管理与纪律	组长是否及时纠正员工的不安全行为		
	组长是否经常对本组实施安全检查		
	员工是否遵守劳动纪律		
	员工是否正确着装和佩戴工帽		
	是否有员工在车间、洗手间、楼梯间、天台等场所抽烟		
	动火作业是否申报且符合动火要求		
	其他安全问题		

类型	检查内容	存在问题	限期整改
货物储存	货物的存放是否分类，有无混放现象		
	货物摆放是否符合五距安全要求		
备注	检查人员签字： 年 月 日	整改意见： 部门主管签字： 年 月 日	

25-07 厂级安全生产检查记录表

厂级安全生产检查记录表

被检查部门：＿＿＿＿＿＿＿＿＿　安全生产责任人：＿＿＿＿＿＿＿＿＿

检查时间：＿＿＿＿年＿＿月＿＿日

检查内容（在□内打"√"或"×"）：

1.员工车间级安全培训、岗前培训、工种转换培训、复工培训及建档情况　□

2.安全生产规章制度及岗位安全操作规程执行情况　□

3.车间安全自查情况　□

4.安全员的工作执行情况　□

5.特种作业人员现场操作管理情况　□

6.危险设备、设施安全防护装置和其完好情况　□

7.员工劳动防护用品配备和正确使用情况　□

8.危险化学品安全使用情况　□

9.危险设备、设施设置安全警示及标识情况　□

10.用电安全管理情况　□

11.通风、照明、通道、安全出口等作业环境安全管理情况　□

12.消防器材、设施的检查和管理情况　□

13.危险仓管理情况　□

14.车间、楼道、工作台卫生清洁情况　□

15.各种电气设备、电气开关掣、电气线路的安全情况　□

16.其他安全情况　□

存在的主要问题：

整改建议：见《安全隐患整改通知书》

检查组人员签字： 年 月 日	安全生产责任人签字： 年 月 日

25-08　安全隐患整改通知书

安全隐患整改通知书

编号：
_____部 　　安全办于___年___月___日对你部门进行安全检查时，发现你部门存在以下安全隐患： _____ 　　　　　　　　　　　　　　　　　　　　　　　检查人：_____
请你部门在收到该通知书__日内对以上问题进行整改，整改期限到期后安全办将对整改结果进行复查。 　　特此通知！ 　　　　　　　　　　　　　　　　　　　　　　　　　安全管理委员会 　　　　　　　　　　　　　　　　　　　　委员/安全主任： 　　　　　　　　　　　　　　　　　　　　日期：　　年　月　日
整改措施： 　　　　　　　　　　　　　　　　　　　　部门主任/主管： 　　　　　　　　　　　　　　　　　　　　日期：　　年　月　日
复查结果： 　　已按要求完成整改□ 　　未按要求完成整改□ 　　　　　　　　　　　　　　　　　　　　复查人员： 　　　　　　　　　　　　　　　　　　　　日期：　　年　月　日

25-09　接触职业病危害因素作业人员登记表

接触职业病危害因素作业人员登记表

序号	姓名	工号	岗位	职业病危害因素	预防措施	职业体检周期	上次职业体检是否合格	备注

说明：1.表格中"职业体检周期"一栏根据"公司职业健康体检一览表"进行确定
　　　2.本表中"上次职业体检是否合格"一栏，新进员工填入上岗前职业体检结果，非新进员工填入最近一次职业体检结果
　　　3.各部门在使用本表时需要及时更新，使它与本部门的实际情况相符合

统计人：　　　　　　　　统计时间：　　　　　　　　审核：

25-10 个人防护装备发出记录

个人防护装备发出记录

员工姓名：		职业：		
项目：		日期：		
本人已收到以下所列的装备，并已接受其正确使用的指示/培训				
分发/更换日期	装备名称及型号	员工签收	指示/培训日期	员工签署

25-11 消防演习报告

消防演习报告

演习项目：火警联络、撤离集结、伤员救护、灭火演习、现场总结、事后复原				
报告编号：				
演习日期及时间：		参与人数：＿＿＿人		
演习部门/对象：公司全体人员		指挥主任：		
演习目的				
要点及方案				
演习经过				
演习总结				
演习结果	本次演习得分：＿＿＿分 本次演习判定： □合格 □不合格（需安排另一次演习） 评审人： 日期：	评分标准： 1.没有失误：100分 2.每次每项失误扣10分，60分为合格，60分以下为不合格，需在一个月内安排重新演习 3.60分以上，100分以下，则需接受口头指导及纠正		
备注		审批	审核	编制

25−12　工伤事故调查处理报告书

工伤事故调查处理报告书

<table>
<tr><td rowspan="6">个人资料</td><td colspan="2">姓名</td><td></td><td>性别</td><td></td><td>工种</td><td></td><td colspan="2">年龄</td><td></td></tr>
<tr><td colspan="2">部门</td><td></td><td>工号</td><td></td><td colspan="2">入单位时间</td><td colspan="3"></td></tr>
<tr><td colspan="2">部门安全责任人</td><td></td><td>籍贯</td><td colspan="7"></td></tr>
<tr><td colspan="2">发生事故时间</td><td colspan="3"></td><td colspan="2">发生事故地点</td><td colspan="3"></td></tr>
<tr><td colspan="2">本人联络电话</td><td></td><td colspan="2">紧急联系人</td><td></td><td>是否参保</td><td>是</td><td></td><td>否</td></tr>
<tr><td colspan="2">调查/受理时间</td><td></td><td colspan="2">事故类别编号</td><td></td><td colspan="2">事故现场见证人</td><td colspan="2"></td></tr>
<tr><td colspan="3">事故发生详细经过</td><td colspan="8"></td></tr>
<tr><td colspan="3">事故发生原因分析</td><td colspan="8">1.事故直接原因：
2.事故间接原因：</td></tr>
<tr><td colspan="3">预防与改善措施</td><td colspan="8"></td></tr>
<tr><td colspan="3">事故责任划分</td><td colspan="8">1.事故直接责任划分：
2.事故领导责任划分：</td></tr>
<tr><td colspan="3">跟进情况</td><td colspan="8">1.预防措施实施情况：
2.员工治疗情况：

跟进人：</td></tr>
<tr><td colspan="3">部门责任人</td><td colspan="5"></td><td colspan="2">当事人</td><td></td></tr>
<tr><td colspan="3">调查人员</td><td colspan="5"></td><td colspan="2">调查日期</td><td></td></tr>
<tr><td colspan="3">安委会</td><td colspan="8"></td></tr>
</table>

第26章 法务管理表格

本章导读

- 年度法务工作计划表
- 公司法人变更申请表
- 公司注销登记申请表
- 诉讼申请表
- 被诉情况统计表
- 起诉情况统计表
- 诉讼担保申请表

26-01 年度法务工作计划表

年度法务工作计划表

时间		公司规章制度的修订、完善	合同及法律文件的审查	法务档案工作	法律咨询与培训	法律纠纷的处理	自身素质的提高
第一季度	1月						
	2月						
	3月						
第二季度	4月	分析讨论涉诉案件管理制度	分析公司媒体广告的合同条款	合同审查的登记；合同材料的归档、整理；涉诉案件的登记	可主动向各部门收集工作中遇到的法律问题，综合解答	协助有关管理部门或单位处理仲裁及诉讼纠纷；发现重大法律问题立即提出警示，同时向公司报告；及时收集各类证据材料，做好诉讼准备	收集整理国资委涉法及管理方面的政策、文件，汇编成册，加强学习，预防风险
	5月	公司招投标制度实施细则	总结应由公司订立的格式合同的类别并修订				
	6月	出台涉诉案件管理制度			对管理人员进行《中华人民共和国合同法》及《中华人民共和国劳动合同法》适用范围及案例分析的培训		

续表

时间		公司规章制度的修订、完善	合同及法律文件的审查	法务档案工作	法律咨询与培训	法律纠纷的处理	自身素质的提高
第三季度	7月	针对涉诉案件规章制度的内容，制定考核细则	进一步贯彻执行合同管理制度，将职责落实到位，加强合同的事前咨询和审查，最大程度地预防风险	合同审查的登记；合同材料的归档、整理；涉诉案件的登记	对安全人员进行涉诉案件办理的技巧和经验的培训	协助有关管理部门或单位处理仲裁及诉讼纠纷；发现重大法律问题立即提出警示，同时向公司报告；及时收集各类证据材料，做好诉讼准备	根据情况有选择地参加培训，更新知识体系，提高业务水平
	8月						
	9月						
第四季度	10月						
	11月						
	12月		年度涉诉案件及合同审查统计、分析、整理				

26-02 公司法人变更申请表

公司法人变更申请表

变更内容	变更前	变更后
公司名称		
详细地址		
注册资金		
营业执照注册号		
注册经济类型		
法定代表人/职务/职称		
公司负责人/职务/职称		
技术负责人/职务/职称		
申请变更依据		
县（区）主管部门意见		
州、市主管部门意见		
省主管部门审批意见		
备注：此表一式三份，省主管部门审批后，返回各级主管部门各存一份		

26-03　公司注销登记申请表

公司注销登记申请表

名称		注册号	
负责人			
申请注销登记的原因			
公司法定代表人签字	签字（盖章）：　　　　　　　　年　月　日		
指定代表或委托代理人签字	签字（盖章）：　　　　　　　　年　月　日		

备注：

　1.依照《中华人民共和国公司法》《中华人民共和国公司登记管理条例》申请公司注销登记，提交材料真实有效，对材料真实性承担责任。

　2.提交的文件、证件应当使用A4纸。

　3.应当使用钢笔、毛笔或签字笔工整地填写表格或签字

26-04　诉讼申请表

诉讼申请表

申请日期		申请目的			
申请人		电话		所属部门	
案由		争议房产			
案件经过					
现有证据					
法律事务负责人	签名：				
总经理（副总经理）意见	签名：				

26-05 被诉情况统计表

被诉情况统计表

序号	原告	诉讼时间	诉讼原因	涉案金额/元	案件进展

26-06 起诉情况统计表

起诉情况统计表

序号	被告	诉讼时间	诉讼原因	涉案金额（元）	案件进展

26-07 诉讼担保申请表

诉讼担保申请表

申请公司基本情况	公司名称		组织类型		注册资金	
	法定代表人姓名		授权代理人		联系方式	
	案情简单介绍：					
诉讼及标的物情况	被申请人姓名		组织类型		注册资金	
	法定代表人姓名		联系方式		住所	
	案由					
	债权额度		保全标的价值			
	保全标的类别		标的所在位置			
	受理法院					
	证据情况					
代理人情况	姓名	单位		执业号		联系方式
经办人意见			签字：　　　　　年　月　日			
总经理意见			签字：　　　　　年　月　日			